掌尚文化

SALUTE & DISCOVERY

致敬与发现

聊城大学学术著作出版基金资助
"羡林学者培育工程"支持项目

杨宏力 著

中国农村土地要素
收益分配研究

Research on Benefit Distribution of
Rural Land Factors in China

经济管理出版社
ECONOMY & MANAGEMENT PUBLISHING HOUSE

图书在版编目（CIP）数据

中国农村土地要素收益分配研究／杨宏力著．—北京：经济管理出版社，2020.10
ISBN 978-7-5096-7616-5

I.①中…　Ⅱ.①杨…　Ⅲ.①农村—土地经营—收入分配—研究—中国　Ⅳ.①F321.1

中国版本图书馆 CIP 数据核字（2020）第 235917 号

组稿编辑：张　昕
责任编辑：张　昕　范美琴　张鹤溶
责任印制：黄章平
责任校对：董杉珊

出版发行：经济管理出版社
　　　　　（北京市海淀区北蜂窝 8 号中雅大厦 A 座 11 层　100038）
网　　址：www. E-mp. com. cn
电　　话：（010）51915602
印　　刷：唐山昊达印刷有限公司
经　　销：新华书店
开　　本：720mm×1000mm/16
印　　张：13.75
字　　数：255 千字
版　　次：2020 年 10 月第 1 版　2020 年 10 月第 1 次印刷
书　　号：ISBN 978-7-5096-7616-5
定　　价：98.00 元

　　农村土地要素收益分配是农村土地制度改革的关键环节，收益分配关系理顺事关农村经济发展与社会稳定。在新时代中国特色社会主义背景下，农业和农村发展的微观基础和宏观环境发生深刻变化，农村土地要素收益分配关系必须相应调整优化，以进一步提高农业生产要素的匹配效率，促进农民收入可持续增长和农业经营主体积极性发挥，保障广大农民平等参与改革发展进程、共同享受改革发展成果。因而，系统研究我国农村土地要素收益分配相关问题，科学梳理现行农村土地要素收益关系，评估其运行绩效，分析其亟待优化提升的薄弱环节，进而提出完善农村土地要素收益分配机制的对策建议，具有重要的理论意义和实践价值。

　　在"三权分置"的制度框架下，广义的农村土地收益指在土地要素的视域下，农村集体经济组织因对各种形式的"农有农地"拥有所有权、农户因对各种形式的"农有农地"拥有承包权、农业经营主体因对"农有农地"拥有经营权而获得的相应收益，这些收益包括各种形式的"农有农地"在所有权转移情况下的收益、所有权未转移情况下的收益，以及它们在用途不变情况下的收益和在它们用途发生变更情况下的收益。

　　我国现行农村土地收益分配机制的法律体系还有待完善，具象为《中华人民共和国农村土地承包法》等法律法规中关于农村土地收益分配权的安排、关于收益分配标准确定的安排、关于分配形式的安排、关于分配保障措施的安排等一系列政策安排。

　　基于农村土地类型、土地要素投入生产的环节、土地权利结构和农村土地收益分配场域四个维度来检视，现行农村土地要素收益分配领域尚需着力解决的薄弱环节主要体现在以下方面：土地的人地匹配效率有待提高，土地收益分配代内、代际分配公平和性别公平度有待提升，土地资源浪费、土地收益无谓损失仍然存在，农民财产性收入不足现象明显，农村公益性建设用地不足问题突出，征地收益分配比例仍需优化，农户土地流转收益低且收益权缺乏保障亟须解决。

在对农户土地要素收益分配满意度影响因素进行理论分析的基础上，实地采集微观农户数据，应用 Logit、Probit、OLS 三种模型进行回归分析，实证研究了农户土地收益分配满意度的主要影响因素，主要研究结论如下：第一，农户的土地配置状态和所在集体组织的发展水平是影响农户土地收益分配满意度的主要因素。第二，按照影响农户土地收益分配满意度大小排列，表征农户土地配置状态的变量依次为家庭人均承包地面积、承包地被征收占用情况和人均家庭收入；代表集体组织发展水平的变量依次为农户对集体内土地纠纷发生数量的评价、村集体经济实力和集体经济组织发展情况。

土地收益分配格局优化是衡量"三权分置"政策绩效的重要标准。"三权分置"对土地收益分配的功能价值体现在如下两点：第一，"三权分置"的土地流转效应，其传导机理为"三权分置—土地流转—规模经济—经营者收益增加""三权分置—土地流转—非农就业—承包者工资收益增加""三权分置—土地流转—承包者流转收益增加""三权分置—土地流转—集体经营性建设用地入市—集体所有权收益增加""三权分置—宅基地入市—集体与农民收益增加"。第二，三权分置的土地收益权益保障效应，其传导机理为"三权分置—土地征用补偿权益保障—所有者、承包者与经营者财产性收益增加""三权分置—土地、房屋抵押担保权益保障—承包者与经营者财产性收益增加""三权分置—土地经营权益保障—经营者转移收益增加"。"三权分置"也可能对土地收益分配带来风险，其传导机理为"三权分置—承包权/经营权人格化—进一步侵犯所有权收益""三权分置—宅基地入市—农民收益分配不均与贫富分化加剧"。

选取政府、村集体和农户三个代表性参与人，基于产权理论、地租理论、利益相关者理论等，构建农村土地收益分配的三方博弈模型，求解其博弈均衡并利用模型均衡解的变化模拟改变利益分配格局，全面考察参与人的决策如何影响其所获支付，以及哪些因素在其所获支付的决定中发挥重要作用。博弈均衡的解读表明：①完善的农村土地权利安排对于农民土地权益保障是必要的；②强有力的集体经济组织是必要的；③高效的乡村治理模式是必要的；④在农村土地要素收益分配中政府行为边界必须清晰。

对我国农村土地要素收益分配方面的先进典型进行案例剖析有助于更快、更好地推广试点经验，降低改革成本。宅基地收益分配"义乌模式"的基本经验是：改革具有制度保障，盘活存量资产增加农民收益，政府让利保障农民收益权益。集体经营性建设用地入市收益分配"德清模式"的基本经验是：政府统筹推动；创新制度供给；突出集体经济组织主体地位；土地收益分配兼顾国家、集体和个人利益。征地收益分配"德州经济技术开发区模式"的基本经验是：尊重农民土地收益权利；地利共享；土地收益分配方式多样化；动态收益分配（补偿）机制。几宗土地收益分配司法判例带来如下启示：集体经济组织成员的身份认定困难但非常重要；在土地收益分配制度设计中要实现正式制度和非正式制度相容相洽；当前我国不同法律规范之间仍需要优化调整。

在文献回顾、理论阐释、实证研究、博弈分析和案例剖析基础上，立足广义农村土地收益视角，综合提出了我国农村土地要素收益分配机制优化的公平正义、保障效率和动态平衡三条原则，并提出了农村土地要素收益分配机制优化的三条具体对策建议：一是优化权利配置结构，厘清农地主体收益分配权利关系，具体包括筑牢农村土地收益分配的农地产权基础和清晰界定国家、集体、承包者和经营者的土地收益权边界；二是体制机制创新，发展壮大农村集体经济重塑农村集体经济组织，具体包括创新农村经营体制机制、实施集体土地整理工程和建立高效乡村治理体系；三是建立土地收益调节机制，设立农村土地收益调节基金。

在中国特色社会主义发展进入新时代的背景下，从乡村振兴战略的高度看待，在社会系统的视角下审视，农村土地要素收益分配机制的完善和优化需要一系列配套改革综合推进：农村集体产权制度改革，建立公共资源出让收益合理共享机制（征地制度改革），建立政府与市场关系的协调机制（社会主义市场经济制度），农村人口转移制度化（户籍制度综合改革），建立经济社会协调发展机制（社保制度改革），建立土地价值实现机制（农地权利交易平台与市场），建立农村土地矛盾司法协调机制（司法制度改革），创新农业投融资机制（金融制度改革），建立主体支撑机制。

目 录

CONTENTS

第一章

导 论

第一节 选题背景

改革开放 40 多年来，农村改革成就巨大、成绩斐然。我国农业、农村经济发展取得了举世瞩目的巨大成就，为我国经济持续快速发展和改革的深入推进积累了雄厚的物质基础，农业生产条件极大改善，农民生活水平极大提高。尤其是农民收入的增长，总体上看增速保持稳定状态，且平均增速水平较高。如图 1-1 所示，农民收入名义值绝对值在 1978~2018 年扩大了 101 倍，剔除物价因素之后的年均实际增长率达到 7.52%（温涛等，2018）。

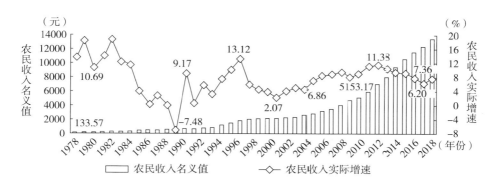

图 1-1 改革开放 40 年中国农民收入名义值和实际增速

资料来源：温涛，何茜，王煜宇. 改革开放 40 年中国农民收入增长的总体格局与未来展望 [J]. 西南大学学报（社会科学版），2018（4）.

中国农村改革整体谋划和顶层设计不断明晰，"三农"领域改革深入推进。

党的十九大报告指出:"农业农村农民问题是关系国计民生的根本性问题,必须始终把解决好'三农'问题作为全党工作重中之重。"从顶层设计来看,高层对于推进农村改革给予了超乎寻常的重视,党的十八届三中全会《决定》确定的336项改革任务中,有近50项直接和"三农"有关;党的十九大提出了实施乡村振兴战略、坚持农业农村优先发展、建立健全城乡融合发展体制机制和政策体系、加快推进农业农村现代化等农村改革重大任务;习近平总书记主持召开了40次中央深改组会议和2次中央深改委会议,其中有19次会议涉及农村改革议题,审议了26项涉农改革方案,印发了农村土地产权"三权分置"、农村集体产权制度改革、发展农业适度规模经营、农垦改革等重要文件,农村改革的"四梁八柱"基本建立(韩长赋,2018)。近年来,从农地确权到"三权分置",从承包经营权抵押贷款试点到"三块地"改革试点,从农业供给侧结构性改革提出到乡村振兴战略实施,从推动集体产权制度改革到提出完善农村基本经营制度,围绕"三农"领域,党和国家出台了一系列文件,采取了一系列措施,密集推动农村改革,政策力度之大前所未有,"三农"领域系列改革深入推进。

农村改革的制度红利下降,农村改革进入瓶颈期。我国经济尤其是农业农村的巨大发展得益于农村土地制度改革产生的制度红利这一观点已经成为学界和实践层面的共识。据测算,1979～2013年,在GDP年均9.83%的增长中,土地制度改革贡献了1.72个百分点,贡献率达到17.5%(郭春丽、易信,2017)。但不可否认的是,制度变革同样具有边际效用递减的现象,近年来,我国农村改革进入深水区,改革面临越来越多的瓶颈,制度红利不断下降,土地制度改革对经济增长的年均贡献也逐步下降到0.71个百分点。从农民收入的层面看,虽然在国家一系列惠农政策的支撑下,农民收入自2004年以来实现了连增,但农民收入增长已经呈现明显放缓的趋势,而且在经济下行的宏观形势下,当前农民增收的难度和局部减收的风险显著增大。

农业和农村发展的微观基础和宏观环境发生深刻变化,生产关系调整滞后于生产力的发展。在党的十九大报告中,习近平总书记作出了中国特色社会主义进入新时代的重大政治论断,最关键的理论和实践基础是我国社会的主要矛盾已经转化为"人民日益增长的美好生活需要和不平衡不充分的发展之间的矛盾"。这一主要矛盾变化反映在农村领域,就是我国农村改革40多年以来,虽然农民收入水平显著提高,但"不平衡、不协调、不可持续"的痼疾尚未破题、仍难破题(温涛等,2018),从农民收入区域、群体以及收入本身内部构成来看,收入分配仍有待优化(张红宇等,2013);农民收入增长结构变化明显,经营性收入重要性下降，低收入户和中等偏下户收入增长偏慢，收入增速地区差距较大（潘文轩、王付敏，2018）；在农业人口非农化和人地关系发生重大变化的情况下，收益分配关系调整滞后于农村生产力发展，降低了农业生产要素的匹配效率，影响了农民收入可持续增长和农业经营主体积极性的发挥。

让广大农民平等参与改革发展进程、共同享受改革发展成果是我国当前和今后一个时期的工作重点之一。党的十八届三中全会报告指出，要"保障农民公平分享土地增值利益""赋予农民更多财产权利"；党的十八届四中全会《中共中央关于全面推进依法治国若干重大问题的决定》中提出，要赋予农民对集体资产收益的权利，建立土地增值收益分配机制；十八届五中全会提出了"创新、协调、绿色、开放、共享"的理念，"共享"理念作为五大发展理念之一，落实到农业、农民和农村发展，就是要以广大农民群体"共享"社会和经济发展成果。这些理念和重大决策部署都要求进一步推进土地制度改革，理顺分配关系，保护农民权益，对维护农民权益、实现农民利益的多次强调也凸显了农村改革中协调土地利益矛盾的紧迫性。

第二节 选题意义

农村土地制度的完善关系着农村的经济发展与社会稳定，其中农村土地收益分配是农村土地制度改革的关键环节。近年来，农村土地收益分配问题成为社会持续关注的热点问题，党的十八大和十八届三中全会对土地征收、农民权益维护、集体建设用地直接入市等问题都有明确的精神和指导意见，各级政府也在实践中采取了很多措施，但我国农村土地收益分配混乱的格局并没有得到根本改变。在目前体制下，土地收益分配仍有不合理之处，有待进一步完善利益分配的不合理也会降低中央政府土地政策的效应，挤压市场机制的作用空间，导致大量土地资源的浪费性使用和错配。因此，系统研究我国农村土地收益分配制度，科学评估农村土地收益分配的绩效，进而提出优化土地收益分配制度的政策建议，具有重要的理论意义和实践价值。

进一步丰富中国特色农村土地制度理论。中国农村土地制度是一个内容丰富的理论体系，是中国特色社会主义经济制度的重要组成部分，其内容包括土地产权制度理论、土地经营制度理论、土地征收制度理论、土地收益分配理论等，既具有一般的理论规定性特征，又具有鲜明的中国特色，是我国农村改革经验的总结，也是指导我国农村改革深入推进的制度基础和指导纲领。结合我国国情农情对农村土地收益分配制度体系及其相关问题进行研究探讨，将有利于进一步丰富农村土地制度理论体系，增强理论解释能力。

进一步充实中国特色社会主义收入分配理论体系。改革开放以来，我国收入分配制度先后经历了单一的按劳分配，按劳分配为主体、其他分配方式为补充，按劳分配为主体、其他分配方式共同发展，以及按劳分配与按生产要素分配相结合的重大历史变革（权衡，2018），中国特色社会主义收入分配理论初步形成。作为其重要组成部分，深入分析农村土地收益分配问题，厘清农村土地收益分配的制度体系，找出分配中存在的问题，剖析土地收益分配的依据，探索土地收益分配的原则，有利于丰富土地收益分配方面的讨论，充实中国特色社会主义收入分配理论体系。

有助于推动相关研究的纵深化和系统化。目前学界尚没有将农村土地收益分配归纳为独立的制度体系，且关于农村土地收益分配的研究集中于征地过程中的增值收益分配方面，鲜有研究从广义视角研究农村土地收益分配问题，但收益分配问题才是农村土地问题的核心问题，在实践中广义视角的农村土地收益分配失衡已成为农村经济关系混乱和社会关系紧张的重要根源，因而本书立足广义农村土地收益分配视角，尝试将农村土地收益分配归纳为独立的制度体系，有助于推动相关研究的进一步深入。

为实践部门出台有利于农民财产性收入增加和农民收入可持续增长的制度提供参考。本书对当前农村土地收益分配中存在问题的揭示，对农村土地收益分配影响因素的实证分析，以及在土地权利"三权分置"的政策背景下对农村土地收益分配机理的阐释，阐明了农地政策和农民收入增加之间的关联机理和动力机制，可供农业部门制定促进农民收入可持续增长的制度提供参考和理论支撑。

为推进农村土地收益分配制度改革提供具体政策建议。本书在我国农业农村发展的宏观环境和微观基础发生重大变化的背景下，尤其是在农村土地权利"三权分置"的制度框架下，结合我国国情农情提出"优化权利配置结构，厘清农地主体收益分配权利关系；创新体制机制，发展壮大农村集体经济；建立土地收益调节机制，设立农村土地收益分配调节基金"三项具体政策建议，并分析了农村土地收益分配制度改革的配套改革措施，为地方落实中央农村改革精神，出台政策措施提供了建议。

第三节　研究思路与研究方法

一、研究思路

如图 1-2 所示，本书沿着"现状描述→问题揭示→实证研究→机理分析→博弈分析→经验借鉴→案例剖析→政策建议→配套措施"的逻辑链条展开研究。

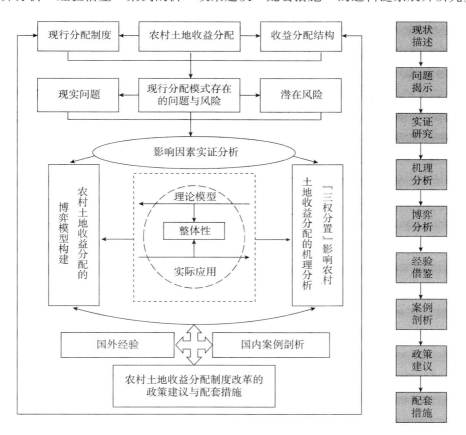

图 1-2　研究技术路线图

二、具体研究方法

（1）文献研究方法。通过对农村土地收益分配相关文献的梳理归纳，充分了解该领域的研究进展及得到的结论，确定本书研究的着力点，并通过研读强相关性文献，为本书研究的深入进行提供观点参考和理论支持。

（2）经济计量方法。农村土地收益分配影响因素分析部分通过平衡面板数据模型考察各因素对征地补偿的影响。首先分别进行了固定效应模型回归，似然比检验结果显示固定效应模型优于 OLS 混合模型，然后通过建立随机效应模型并进行 Hausman 检验，检验结果显示排除随机效应模型，选择固定效应模型进行计量检验。回归结果按照惯例同时报告固定效应和 OLS 的回归结果。

（3）实地调研方法。农村土地收益分配存在的问题研究部分以山东省 L 市为例，采取随机抽样方式，共选取辖内 11 个县（市、区）、33 个乡镇（办事处）、165 个村（社区）（其中 105 个农区村、40 个乡镇驻地村（城中村）、20 个城乡接合部（村））的 1650 户农户，通过座谈和问卷形式开展了调查，目的是通过调查，从不同的维度全面掌握农村土地利益分配中存在的问题。

（4）博弈方法。为寻求农村土地收益分配制度改革思路，建立了三方博弈模型，对政府、村集体、农户三个参与方的收益进行分析并获得其利益模型，观察如何通过对模型均衡解的变量进行选择以改变利益分配格局，使参与方利益分配相对合理。

（5）制度主义分析方法。以制度经济学的"制度安排""制度环境"等基本概念和制度变迁、路径依赖等基本理论工具分析"三权分置"的制度安排对农村土地收益分配制度变迁可能产生的影响及其具体影响机制，从理论上厘清影响农村土地收益分配制度绩效的核心因素。

（6）归纳演绎法。通过典型地区的实地调研走访、入户访谈及对农村土地收益分配发展状态的归纳分析，演绎出一条符合中国发展实际的农村土地收益分配制度改革的政策思路。

（7）案例分析法。本书全面总结了我国义乌市和德州经济技术开发区在农村土地收益分配方面的有益经验，并结合我国司法判例从正反两方面对相关经验进行了归纳。

第四节 可能的创新之处与不足之处

一、可能的创新之处

（1）研究内容创新。学术界系统研究农村土地收益分配制度的成果尚不多见，而从广义视角定义农村土地收益分配并进行系统分析的成果更为鲜见。本书在农村土地权利"三权分置"的政策框架下，从广义视角定义农村土地收益并探讨制度的演进及其优化，具有较强的创新性。

（2）研究视角创新。将因对农业用地、宅基地和集体经营性建设用地等各种形式的农村土地拥有所有、承包、经营等权利而获得的收益整合在农村土地收益视域下，丰富了农村土地收益的理论内涵；将这些收益均置于"三权分置"的框架下来讨论，提升了农村"三块地"改革分类分析的系统性和针对性。

（3）理论观点创新。为建立农村土地收益的调节机制，提出建立以"资金池"和"指标池"为主体的"土地收益分配调节基金"的构想；为切实夯实农村土地收益分配的基础，主张建立混合所有制的"村级集体资产管理公司"作为农村集体经济组织的载体。这些理论观点具有一定的创新性。

（4）实践方案创新。围绕如何具体进行农村土地收益分配制度改革，提出"优化权利配置结构，厘清农地主体收益分配权利关系；组织变革，重塑农村土地收益分配核心主体；建立土地收益调节机制，设立农村土地收益调节基金"三条政策建议。针对当前农村土地确权工作中存在的突出问题，从理顺土地收益分配关系的角度提出确权的实施理念，确权的路径选择，确权的模式选择，确权的核心、关键和保障条件等具体建议。针对重塑农村土地收益分配主体，提出创新组织形式，建立村级集体资产管理公司；实施土地整理工程，夯实土地收益分配物质基础的具体建议。

二、研究不足之处

（1）对不同农村土地收益分配模式效率差异的关注不足。我国农村发展区域差异较大，农村土地收益分配模式全国各地亦有不同模式，本书原计划主要借助三阶段数据包络模型，排除环境因素的影响，比较测度实践中换地权益书模式、南海模式等几种典型分配模式的效率差异，明确其作用机理，以提出一般性的政策建议，但由于缺乏相应平台而数据获取极为困难，不能支撑研究进行，故未能进行不同模式的效率比较。

（2）博弈分析仍需进一步精细化。本书是从广义视角看待农村土地收益分配概念的，严格来讲应该对农村土地收益分配各主体之间的博弈基于广义角度的土地收益定义分别进行细致的分析，但由于目前尚不能做到准确且全面地给出广义土地收益定义下各主体的行为特征，所以只分析了政府、集体和农户三者之间的收益分配博弈，且未严格与农地征收增值收益分配博弈区分开来。

（3）数据搜集的广度和实证分析的深度有待加强。本书中涉及的数据大部分在年鉴等规范性材料中无法获取，国内现有的几个以"三农"为主要领域和对象的专业数据库对此类数据也涉及不多，因此均需要通过实地调研与座谈等方法获得，受联系渠道、经费、时间等方面的限制，本书大部分情况下采用的是所在省区的数据，而我国不同地区农村情况差异较大，所以这有可能削弱数据的代表性，另外，笔者在调研座谈中面对的对象是文化水平和理解能力相对不高的农民群体，他们在回答问题时可能理解不够透彻，这也导致搜集的数据精准性下降。

第二章

文献回顾

第一节　国外文献回顾

围绕农村土地收益分配及其制度改革问题国外已有相关研究。国外较早期的研究和文献重点集中于土地收益分配理论（Mill，1848）、土地价格差异（Epstein，1985；Anderson，1993；Kooten，1993）、土地增值（Capozza and Helsley，1989；Moyo，2005）、土地收益分配方式（Smborsk，2000）、土地所有权（Krusekop，2002；Kelly，2003）、土地发展权（Belwett and Lane，1988；Anderson，1993）及土地征收权利（Shapiro，1995；Shavell，2010）等领域。从内容上看，这些研究主要围绕城市边缘区的发展、土地用途转换和耕地保护以及土地开发对经济的影响等问题展开，与本书所指涉的农村土地收益分配相关问题研究存在较大差异。不过，笔者对这些文献进行梳理后发现，仍可以从中借鉴到一些有益思路，有助于增进对土地收益分配的全方位理解，促成本书脉络的合理化和系统化。国外研究者和部分国内学者在国外发表的相关性的文献主要集中于以下三个方面。

一、农村土地权利配置与农民收入（土地收益）关系

Moene（1990）研究了土地所有权如何影响欠发达国家的劳动力分配、收入分配和贫困。作者主要关注三个所有权类型的原型：地三、小农和无地者。他的研究表明，土地改革对生产和贫困的影响取决于人均肥沃土地的数量，对土地所有权进行更平等的分配可以减少土地稀缺地区的贫困，但不会减少土地丰裕地区的贫困。Loren Brandt 和 Barbara Sands（1990）以 20 世纪初中国经济发展为例，

采用 20 世纪 30 年代中国政府组织的全国土地持有和收入调查，以及日本研究人员在 30 年代进行的三次家庭层面的村庄调查数据，重新探讨农村土地所有制与收入分配之间的关系。这项研究提供的证据与人们认为的收入差距巨大（而且越来越大）的观点相反。Gorton（2001）分析了摩尔多瓦的土地改革，指出在过渡时期，摩尔多瓦奉行小规模土地私有化的政策，并推行非集体化的举措。小规模土地改革对提高农村家庭的实际收入很重要，但生活水平继续下降。最初对非集体化的政治阻力已经克服，在新的土地所有权结构上，协调农业生产、采购和销售仍面临严峻挑战。正式土地权证发行的滞后，抑制了土地市场的发展。以前的大型集体农场和国营农场在农村地区提供了一些关键的社会服务，这些服务在后集体化时代的提供也是一个严重的挑战。Jayne、Yamano 和 Weber 等（2002）的研究为讨论东部和南部非洲小农部门的土地分配及其与收入贫困的关系提供了微观基础。他们的数据来源于 1990～2000 年在埃塞俄比亚、肯尼亚、卢旺达、莫桑比克和赞比亚五个国家进行的具有全国代表性的住户调查。该研究表明，随着时间的推移，农场规模正在下降；每个国家大约 1/4 的农户几乎没有土地，人均控制不到 0.10 公顷，包括租用的土地；即使是底层土地四分位的家庭，非农收入份额也低于 40%；正因如此，获得土地的机会与家庭收入之间存在着密切的关系，特别是在人均农场面积小于 1.0 公顷的情况下。随着时间的推移，这些小农场内部的土地分配似乎越来越集中。稳定的产权被认为是经济发展的关键因素。然而，评估产权的因果效应是一项困难的任务，因为产权的分配通常是内生的。为了克服这一识别问题，Galiani、Sebastian 和 Schargrodsky（2010）进行了土地产权分配的自然实验。他们发现，1981 年在布宜诺斯艾利斯一个贫穷的郊区，擅自占用者占据了一块土地。1984 年，地方通过了一项法律，征用前业主的土地以赋予居住者权利。一些原业主接受了政府的赔偿，而另一些人在进展缓慢的阿根廷法庭上对赔偿金额提出异议。前业主的这些不同决定产生了一种外生的产权分配。根据 2003 年和 2007 年两项调查的数据，研究者们发现，与对照组相比，优抚家庭大幅增加了住房投资，减少了家庭规模，并提高了子女的受教育程度。然而，这些影响并不是通过信贷渠道的改善而产生的。他们的研究结果表明，土地所有权可以成为减少贫困的一个重要工具，尽管不是通过信贷获取的捷径，而是通过增加物质和人力资本投资的缓慢渠道，这应该有助于减少未来几代人的贫困。Iwasaki（2015）利用家庭调查数据，对埃及农村三个村庄的收入分配决定因素进行了实证研究。作者首先使用分解技术来确定农业收入和非农业收入对家庭整体不平等的贡献。然后用回归分析确定不同因素在决定农户收入水平和非农收入水平中的作用。在分析农户收入结构及其影响因素的基础上，通过与非农劳动力市场的关联，阐明了土地持有对农村家庭收入分配的强烈影响，以及非农就业机会的不同效应。研究表明，总体而言，虽然非农业就业是埃及农村收入分配的一个重要决定因素，但土地、非农业部门和家庭收入水平之间的关系根据具体的社会经济（村庄）环境而呈现不同的模式。Salant 和 Yu（2016）结合林业经济发展的特点，从技术层面研究了中国不可预测的土地使用权对林业经济及其对农民财富带来的负面影响。他们认为，在过去的 65 年里，中国林权制度的产权安排一直摇摆不定，土地使用权是不确定的，这种政策性的不确定性降低了个人种植的积极性，降低了中国森林产出的价值，进而提供了一个定量评估这些影响的分析框架。

二、农村土地征收、土地补偿问题

Nosal（2001）指出，在世界上大多数地区，政府允许没收私人财产，但政府的征收决定可能是出于个人动机，并不符合社会的最大利益。基于此认识，作者提出了一个非常简单的税收和补偿方案，当政府以这种方式运行时，它实现了社会最优分配。其税收和补偿政策的基本含义是，财产被征用的个人将获得其全部市场价值作为补偿。Hui、Bao 和 Zhang（2013）基于社会排斥视角评价了中国土地征收补偿的政策与实践效果。作者首先回顾了 20 世纪 70 年代末实行开放政策以来土地征用政策的演变过程，并从社会排斥的角度评估了这些政策对失地农民的影响。他们主要的研究结论和政策建议如下：第一，虽然现行的征地政策特别是补偿政策已逐步改善，但失地农民受到社会各种形式排斥的局面未根本改观；第二，建议中央政府尽快完善修订现有的社会保障措施，并在城乡发展不平衡的背景下，引入其他有助于增强农村劳动力市场竞争力的补充政策（如职业培训），抑制文化、心理和社会网络排斥，以解决失地农民涌入城市所带来的潜在社会问题。Qu、Heerink 和 Xia 等（2018）利用中国东部、中部和西部三个地区450 户农户的家庭调查数据，运用有序概率模型，对补偿支付方式、补偿方式、家庭特征等控制变量对农户满意度的影响进行了评价，旨在探讨补偿金额以及补偿方式对中国农民对征地补偿的满意度的影响。研究结果表明：农民对补偿的满意不仅取决于补偿的规模，还取决于补偿与被征用土地市场价值之间的差距；当使用社会保障补偿模式时，补偿量对农民产生积极的影响，但在使用其他模式时不会显著影响农民的满意度。作者通过提供补偿量直接影响的实证证据和农民对耕地补偿满意度的其他因素的实证证据，对耕地征收的文献做出了贡献。而且，在影响农民满意度的因素分析方面，作者考虑了补偿量与补偿方式之间的潜在相互作用，具有理论价值。

三、土地租赁对农民收益的影响

Teklu 和 Lemi（2004）注意到，非正式的土地交易特别是土地出租市场正在埃塞俄比亚农村出现，这是因为以行政为基础的土地分配制度不足以满足日益增长的土地需求和纠正农场层面要素持有的不平衡。这些非正式的土地市场提供了一个工具，在农场层面均等化要素，以提高生产力，从而改善家庭福利。作者认为，公共政策在促进这些市场的增长及其土地转让和要素均等化方面具有关键作用，它可以确保这些市场的运转获得法律支持。Deininger、Jin 和 Nagarajan（2008）考察了印度农村土地租赁限制对经济效率和公平的不利影响。作者阐明，由于认识到由资产分配不均引起的机会不平等可能产生的有害影响，人们对土地改革产生了相当大的兴趣。但是，很少有人注意到这样一个事实，即长期而言，执行土地改革的措施，特别是租金限制，可能对生产力产生不利影响。文章基于印度邦一级关于租金限制的数据以及印度的一项具有全国代表性的调查进行了研究，结果表明，与政策设计意图相反，租金限制减少了有利于贫穷生产者提高生产效率的租金交易，从而对生产力和公平产生不利影响。研究还表明，如果放开租赁限制，通过出租获得土地的生产者数量将从当时的约 1500 万增加一倍，对租赁市场的自由化可能产生深远的影响。Chamberlin 和 Ricker-Gilbert（2016）基于南非两个相邻的国家赞比亚和马拉维具有全国代表性的家庭层面的面板调查数据，描述了小农参与农村土地租赁市场的现状及其对福利的影响。研究发现，人口稠密的马拉维的农村租赁市场参与率远高于人口密度较低的赞比亚，这反映了土地稀缺在推动租赁市场发展方面的作用。作者还发现，有证据表明，与以前的文献一致，在这两个国家，通过促进土地从能力较差的生产者向能力较强的生产者转移，租赁市场有助于提高小农部门的效率。此外，作者发现，租赁市场有助于将土地从土地丰富的家庭重新分配到土地贫瘠的家庭。在这两个国家中，土地租用的总体回报为正；但是分析也表明，土地租赁的回报随着生产规模的变化而有很大的不同。Zhang、Feng 和 Heerink 等（2018）以中国为例考察了发展中国家土地租赁市场对农民家庭收入的影响。作者在考虑土地租用决策的潜在内生性的基础上，利用江苏省 128 个村 1080 户的农村住户调查数据，实证检验了农户土地租用决策对其收入和收入构成（即农业收入、非农收入和转移收入）的影响。结果表明，与自给自足的家庭相比，出租户的总收入很低。在收入来源方面，交易户（即承租人或出租人户）和自给自足户之间的非农收入没有显著差异。另外，出租人家庭的转移收入明显低于自给自足家庭。Tan、Wang 和 Heerink（2018）关注并研究了中国土地流转的分配效应。他们指出，中国土地市场的特点是城乡二元体制，城乡土地流转由政府控制，而近年来，中国实施了不同类型的试点项目，尝试放开城乡建设用地流转市场。该研究的目的是通过对三种不同类型的土地自由化规则下三个试点项目进行比较分析，了解三种不同类型的土地自由化规则的分配效果。研究结果表明，面对更加自由化的规则，转让导致更高比例的土地收入流向农村部门，从而缩小了城乡收入差距。但农村和城市土地使用者之间的直接转让也加剧了农村部门内部收入的不平等，因为生活在城市边缘的家庭从这种转让中获得的利益相对较多。可交易的配额制度可以减轻区域对土地价格的影响，从而有助于在农村部门内更公平地分配城乡土地转让的收入。

第二节　国内研究梳理

一、第一阶段：马克思地租理论指导下的土地收益分配理论研究

通过对文献的梳理和回顾，按照研究主题可将国内学者围绕农村土地利益分配的研究分为三个大的阶段：第一阶段是中华人民共和国成立至 20 世纪 80 年代末，可归纳为马克思地租理论指导下的土地收益理论研究；第二阶段是 20 世纪 90 年代末至 2014 年，属于集体土地增值收益分配问题的研究；第三阶段是 2015 年至今，主要是新一轮农村土地制度改革框架下的农村土地收益分配研究。

在研究的第一阶段，改革开放之前，有学者在马克思级差地租语境下讨论了社会主义土地收益的分配问题。刘光杰（1962，1962）否认社会主义制度下存在级差地租，认为级差地租是与私有制相联系的概念。他将与私有制下级差地租相类似的土地收益称为级差土地收益，进而认为级差土地收益是导致不同生产队之间经济差异的一个重要因素，指出马克思的级差地租理论对此具有重要指导价

值。同时，作者指出了资本主义地租和我国社会主义条件下级差土地收益的不同，因而不可照搬。在此基础上，作者就农村人民公社的级差土地收益分配问题提出主张：级差土地收益体现了国家、集体和个人对土地的投资和贡献，因而要在三者之间进行分配，国家通过税收、价格等取得其中一部分，公社和生产大队通过公积金、公益金等获得一部分，公社社员凭劳动获得其余部分。作者还提出，级差土地收益分配是否合理关系到工农关系和城乡关系，这是较早在社会整体意义上论述土地收益分配问题的成果。在收益分配上，作者主张无论是级差土地收益Ⅰ还是级差土地收益Ⅱ，都按照贡献与收益匹配的原则，大部分收益均应分配给公社社员。实行家庭联产承包责任制后，土地收益在国家、集体和农户之间的分配成为学者们讨论的对象，张德修（1984）认为，国家征收的农业税是凭借国家权力对农民征收实物或货币，而生产队与每个农户间经济关系的实质决定了生产队因拥有土地所有权从农民那里提取的一定产品不是地租，这种提取只是在集体经济组织内部进行的再分配。邓晓兰和申嫦娥（1992）使用马克思的地租理论进一步区分了土地收益的租与税，并将土地收益区分为狭义和广义收益。

二、第二阶段：集体土地增值收益分配问题研究

农村土地利益分配的研究文献主要集中在第二阶段，这主要是由于中国城镇化快速发展实践的推动。20世纪末，我国由计划经济体制向市场经济体制全面转轨，尤其是1995年前后，我国经济发展迅速，随着房地产热及经济技术开发区的成立，城乡建设用地扩展很快，引发了一系列土地问题，推动了土地利益分配学术研究的繁荣。从研究内容来看，这一时期的文献主要集中在集体土地转用过程中的增值收益分配方面，而在此语境下，相关研究按照研究维度不同又可细分为五个维度。

1. 土地利益分配现状分析及存在问题的研究

从学者们的研究结果来看，当前的土地利益分配是较为无序的，存在的矛盾主要表现为土地利益在农民、村集体、政府等相关利益主体之间的分配失衡（张飞、孔伟，2013；彭小霞，2014）。在土地流转环节表现为流转程序不规范、土地流转价格偏低，在土地征收环节表现为补偿标准不合理、补偿收益主体不明确、补偿截留现象严重（刘忠、曹红冰，2014），在土地收益使用环节表现为用于农村和农民的比例过低。一项针对四川成都市新都区等地区土地出让金分配问题的专题调查表明，工业用地出让的增值收益在扣除征地管理费之后，用于农业

和土地开发的比例在中国西部地区最高可达 45%，在东部地区最低占比为 29%；而在调查地区经营性用地出让的增值收益中，用于农业和土地开发的比例则仅有 10%~25%（王小映、贺明玉、高永，2006）。土地利益分配失衡往往导致地方（区域）利益侵蚀所有者（国家）利益、使用者（企业）侵蚀所有者利益、使用者（企业）之间利益失调及行业利益冲突激化（操小娟，2004）。

2. 土地利益归属的研究

通过文献梳理可见，当前关于土地利益归属理论界主要有"涨价归农（私）""涨价归公"和"公私兼顾"三种理论主张。第一种主张是传统性论点——涨价归农论，认为全部土地自然增值应归原土地所有者所有，以周其仁、周天勇、蔡继明等为主要代表；第二种主张是变革性论点——涨价归公论，认为土地自然增值应基本归国家所有，以贾宪威、沈守愚等为主要代表；第三种主张是调和性观点——私公兼顾论，认为在充分补偿失地者之后应将其剩余部分收归中央政府所有，以周诚、朱启臻等为主要代表。

涨价归农论的思想观点大约是在 20 世纪末 21 世纪初，由张小铁、周其仁、黄祖辉等在倡导如何维护农民权益增加农民收入问题时提出，又经蒋省三和刘守英（2003）、周天勇（2004）、周其仁（2005）等丰富完善，逐渐成形。张小铁（1996）驳斥了那种"由于国家投资对原农业用地进行开发或在相关地区进行基础设施建设才导致非农产业用地与农地之间价格悬殊，所以农民只能得到农地价格补偿，土地价差额应归国家所有"的主张，也明确反对社会进步带来农地增值，土地所有者并无实质贡献因而只能获得农地价格补偿的主张。周其仁（2001）指出，错误的"涨价归公"理念来自"各种资源的市值是由其成本决定"的错误观念，他认为权利本身就有价，所以农民放弃对农地的使用权而应得到补偿。黄祖辉和汪晖（2002）肯定了周其仁对涨价归公论的价值评判，也认为是"涨价归公"的错误理念引发了众多的非公共利益征地行为，并讨论了因非公共利益的征地行为而对农民土地发展权带来的侵害。周天勇（2004）认为，由于我国现行农地征收补偿标准仍采用"年产值倍数"法，这种偏低的标准使农村集体经济组织的土地所有权和农民权益未得到有效的保护。鉴于此，在农地被征用转为城市建设用地后，政府投资城市基础设施带来的土地增值部分，理应归农民集体所有，当然，政府可以通过税收方式来调节其中过高的部分。蔡继明（2004）认为，对被征土地农民参照被征地的现用途而不是原用途进行全额补偿，是增加被征地农民收入的重要举措，政府应该把被征农地的升值扣除必要的管理费用后全部返还给农民，各级政府与开发商等主体在征地环节不应获取任何利润。彭建超和吴群（2006）针对土地整理新增耕地带来的收益指出，这部分收益应该归农村集体所有，可用作本集体经济组织的社会保障基金；而原土地承包户在经整理后的承包地上自主经营获得的增值收益应留给农户本人。郑振源（2006）针对周其仁此前发表的三篇关于土地征收合理补偿的文章展开研究，反对其增值收益涨价归公的观点，指出他提出的问题可以用渐进改革并逐步过渡到按市场价格完全补偿的办法来解决，认为他提出的问题不是"涨价归公"的必要条件。蒋炳镇（2012）也指责土地增值收益分配的"涨价归公"论是片面的，认为持该观点者过于强调土地增值是社会经济发展的结果，却忽视了土地所有权人的财产权，指出在统筹城乡发展、提倡"以工促农"的社会发展背景下这种观点不利于维护农民的合法权益。作者认为以"涨价归私"来解决集体建设用地有偿使用与使用权流转收益的外部分配问题，即土地收益除了缴纳必要的税费外，全部归农民集体和原土地使用权人所有。

涨价归公论据多位学者考证有着较为悠久的历史，从英国经济学家约翰·穆勒到美国经济学家亨利·乔治，再到我国民主革命的先行者孙中山先生对此均表达过明确观点。在国内，该论点发轫于 20 世纪 90 年代中期对征地补偿费的讨论，在理论界亦不乏拥趸。贾宪威（1995）认为，农民获得的征地补偿不是土地所有者为此付出了大量劳动或进行了生产性服务，而仅仅是由于社会对土地需求的增长和土地所有者占据的土地位置较好，土地的增值应该属于社会的积累和用于社会发展。对于农民行使使用权期间物化在土地中的劳动应给予补偿，但这种由征用而产生的补偿不同于市场交易的补偿，应排除市场需求使地价上升的影响。许坚（1996）指出，在国家或社会未进行基础设施建设投资之前，被征用农地缺乏工商业经营的区位条件，因而只能农用，在国家或社会进行相关投资之后，被征地的区位条件得到改善，可用于获益较高的工商业经营，因而价值得以提高，这个增值部分应归国家所有，当集体土地入市转权按市价补偿之后，国家不应再支付其他补偿费，包括安置费等。同时，作者指出，根据涨价归公的原则，土地增值部分应属国家所有，但国家是否把它全部收回来，应视具体情况而定。沈守愚（1998）倡导设立农地发展权，且归国家所有，由中央直接行使，以为国家提供稳定的财政收入。刘勇（2003）引证约翰·穆勒的理论解释了土地增值收益的涨价归公符合社会公平原则，引证马克思与孙中山的观点解释了涨价归公符合贡献原则，引证了亨利·乔治和马克思的理论解释了涨价归公符合公共利益原则，指出在社会主义市场经济条件下，涨价归公的主张本质上体现的是一种收益分配的思想，其理论依据是社会主义按劳分配与按生产要素分配相结合的分配规律。孙弘（2004）基于土地开发和资源保护的行政管理视角，全面探讨了土地发展权问题，明确主张土地开发权国有。王小映、贺明玉和高永（2006）基于昆山、桐城、新都三地的抽样调查分析表明，在我国的农地转用过程中，土地征收制度下农民获得征地补偿费，政府取得相当一部分的农地转用土地增值收益，这在实践中实现了土地发展权和土地增值归公。李元珍和杜园园（2013）调查发现，即便是失地农民自己也并不认为土地增值收益应该全部归自身所有，否则有违农民的公平观念，因此主张涨价归公应当作为当前土地增值收益分配的一个基本原则。华生（2014）并不认同周其仁的涨价归农观点，并列举了现行国家的成功经验以支持涨价归公社会共享的主张。

私公兼顾论属于调和性论点，由周诚在评论涨价归农论和涨价归公论时首倡。周诚（2006）将学界争论的涨价归公论、涨价归私论以及美国的"开发权转移制"三种观点的实质进行对比分析后，提取了三者的合理内核，即涨价归私论的"充分补偿失地者"、涨价归公论的"土地自然增值源于社会经济发展"和"开发权转移制"的"土地开发权益均等"思想。在此基础上，将三者有机地综合为一体，提出了私公兼顾论，其理论核心如下：应当公平分配农地自然增值，在保障公平补偿失地者的前提下，将土地自然增值的剩余部分主要用于支援全国农村建设并兼及城镇建设。虽然私公兼顾论明确提出是在2006年，但早在1999年我国台湾经济学家苏志超和林英彦便分别在著作《比较土地政策》和《土地经济学通论》中强调了地利社会全体共享的思想。私公兼顾论一经笔始，得到一批学者认同并不断丰富完善其论点。朱启臻（2006）强调，土地发展权的收益从源头来看来自全体社会成员为社会进步所做的贡献，自然理应由全体社会成员共享，即"涨价分享"。吴郁玲、曲福田和冯忠垒（2006）关注了现行制度框架下农地增值部分的分配问题，提出农地内部的增值部分应归为公有；但在收益的具体分配上，除了需要考虑国家作为农地发展权主体的利益，需要兼顾农村集体经济组织和农民的利益。就农地外部增值收益的分配，他们提出农地外部的"农地转非"所产生的"用途转换性增值"也应该由国家占有，并基于足够补偿土地对于农民的基本功能和效用的原则对农民补偿。吕亚荣（2007）认为，世界上任何土地财产利益，都应当在所有者享有基本利益的基础上，适度地兼顾相关的方面，才是切合实际的。赵秀清和赵秀丽（2008）在梳理农村土地收益分配模式之争的基础上，解释了"兼顾公农"模式的形成原因，认为"兼顾公农"模式是农村集体经济组织、地方政府和中央政府一系列动态博弈行为的结果，这些行为最终引发了我国土地增值收益分配制度的变迁。也有学者质疑私公兼顾论，邓宏乾（2008）认为其实质上与涨价归公论没有本质上的差别，涨价归公所推崇的是国家通过税收形式对"土地自然增值"收归国有，而征税只是按照土地自然增值额的一定比例征收，也就是说征税后原土地所有者仍可分享一部分土地增值收益。

值得指出的是，关于土地增值收益的分配问题，除了归公、归农和兼顾三种观点，陈伟和刘晓萍（2014）的研究还表明，土地增值收益从实践当中看，没有归公也没有归农，而是归了资本即投资者所有，这一结论明显不同于涨价归公的传统争议，具有一定的新颖性和特殊的理论价值。

3. 土地利益分配机制和模式的研究

李繁荣（2006）研究了土地征用补偿金在农村集体经济组织和失地农民之间的分配，主张借鉴现行的土地出让金的分配办法，对农地征用过程中的土地补偿金按照如下方式分配：农村集体经济组织可以从土地补偿金中提取 2% 的土地征用业务费，而扣除土地征用业务费后的剩余部分应在农村集体经济组织与失地农民之间进行合理分配。可以先留下其中的 20% 给农村集体经济组织，以用于对土地征用后出现的土地耕种等方面的问题进行整治，比如重新修建水渠等设施；再将其中的 40% 留给集体经济组织，以用于对失地农民进行生活安置。考虑到在支付农民一次性土地补偿金后，农民就失去了就业保障，这对农民来说是一次最为严峻的考验，没有经过任何技术培训的农民很难生存下去，所以归集体经济组织占有的 40% 的土地补偿金应用于失地农民的就业培训、保险费用支付等用途；剩余的土地补偿金再如数交给失地农民。邓宏乾（2008）指出，土地增值收益在不同主体间的分配，直接关系到土地利益相关者的利益，也影响到社会经济的发展。由于土地增值在形式上表现为不同形态地租的资本化，应以地租理论为依据来指导土地增值的分配，从影响土地增值的主要因素和它们各自在其中发挥的作用力来研究。集体土地所有者凭借农地发展权、用地者以持有的土地业权获得一部分土地转用自然增值收益，国家则通过征收土地增值税的方式将大部分土地增值收归国有。栾谨崇（2008）认为，被征地所有权及土地用途的变化必然会导致土地利益的构成及参与土地利益分配主体的变化，在农地转非后，由于用途变化，土地利益此时完全由非农收益构成，土地利益分配的主体会更加多元化，不仅包括失地农民、农民集体经济组织，还包括各级政府及各类土地开发企业等。而在新的利益分配关系中，被征地农民获利占比是最少的主体，农村集体经济组织次之，各级地方政府和土地开发企业是获利最大的。匡家在（2009）认为我国的土地出让收益分配制度改革和变迁，归纳起来具有显著的财政动因和财政路径依赖特征，是中央、地方政府及农民三者之间的利益博弈过程，在这种供给主导型的制度变迁过程中，地方政府的角色和行为举足轻重，往往影响着制度的演进和绩效，作者由此主张土地出让收入应全部划归地方政府，并纳入地方预算，以打破地方政府的财政依赖。丁同民（2010）从完善土地征收和征用法规、规范政府农地征收和征用权、培育农地使用权流转市场、完善农地补偿制度、健全农地征收和征用程序、构建失地农民的社会保障制度等方面探讨了和谐土地利益分配机制的构建。姜和忠（2011）从土地资源配置公平角度出发，探讨通过提高集体建设用地"指标"的交易费用、提高征地补偿费用以及征收集体建设用地流转累进税补贴偏远农村等方式建立合理的土地收益分享机制。蒋炳镇（2012）提出了如下集体建设用地收益的分配方法：土地收益先由地方政府征收必要的税费以保证其提供公共产品的物质基础，然后剩余的收益全部归集体所有。在集体内部进行收益分配时，凡涉及农地转用为建设用地的，要优先按原农业用途标准补偿土地承包经营权人，剩余收益再由集体和集体成员按照一个合理的比例标准进行分配。集体建设用地使用权流转收益由地方政府收缴必要的税费后，剩余收益由原建设用地使用权人获得，如土地增值收益明显过高，则农村集体凭借土地所有权人的身份获取部分增值收益。张勇（2012）关注了集体经营性建设用地增值收益分配的问题。他研究指出，集体经营性建设用地增值收益分享的主体应包括政府、农民和集体经济组织、开发经营者三方；政府创造的经济社会发展环境推动了土地增值，此外政府需要对增值收益在全社会进行二次分配，因此可以对增值收益征收适当的土地增值税；农民与集体经济组织转让了集体土地的财产支配权，故除了得到土地原用途的补偿外，考虑到长远生计问题，还理应给予一定的土地增值收益；土地的开发经营者因对土地的开发利用带来了土地增值，也有理由分享一定的收益；至于农民（集体）和开发者之间的收益分配比例，应在扣除土地增值税后各方协商确定，或经由政府协调处理，不宜强制规定。朱一中和曹裕（2012）基于土地发展权概念，构建了土地增值收益分配的理论模型，并以广州市为例进行了模拟研究。他们的研究认为，农民应获得土地增值中的农地发展权收益，政府应获得市地发展权收益，开发商应获得社会平均利润率下的开发资本投入收益。他们建议农民、开发商和政府之间分享土地增值收益的理想比例如下：农民占比25%～30%，开发商占比15%～20%，政府占比50%～55%。李元珍和杜园园（2013）以成都市大英村为例，介绍了土地增值收益分配的新机制"新集体主义"，认为这种分配模式将部分土地增值收益保留在村社集体内部，既实现了"失地人员无后顾之忧"的征地补偿机制设想，又防止了土地食利阶层的产生，从而解决了积累与分配之间的矛盾、保障失地人员无后顾之忧与避免形成食利阶层之间的矛盾，他们倡导的新集体主义关照到了农村土地集体所有制的政策内涵。

4. 土地利益分配制度改革路径研究

对于如何改革当前土地利益分配的不合理之处，重构利益分配格局，研究者们给出了不同的路径设计。对于土地收益在中央和地方两级政府内部的分配，毕继业和朱道林等（2003）应用经济学理论的博弈分析方法，得出中央政府在加强产权约束机制、财政监督体制和土地基金专项管理机制建设等的同时，降低土地收益分配比例；而地方政府在中央政府约束机制之下，扩大土地收益分配比例，是解决政府内部土地收益分配矛盾的合理政策策略途径。童建军、曲福田和陈江龙（2003）论述了我国土地收益分配机制在社会主义市场经济条件下的改革目标与改革原则，用埃奇沃思框图解释土地配置效率和土地可持续利用的目标，其主张的效率原则主要包括帕累托最优、经济效率最大化、交易成本最小化三大原则，指出不应一味强调效率优先、兼顾公平原则，而应在不同时期对不同用途的土地进行效率与公平适时转换，使公平与效率交替发挥作用。王小映、贺明玉和高永（2006）提出，在提高征地补偿标准、积极探索新型农地转用制度和公正的征地补偿机制的同时，还必须加快改革完善农地转用过程中的土地税费体系，严格规范土地有偿出让收益的使用管理，并加快建立完善国有土地收益基金专项管理制度。邓宏乾（2007）建议进一步完善土地征收补偿制度，将农地征收行为严格限定在公共利益范围内，改征地补偿为征地赔偿；对于非公共利益用地可采取由用地者和供地者直接交易的方式；同时积极探索集体非农建设用地使用权直接入市流转。

王洪亮（2009）主张土地使用权增值收益应当在土地所有权人、土地使用权人以及开发商之间进行分配，没有土地使用权人的在土地所有权人与开发商之间进行分配。周其仁（2010）认为应改革现存的土地制度，缩小征地的范围，确立农民对集体土地的产权和决策权，并且要扩大农村集体经营性建设用地直接进入市场的通道，改善城乡利益分配关系。华生（2011）认为，当前土地财政问题的关键不在于土地的收益多寡，而在于不应将征用农地的土地收益主要用于城市的基础设施建设，因此需要彻底改变政策导向和制度设计，把土地出让收益，不管是以什么形式，应全部或主要用在农民身上。周诚（2011）倡导土地增值收益分配要"私公兼顾"，并提出了公平分配土地自然增值的基本举措，即对农民的补偿为土地原值的补偿加上"安置性补偿"而形成的补偿总额，使失地农民在生产、生活等方面达到当地小康的水平而且无后顾之忧。将农地自然增值收益减去对失地农民补偿之后的剩余部分收益收归国有，主要用途是"支援全国农村"，包括对于基本农田在耕农民予以适度补偿；扶植贫困群体等。严金海（2011）基于对福建省厦门市的实地调查，分析了宅基地整治中的土地利益冲突与产权制度成因。作者的研究表明，集体、农户与市县政府之间的土地利益冲突以土地发展权价值的争夺为核心，这种冲突根源于产权设计与治理结构的内在缺陷。因此，为促进土地利益均衡分配，通过确权赋能实现三方产权关系的重构是基础，创设市场化的土地产权交易机制是核心，而构建以集体为主体的多方合作型治理结构是保障。李涛和徐瑾（2013）在重构和明晰中央与地方分权结构的基础上，提出了建立地方政府的激励约束机制、通过土地专项基金的使用进行再分配机制和包括土地规划、地价监测预警和全程的动态审计监督在内的保障机制等土地市场收益分配机制。周振、兰春玉和高强（2014）提出了废除土地补偿安置30倍的"天花板"价格、合理安排土地产权制度、积极探索土地集体所有权的实现形式、严格征地程序，约束征地行为等改革现有土地收益分配制度的措施。

5. 基于法学、社会学等不同理论视角的研究

权利视角是学者们研究农村土地利益分配的一个重要视角，主要围绕土地发展权展开论述。一部分学者对土地发展权的内涵进行了探索，林依标等（1997）较早提出了设置土地发展权的主张，但当时作者提出土地发展权的政策立足点是维护国家的土地所有权主体权利，与当前研究者们通过赋予农户土地发展权维护农户权益的主张明显不同。林元兴（1999）认为土地发展权是指在土地上兴建建筑改良物，包括建筑物与工事的权利，认为可以用"容积率"的高低来衡量土地发展权的价值大小。胡兰玲（2002）指出，土地发展权是土地在利用上进行再发展的权利，即土地在空间上向纵深方向发展、在使用时变更土地用途之权利，内容包括高空、空间、地下建筑权和土地开发权。李世平（2002）将土地发展权定义为将土地变更为不同使用性质的权利，认为这是一种可以与土地所有权分割单独处分的产权，在支配时这种权利既可以与土地所有权合为一体由土地拥有者支配，也可以由只拥有土地发展权而无土地所有权者支配，将其视作土地处分权中最重要的权利。张友安和陈莹归纳了学者们的研究后分析指出，土地发展权其实质是一种物权，是将土地要素从较低利用效益的用途或较低利用程度，转向另外一些较高利用效益的用途或者是较高的利用程度，并以此来获取土地收益的一种财产权，它与土地所有权的权能是平行的，并可以与土地所有权分离存在，单独实现其土地财产权收益（张友安、陈莹，2005；张友安、2006）。邓宏乾（2008）回溯了土地发展权在西方理论界的生发过程，认为土地发展权是 Shoup、

Arrow 和 Fisher、Herry 等在研究财产的"选择价值"或"准选择价值"时，将"财产"客体具体化到土地这种特殊财产之上——关于土地用途的选择价值问题而衍生出来的一个概念。而就土地发展权该归谁所有这一问题，理论界意见并不统一，如沈守愚（1998）曾指出土地的空间权和农地发展权是独立的财产权，其权源乃国家主权，自然应当归国家所有。另外的一种观点从维护农民土地权益的视角出发，建议农地发展权归农民集体所有。在土地利益分配的视域下对该问题的观点分为归农、归公和公私兼顾三种主流观点，本书已经就此进行细致梳理，在此不再赘述。

廖洪乐（2006）在朱玲（2000）农地分配性别平等问题研究基础上进一步基于性别视角分析了农村土地承包及集体经济收益分配问题，围绕出嫁、招婿、离异和丧偶妇女（简称四类妇女）的土地承包权和集体经济收益分配权（简称土地权益）难以得到有效保障问题阐述了农民土地权益维护的主张。郑鹏程和于升（2010）从法律视角研究了农村土地征收补偿收益分配中存在的纠纷，将其归结为因婚姻产生的土地征收补偿收益分配纠纷、"挂靠户"或"空挂户"土地征收补偿收益分配纠纷、服刑人员或刑满释放人员与集体经济组织之间的土地征收补偿收益分配纠纷和退休回乡产生的土地征收补偿收益分配纠纷等几类。姚东（2014）将土地看作一种代际公共品，基于代际公共品理论的视角对我国农村土地制度改革进行了理论分析，提出土地收益的分配中不仅要考虑到当代人之间即代内的公平和效率问题，也要考虑到当代人与后代人即代际的公平和效率问题。作者最后给出了土地出让金缴纳可以考虑按政府任期分期缴纳，或者设计一种土地出让金的收益基金，以达到从代际上平衡土地出让金和土地征收补偿费等收益分配的目的，最终实现土地收益的代际共享。

三、第三阶段：新一轮农村土地制度改革框架下的农村土地收益分配研究

集体土地收益分配研究的第三个阶段始于中共十八大，主要在"三块地"改革和土地权利"三权分置"的背景下来展开论述。以土地征收、集体经营性建设用地入市、宅基地制度改革（以下简称农村"三块地"改革）和农村集体土地所有权、承包权、经营权的"三权分置"为核心内容的新一轮农村土地制度改革自 2015 年始正式开启，在改革过程中，具体改革制度设计、部门间协调、不同主体利益分配等问题成为难点。如何实现土地征收、流转的增值收益在政

府、村集体和农民个人之间合理分配，以达到既能有效保证地方政府推进改革的积极性，又能够切实合理地提高集体和农民收益的目的，是新一轮农村土地制度改革实践中亟待解决的问题，也是学界研究的热点问题。

在新一轮土地制度改革政策框架下，土地收益分配制度和增值收益分配机制仍然是研究的重点问题。朱明芬和黄鹏进（2015）重点探讨了如何建立土地所有权与增值收益相匹配的新型农村土地利益调节机制，作者主张依据级差地租理论合理界定土地所有权价值与农村土地转用增值之间的比例，以兼顾国家、集体和个人利益；建议通过税收杠杆调节，建立起合理的土地增值收益调节机制，具体来说，土地市场交易价格优先扣除土地出让金需要上交中央和省级政府部分，剩余收益部分再合理课以营业税、印花税、资源税、所得税等税收，税后的收益全部归农民集体所有。作者认为，通过以法律为底线、市场为标准、税收为杠杆的规范交易机制设计，土地权利各方收益分配可能实现帕累托最优。在"三权分置"的框架下，钟成林和胡雪萍（2016）将土地收益分配制度概括为以农村土地所有权、发展权、承包权、经营权，城镇国有土地所有权、规划权、用地审批权、使用权为基础，在现行土地制度、财政制度以及土地出让制度约束条件下，对因土地产权的流转所获得的土地财政收益在各利益相关者之间进行配置而做出的一系列安排。韩树杰（2016）认为我国土地收益分配的现状可以进行如下概括：由于土地出让收入和土地税收收入规模呈现总体扩大趋势，地方政府是当前土地收益分配的最大"赢家"；农民和市民在征地拆迁中获得了一次性补偿，而近年来补偿规模不断扩大，不但严重挤压了政府土地出让纯收益，更严重的是这种补偿方式造就了一个庞大的土地食利阶层；开发商们通过获得土地增值获得超高利润率；私人业主也在其中获得了大量并非来自其劳动贡献而是由城市经济发展所带来的土地增值收益和房租收益；房地产业务还成为介入其中的金融机构重要盈利点，这些机构获得了来自开发商土地和业务融资、政府土地融资、居民购房抵押贷款等大量融资收益。

集体建设用地入市试点实施以后，其增值收益分配问题受到土地利益分配研究者们的特别关注，主要集中于对集体建设用地收益分配机制进行探讨。杨雅婷（2015）基于法经济学的理论视角分析了我国农村集体经营性建设用地流转收益的分配机制，指出国家由于对集体经营性建设用地地租的贡献应当参与首次流转收益分配；集体经济组织在集体经营性建设用地首次流转过程中已经通过获得对价的方式让渡了用地使用权，不应再介入分配；而农民才应当是农村土地问题需要关注的焦点和最终落脚点。丁琳琳（2015）给出了建立入市集体经营性建设用地的税收体系、发展集体经济让农民长期分享土地收益和缩小农地和建设用地利益差距平衡集体内土地利益分配等政策建议。杨红（2015）提出探索建立兼顾国家、集体和个人的土地增值收益分配机制，主张按照"初次分配基于产权、二次分配政府参与"的原则，系统总结农村集体建设用地流转试点的基本经验，出台并试行集体建设用地有偿使用收益的分配办法，形成合理有序的收入分配格局。黄发儒（2015）认为构建合理的调节利益分配机制是集体经营性建设用地入市的动力所在，必须统筹集体建设用地入市主体与被征收土地主体之间的利益关系，兼顾国家、集体和农民个人利益。沈孝强等（2015）构建了一个包括个体利益、阶层利益、制度利益和社会利益在内的综合分析框架，梳理了集体建设用地入市改革过程中的复杂利益关系，并从制度、个体和社会利益等多个层面对集体建设用地入市改革提出了政策建议。贾宾等（2016）站在土地发展权的视角思考问题，认为合理的集体经营性建设用地入市收益分配格局应当是在尊重集体土地发展权的基础上，通过建立"市场价格+征税调节"与"规划管制+发展权跨区域指标化转移"两个机制进行构建，初次分配环节主要以土地产权结构为依据，二次分配环节主要靠政府合理征税，尤其是通过税基、税种、税率的变化，以及财政转移支付等手段来动态平衡和调节相关各方的利益。谢泽夫和陆红（2016）认为，既然农村土地的权利主体是农村集体经济组织，那么农村集体经营性建设用地的入市流转收益应当全部归农村集体组织所有。陈红霞（2017）通过分析集体经营性建设用地分配的争论和实践困境指出，要实现集体经营性建设用地收益分配的突破，必须制定集体经营性建设用地入市收益分配和收益使用监督的指导性方案，构建收益分配的长效机制，建立集体经营性建设用地入市和农村宅基地流转之间的联动机制。有些学者还研究了农村集体经营性建设用地流转收益分配中存在的问题及分配的原则、模式、标准等问题。宋小青和杨木壮（2015）提出了农村集体经营性建设用地入市后收益分配的几条原则：一是入市收益优先用于增加农民财产性收入；二是入市土地价值增值要用于补偿一定的城市维护建设支出；三是土地入市后再次流转的价值增值应优先用于村镇维护建设支出；四是村集体内部分配入市土地收益过程中应当充分尊重农民自主意愿。杨红（2016）总结了分配的四种主要模式：以明确集体内部成员的收益分配和明确国家参与土地增值收益的方式为特征的广东顺德模式、以收益分配方式明确具体和明确流转收益使用方向为特征的江苏苏州模式、以初次流转和再次流转两次分配为特征的安徽芜湖模式和以"谁所有、谁受益"的原则小范围分配为特征的浙江湖州模式。程宇（2016）介绍了土地收益分配的"南海模式"积累的经验，指出在土地收益分配过程中农村股份合作社的股权来源于集体成员的身份，而集体成员身份的认定来自于集体成员的共识。作者还介绍了"南县"在处理"外嫁女"等特殊群体土地收益分配问题上的具体做法，认为村社成员对采用何种方式来实现集体成员权的考虑，仍是基于乡村社会的公平逻辑。而且，对于集体来说，集体成员的流动和数量变化是在所难免的问题，这就意味着股权配置情况需要不断调整，不可能一劳永逸。董秀茹等（2016）对东北三省共计 164 个村的调查数据进行了详细分析，在此基础上提出了集体经营性建设用地流转收益分配的量化比例建议。也就是说，在农村集体经营性建设用地入市收益分配中，政府可适当分享一部分流转收益，集体应当成为流转收益的主要获得者，而农民可以获取少量的土地流转收益。

在新时期农村土地收益分配问题研究中，农村土地收益权和分配权问题是一个重要论题。唐欣瑜和唐俐（2015）深化了唐欣瑜（2014）之前的研究，进一步指出集体土地收益分配权是集体收益分配权当中最重要的一类，从权利主体、权利客体、分配机制与救济制度四个方面以民法基本原理构建集体土地收益分配权相关制度。集体土地收益分配权的权利主体是农民个体和农户家庭；集体土地收益分配权的权利客体是农民集体土地之上所产生的收益；在分配机制上，考虑各地的差异性，建议在未来进行相关立法时可以不用规定具体的收益分配比例，但理应明确集体所有的土地收益中分配给集体成员的最低比例，并要求严格按《村民委员会组织法》与《物权法》的有关规定履行程序。在救济制度方面，当农民收益权受侵害时向相关法院提起民事诉讼行使撤销权是农民寻求司法保护的基本方式。在法律意义上，土地使用权人对其依法经营的土地享有占有、使用和收益的权利，同时承包方依法享有承包地收益。穆瑞丽（2016）列举了我国农村集体土地收益的多重功能：地方政府的土地财政功能，农村集体组织的农村基础设施建设和农村行政运行保障功能，农民的补偿功能、就业功能社保功能等。当前农村集体土地征收机制、补偿机制、收益分配机制、有效使用机制以及财税体制等不完善，导致农村集体土地收益分配功能出现了种种错位，解决路径在于构建市场化的土地价格机制，形成多元化的土地补偿机制，完善公平合理的收益分配管理机制，建立科学的财税体制。杨青贵（2016）结合物权权能理论分析认为，要以立法确认和有效保护集体土地所有权为逻辑起点，以有效实现集体土地收益权为主要目标和基本方向，在坚持立法适当限制的前提下，充分发挥市场机制调节与政府适度规制的双重作用，促进集体土地收益权制度价值的全面实现。在"建立兼顾国家、集体、个人的土地增值收益分配机制，合理提高个人收益"

思想指导下，必须坚持公平、效率统一，推动相关制度的改革，实行按要素分配，保障农民长远发展利益。农村土地收益分配满意度影响因素的相关研究文献也是现有文献的重要内容，该领域中在收益分配合理性、收益分配满意度、收益分配影响因素等方面的成果较为丰富。在收益分配公平问题方面，舒帮荣等（2018）采用适用于嵌套特征数据的两水平 Logistic 模型，以 15 个农户层次变量及 3 个村级层次变量作为自变量，以集体经营性建设用地流转收益分配合理性作为因变量，实证分析了样本区 19 个村的农户对流转收益分配合理性评价的差异性及其多层次影响因素。文兰娇和张安录（2019）基于上海农户微观调查数据分析了不同集体土地流转的各权利主体增值收益和收益分配格局，并利用阿特金森福利指数来测算不同流转模式下收益分配格局的扭曲程度。在收益分配满意度测度方面，李敏等（2019）利用顾客满意度指数（CSI）分析框架来构建农村宅基地退出农户满意度影响因素模型，并运用结构方程模型（SEM）实证研究了农村宅基地退出农户满意度影响因素。在收益分配的影响因素分析方面，莫春（2015）以成都为例构建被征农用地增值收益的测算模型，并确定各种增值的分配，主张建立以产权和来源为依据的分配方式，即将农民最终因征地所获得的收入分为征地补偿款和用途性增值两个部分，可以大大增加农民被征地后的收入，提高农民在增值收益中的分享比例。樊帆（2015）围绕集体经营性建设用地流转收益分配方式的影响因素，对湖北省武汉市 12 个村 523 户农户做了抽样调查，并采用 Logistic 模型进行了实证分析。研究结果发现，农民的文化程度、农户年龄、家庭的总收入水平和集体经营性建设用地收益分红稳等定性变量对农户选择分配方式有负向影响；而是否拥有投资性资产、集体领导信任度评价、村务公开评价、分红占收入比重等变量对农户选择分配方式有正向影响；其他变量如家庭人口数量、农户职业身份、集体土地运营和管理认知对农户选择分配方式无显著影响。还有一些研究虽然关注的是农村人口群体的医疗服务、公共服务、养老保障、住房保障等其他农村经济社会事务方面的满意度问题（谭清香等，2015），但同样为本书研究方法的选择和影响因素的设置提供了重要参考。

除了土地增值收益分配机制、集体建设用地收益分配和宅基地等研究较为集中的问题外，该时期学界的研究还涉及其他一些问题。王荣宇和谭荣（2015）介绍了德国通过土地税收制度设计实现土地收益共享的经验：实现税负在区位不同的不动产产权人之间、基础设施及公共服务优化的受益者与非受益者之间的公平分配是利用土地税收促进土地收益共享的关键。邓宏乾和彭银（2016）介绍了广东南海、四川郫县等试点地区土地流转收益分配制度改革的成效，指出了试点地区土地收益分配中存在的问题。杨青贵（2016）从物权视角阐释了集体土地收益权的内涵，认为集体收益分配权外延较广，包括但不限于农民的集体收益分配权。也就是说，集体土地收益权则是成员集体（土地所有者）将作为生产要素的集体土地，直接或间接投入生产经营活动，并依据该要素的所有者身份获取要素收益的一项重要的财产权。从根源上讲，集体土地收益权以集体土地所有权之收益权能为逻辑起点，在本质上属于财产权，指向以集体土地所有权为依据所获取的土地要素收益。

通过对国内外农村土地收益分配方面已有研究成果的系统梳理，可知当前学者们对农村土地收益分配相关问题的研究日臻成熟，为本书研究的深入开展提供了坚实的理论基础和支撑依据。但既有研究也存在进一步挖掘和探索的空间：一是在研究对象和研究广度上对于农村土地收益分配制度的研究尚未系统化，既有成果多是对征地收益分配、集体建设用地的流转收益分配等进行讨论，主要围绕农村土地所有权转移情况下的农地非农化的收益分配展开，仅有少数研究涉及农地所有权未转移情况下的农地使用权流转收益分配，如对农村土地整理增值收益分配的研究，而对于农业生产、经营用地一般性收益的分配尚没有涉及。二是在研究内容上，对土地收益分配存在的问题、问题产生的原因以及路径对策研究的成果为多，而围绕土地收益分配效率的研究不仅文献极少，且多为理论分析而缺乏实证检验。三是在研究方法上，规范研究多、实证研究少，实证研究类的文献也多是对土地收益在政府、集体和农户之间分割情况的描述或收益分配影响的研究，而对于收益分配体系的绩效缺乏数量研究的支持。四是有些成果在探讨土地收益分配改革问题时提出的方案不符合我国现实匡情。五是在改革方案设计上，提出的路径在农村土地承包经营责任制和财政分权的制度环境短时期难以发生重大变革的情况下可操作性较弱。六是提出的政策建议原则性和框架性的较多，而具体设计较少。七是在近年来农村土地"三权分置"改革、农村"三块地"试点改革、集体产权制度改革等制度变革的背景下，现有研究提出的政策建议对这些制度环境变化关照不足。这些薄弱环节为本书提供了充足的研究动力和可拓展的研究空间。

第三章

现行农村土地收益分配制度体系及其分配结构的发展状态

第一节　农村土地收益分配概念的内涵和外延

一、"农村土地"释义

对于"农村土地"一词，我国法律法规有着明确定义。《中华人民共和国农村土地承包法》第一章第二条指出："本法所称农村土地，是指农民集体所有和国家所有依法由农民集体使用的耕地、林地、草地，以及其他依法用于农业的土地。"《中华人民共和国土地管理法》第一章第四条指出："国家编制土地利用总体规划，规定土地用途，将土地分为农用地、建设用地和未利用地……农用地是指直接用于农业生产的土地，包括耕地、林地、草地、农田水利用地、养殖水面等；建设用地是指建造建筑物、构筑物的土地，包括城乡住宅和公共设施用地、工矿用地、交通水利设施用地、旅游用地、军事设施用地等；未利用地是指农用地和建设用地以外的土地。"也就是说，按照《中华人民共和国土地管理法》可将农村土地定义如下：直接用于农业生产的土地、农村宅基地与农村公共设施用地和未利用的农村集体所有地。显然，根据我国现行法律法规，农村土地被定义为一个所有概念和用途概念。

从国家最新的土地改革的文件精神来看，是把农业用地、集体经营性建设用地和宅基地基于用途分开来看待的，因而改革采取了分类改革的方式。但本书在国家法律法规的框架下基于要素的视角理解"农村土地"，依据产权归属将其定义为归农村集体经济组织所有的土地即"农有农地"，包括集体所有由农户承包经营的耕地、林地、牧场、水产养殖等农业生产用地；集体所有未分散承包经营的集体农场、林场、牧场等；集体经营性建设用地主要指乡镇企业（集体企业）用地；农村集体所有、居民使用的宅基地；集体所有但尚未全面开发的荒山、荒沟、荒丘、荒滩等。以上述各种形式存在的土地因其存在而给农村集体组织或农户提供价值贡献，是他们获取收益的物质依据。

二、农村土地收益的内涵界定

在当前的学术研究和工作实践中，由于大家对"农村土地"一词的理解不同，对于农村土地收益的内涵界定自然也不同。从与农村土地收益有关的既有成果来看，当前理论界对于农村土地收益大致有如下几种理解：第一种观点将土地所有权转移情况下的农地非农化的增值收益认定为农村土地收益，这也是一直以来学术界最为主流的观点，沈守愚（1998），蒋省三、刘守英（2003），王小映（2003），蔡继明（2004），郑振源（2006），邓宏乾（2008），周诚（2011），刘国臻（2012）等都是基于这种认识来论述相关问题的。第二种观点将我国城乡建设用地增减挂钩政策实施过程中农村土地整理收益也纳入农村土地收益的范围，在这种情况下，农村土地的所有权并没有发生由农村集体向政府的转移，高雅（2008），刘朝旭、雷国平（2011），吴九兴、杨钢桥、汪文雄（2012）是此种观点的认同者。第三种观点是从资源或要素收益的广义角度来看待农村土地收益的，如姚东（2014）在其研究中将农村土地视作一种代际俱乐部物品，论证了土地收益的代际转移问题，黄小彪（2012）、文雯（2012）等对保障农民土地收益权的探索也可归属于此种观点。但综合既有研究对农村土地收益的论述和观点，将农村土地收益与农村土地转用增值收益等同起来仍是理论界和实践工作者的普遍做法，将农产品销售收入也纳入农村土地收益的范畴似乎还不是主流意识和主流观点。

由于在"农村土地"的理解上做了比较大的扩展，"农村土地收益"的内涵自然也具有相对较大的内涵和外延。本书将农村土地收益的内涵界定如下：在要素的视域下，农村集体经济组织因对各种形式的"农有农地"拥有所有权、农户因对各种形式的"农有农地"拥有承包经营或流转权而获得的相应收益，这些收益包括各种形式的"农有农地"在所有权转移情况下的收益，也包括所有权未转移情况下的收益；包括它们在用途不变情况下的收益，也包括在它们用途发生变更情况下的收益。包括农产品收益、土地承包费收益、土地流转费收益、土地租赁收益、土地上建筑物租赁收益、土地转用增值收益等（杨宏力，2015）。

三、农村土地收益分配的研究范围

农地非农化或农地转用的收益分配问题是农村土地收益分配研究的传统领域，而随着经济社会的发展和多元化利益主体的出现，将农村土地收益简单理解为农地非农化的收益越来越不能满足理论研究和农村工作实践的需要，扩大农村土地收益分配的研究范围成为一个亟待解决的问题。在对农村土地收益作了学理定义的基础上，本书对于农村土地收益分配应涵盖的范围持如下观点。

国内相关研究的中心聚焦在考察农地非农化中土地增值收益的分配情况，但是农地非农化中的补偿费分配、土地所有权未转移情况下的农地使用权流转收益分配、集体经营产生的土地收益分配以及农地生产经营一般性收益分配问题也是农村土地收益分配制度的重要组成。

有关土地收益分配在以往的研究中不乏成果，但这些研究基本集中于测度土地收益在政府、集体与农户之间的分配公平。也有些研究涉及收益分配性别歧视的问题（廖洪乐，2006）和"入赘男""嫁出女""挂靠户"等特定农民群体权益受损的问题（郑鹏程、于升，2010），但都属于从法学角度对收益分配主体资格认定的讨论。有学者指出了农户之间在土地收益占有上存在起点、机会和标准的不平等问题，但分析的着力点是农户土地占有与土地收益获得的对等关系（戴建春，2012），并没有涉及土地收益分配代际、代内公平问题。这些研究重在考察农业系统与外部环境之间的资源配置公平性，较少思考农村系统内部的分配问题。因此，农村系统内部土地收益分配的横向与纵向公平问题也应被纳入研究范围。

显然，本书对农村土地收益分配范围的框定大大突破了传统观点的认识，是在一般要素的意义上看待农村土地收益问题。这种突破并非是一种理论研究上的冒进，而是社会发展的实践使然。近年来，随着我国经济社会的快速发展和城镇化的快速推进，农村涉地纠纷频发，这些矛盾已经不仅是过去那种简单的田间地头和宅基地的多种多占，而是拓展到了与"农"有关的各种土地领域。

第二节　现行农村土地收益分配制度的制度环境、制度安排

一、农村土地收益分配的制度环境

制度环境是一系列用来建立生产、交换与分配基础的基本的政治、社会和法律基础规则（戴维斯、诺思，1994）。制度环境一般体现在一国宪法当中，并且一般不易被改变。特别是在一个既定的社会形态内，它作为实现一定政治理想的工具，一般不易发生激变而只能发生旷日持久的渐变（柳新元，2002）。农村土地收益分配的制度环境可定义为关于农村土地收益分配的一系列原则性规定和基本规范，其内容主要体现在《中华人民共和国宪法》相关条目之中。我国曾于1954年、1975年、1978年和1982年通过四部宪法，现行宪法为1982年宪法，并历经1988年、1993年、1999年、2004年、2018年五次修订。关于农村土地收益分配的相关内容随不同宪法的通过和调整也有一些调整，如关于农村土地所有制的表述，1954年宪法将其认定为"合作社经济"，而1975年、1978年和2004年宪法则明确将其表述为"劳动群众集体所有制"；关于农村土地生产经营形式的规定也有一些变化。这些调整和变化是对当时的政治、经济和社会环境的制度回应。

在现行的宪法框架下，农村土地收益分配制度的制度环境明确地或隐含地集中体现为如下几个方面的规定。第一，关于收益分配的权利依据的规定，可以从政府、农村集体经济组织和农民三个主体角度予以阐释。对于政府而言，我国宪法明确规定，国家出于公共利益的需要，有权依照法律规定对土地实行征收或者征用并给予补偿，即只要是"为了公共利益需要"，政府是可以依靠政权力量拿走土地并相应获得其中部分收益的。对于农村集体经济组织而言，按照宪法相关规定，城市郊区和农村的土地，除由法律规定属于国家所有的以外，均属于农村集体所有，农村的宅基地和自留地、自留山等也属于农村集体所有，即农村集体经济组织是农村土地的所有权主体，既然是所有权人，理所应当享有土地的相应收益。对于农民主体，宪法明确，农村集体经济组织实行以家庭承包经营为基

础、统分结合的双层经营体制，即事实上农民也以这种中国特有的农业生产的租佃形式获得了农村土地的残缺产权——承包经营权。如此，宪法通过对政府、农村集体经济组织和农民三大主体权利结构的构建缔造了当前农村土地收益分配的格局。第二，关于收益分配原则的规定。宪法明确规定，现阶段我国实行按劳分配为主体、多种分配方式并存的分配制度，土地作为一种要素参与收益分配得到了权威确认。第三，关于土地权利流转的规定。我国宪法中明确规定，禁止任何组织或者个人侵占、买卖或者以其他形式非法转让土地；但同时，宪法也规定土地的使用权可以依照法律的规定进行转让。这一规定封闭了除政府以外的其他主体通过所有权转让获得收益的通道，但为其他主体凭借残缺产权获得收益留下了一个缺口。这些规定是拟定农村土地收益分配相关细则的基础规则。

二、农村土地收益分配的制度安排

农村土地收益分配的制度安排和实施机制指围绕农村土地收益的分配所制定的一些具体安排和为保证这些安排能够顺利实施而采取的一些具体措施。虽然关于土地收益的分配在我国现行法律体系中并没有具体的、独立的法律予以保障，但在一系列涉农涉地法律法规中关于农民的土地权益还是有一些详细的规定，这些权益主要是由《中华人民共和国土地管理法》《中华人民共和国农村土地承包法》《中华人民共和国物权法》《中华人民共和国农村土地承包经营纠纷调解仲裁法》等法律法规和部委颁布实施如农业部制定的《农村土地承包经营纠纷仲裁规则》中的各项条款予以确定和保障的。这些法律法规和部门规章制度主要就农村土地的权属关系、经营形式、主体的权利保障、国家征收征用行为、土地利益纠纷化解等做出了具体的可操作性安排。

1. 关于农村土地收益分配权的安排

农村土地收益分配权主要就凭借土地而获取收益的权利在政府、村集体和农民之间的配置做出了相关规定，界定了政府在何种情况下可以获得何种形式、多大比例的农村土地收益，以及村集体有权在何种情况下按照什么形式获得一定比例的土地收益，农民因拥有土地的承包经营权和流转收益权而具有获得补偿的权利等。

《中华人民共和国宪法》《中华人民共和国土地管理法》等明确规定，赋予政府出于公共利益的需要而依照法律规定对集体土地实施征收或者征用的权力，也赋予了政府可以在批准农用地转为建设用地时征收耕地开垦费，对已经办理审批手续的非农业建设占用耕地一年内不用而又可以耕种并收获的收取土地闲置费等项权力，以耕地开垦费、土地复垦费、土地闲置费、新增建设用地土地有偿使用费等形式使政府可以获取一定的土地收益。

国家和地方政府的相关法律条文都明确保障了我国农村集体经济组织的农村土地所有权，并规定村集体经济组织有权获得农村土地收益的一定比例，如《山东省土地征收管理办法》明确规定，农民集体所有的土地全部被征收或者征收土地后没有条件调整承包土地的，土地征收补偿安置费的20%支付给被征收土地的农村集体经济组织，用于兴办公益事业或者进行公共设施、基础设施建设。

农民享有土地收益的权利是由《宪法》《农村土地承包法》《土地管理法》和一系列地方性法规予以保障的。这些法律明确了农民的土地承包经营权、承包土地的流转权等权利，并赋予其相应的流转收益权，如在《宪法》第十条、《农村土地承包法》第十六条和《土地管理法》第四十七条中，对于农民因土地被征收征用有权获得补偿做出了原则性规定。同时，相关法律还对农村集体经营性土地和集体建设用地的相关收益分配做出了明确安排。

2. 关于收益分配标准确定的安排

农村土地收益分配标准是对农民围绕各种用途和经营状态的农有土地的收益如何具体分配的相关规定。在现行法律法规中，集体所有未承包经营的集体农场、林场，集体经营性建设用地，集体所有但尚未开发的荒山、荒沟、荒丘、荒滩等经营状态的农地的收益分配一般都规定由村集体讨论决定，对于征收征用农民承包经营土地则制定了详细的补偿标准，主要包括以下方面内容：第一，关于补偿依据。目前从国家层面的法律到部门性规章再到地方性条例办法都明确规定，确因公共利益需要而征用土地的，补偿时按照被征用土地的原用途给予补偿。第二，关于补偿项目的具体内容。目前大多数地方仍按照土地补偿费、安置补助费、地上附着物和青苗的补偿费三项加总的方法执行。虽然有些地方在实施办法中提出要考虑到被征地农民的长远生计问题，要考虑农民的就业、社保等问题，要有适当的对应措施，但没有具体的规定和保障措施，在实践中往往执行不到位。第三，补偿标准的确定方法。产值倍数法是目前各地土地征收时采用的基本方法，而且确定具体数额时要区分不同地区的不同区片，一地一价。

3. 关于分配形式的安排

关于分配形式，货币性收益虽最为多见却不是唯一形式，除了现金补偿外，农民因土地而获得的收益还包括就业机会、社会保障和融资优惠、住房保障等。

例如，《山东省土地征收管理办法》第十八条明确规定：市、县人民政府应当依法进行土地征收补偿，并采取多种方式妥善安置被征收土地农民的生产生活，确保被征收土地农民原有生活水平不降低，长远生计有保障。第二十四条规定：建立被征收土地农民就业保障制度，将被征收土地农民纳入失业登记范围和就业服务体系。市、县人民政府应当从当地的土地出让收入中一次性安排适当数额的资金，扶持被征收土地农民就业。市、县人民政府应当采取措施，向被征收土地的农民免费提供劳动技能培训；具备条件的，应当安排一定的公益岗位，扶持被征收土地的农民就业。第二十五条规定：被征收土地农民在贷款等方面享受城镇失业居民的优惠待遇。

4. 关于分配保障措施的安排

一是保障分配的公平性。现行法律条文中对有关分配公平性问题涉及甚少，往往采用"向仲裁机构申请仲裁或向法院起诉""由村集体经济组织讨论解决"等语言表述。只有《中华人民共和国农村土地承包法》从性别公平的角度明确规定，农村土地承包应当充分保护妇女的合法权益。虽然只是对女性土地承包权的规定，却暗含了对女性土地利益分配公平的维护意志。二是明确了分配的监督机制。对于土地收益分配的监督，多项法律条款对公共部门和公权人员的行为作出了明确规范，同时明确了多种违法违规行为应给予的处分。例如，《山东省土地征收管理办法》明确规定：补偿不得截留，补偿专款专用等，而违反相关规定的，要依法给予处分，构成犯罪的则要依法追究刑事责任。另外，相关法律和办法还对涉及农村土地事项的处理程序列明了具体步骤，并强调要尊重农民意愿和接受农民监督。

第四章

现行土地收益分配体系

我国现行农村土地收益分配体系虽然不断完善但仍然存在不少问题，如体系不完善、政府收益比例大、收益分配不公平、农民收益分配权益受侵害、收益分配监督机制不健全等。也有学者从法学、社会学等视角检视问题，提出完善路径。那么，我国现行农村土地收益分配中具体存在哪些问题和不足？这些问题又可能导致哪些不期的后果？详细了解该问题的现状，剖析其可能的发展趋势，对于提出化解问题的对策具有重要意义。

第一节　土地收益分配的分析维度

考察农村土地收益分配问题，可以基于以下四个不同的研究维度。

第一个维度是基于农村土地类型维度。本书所述的农村土地指由农村集体所有的土地，包括农村耕地、林地、草地、集体建设用地（含经营性建设用地）、水面、滩涂、荒山、荒沟、荒丘、荒滩等农村土地。从土地收益分配问题实践来看，主要指农村集体所有、集体使用或农户个体承包的耕地、林地、草地和集体建设用地（含宅基地、集体公益性用地和集体经营性建设用地）。

第二个维度是土地要素投入生产的环节维度。包括土地生产经营过程中的问题、土地征用中的问题、土地流转中的问题等。

第三个维度是土地权利结构维度。在我国农村土地权利体系下，所有权存在产权残缺或所有权虚置问题，承包权存在物权化不足、代内和代际不公平问题，发展权存在发展权缺失问题。

第四个维度是农村土地收益分配场域维度。包括农村社会内部的土地收益分配关系和农村社会与外部的土地收益分配关系。农村社会内部主要指乡镇、村集体与农户之间，不同农户之间，纯农区与近郊区农民之间，不同代际农民之间和不同性别农民之间的土地收益分配关系。农村社会与外部之间主要包括工农之间、政农之间、农民与市场之间、农村与城市之间、农民与市民之间的利益分配关系。

第二节　调研说明

笔者于 2018 年 6 月通过座谈和问卷形式对山东省 L 市农村土地收益分配状况展开了调查，目的是通过调查，不仅限于农村土地征收环节的增值收益分配，而是从不同的维度全面掌握农村土地收益分配中存在的问题。调查采取随机抽样方式，共选取辖内 11 个县（市、区），33 个乡镇（办事处），165 个村（社区）（其中 105 个农区村、40 个乡镇驻地村（城中村）、20 个城乡接合部（村））的 1650 户农户开展座谈和问卷调查，共向农户发放问卷 1650 份，收回有效问卷 1599 份，样本回收率为 96.9%，开展座谈乡镇（办事处）19 个。如表 4-1 所示，样本结构从性别看，男性受访人占比达 60%；从年龄结构看，30 岁以上的受访人占比较高，其中 50 岁以上的受访人占比达 44.8%；从学历结构看，高中（中专）层次的占比近半；从家庭居住地看，农村家庭占比为 62.3%，乡镇（社区）居民家庭占比为 25.3%，城乡接合部居民家庭占比为 12.4%；从家庭人口数量来看，家庭人口 3~4 人的占比为 87%；从家庭年收入来看，3 万~5 万元家庭占比为 52%，5 万~8 万元家庭占比为 37%，其他收入家庭占比为 11%；从家庭主要收入来源看，种养殖的占比为 44.6%，半工半耕的占比为 27.7%，企业务工的占比为 17%，经商的占比为 6.8%，其他为 3.9%。

表 4-1　调查对象基本特征

统计指标		频率（人）	比例（%）	统计指标		频率（人）	比例（%）
性别	男	966	60	家庭人口	2 人及以下	97	6
	女	683	40		3~4 人	1391	86.9
年龄	20~30 岁	107	6		5 人及以上	111	7.1
	31~40 岁	399	24.9	家庭年收入	3 万元以下	79	4.9

统计指标		频率（人）	比例（%）	统计指标		频率（人）	比例（%）
年龄	41～50岁	376	23.5	家庭年收入	3万至5万元	832	52
	50岁以上	717	44.8		5万元以上至8万元	592	37
学历	初中及以下	597	37.3		8万元以上	96	6.1
	高中（中专）	783	48.9	家庭主要收入来源	种养殖	713	44.6
	大专及以上	219	13.7		务工	272	17
家庭居住地	农村	997	62.3		经商	108	6.8
	乡镇（社区）	404	25.3		半工半耕	443	27.7
	城乡接合部	198	12.4		其他	63	3.9

第三节　调查数据分析

1. 农村承包地利益分配状况

数据显示，在样本户中，家中人口全部有承包地的占比为57%，至少1人以上无承包地的农户占比为32%，有11%的样本户全家人口均无承包地。整体来看，农村人口约1/3没有承包地。如果考虑到目前农村年轻人多外出务工、被调研户老年人家庭较多的情况，家中部分人口无承包地家庭的比重无疑还会提高。

在1599份有效问卷中，有116户存在老人去世仍有承包地耕种的情况；在近年有儿媳嫁入的397户中，仅有36户嫁入的儿媳获得了承包地；在426户近年有幼儿出生的农户中，共出生幼儿604人，其户586人没有承包地；172户近年来有女儿嫁出的农户共嫁出女儿217人，其中在夫家获得承包地的只有77人；在近年有子女考入大学的153户中，115户子女仍保留承包地。

调研数据显示，在接受调研的农户中，务农劳动力人均年龄39.97岁，除种植大棚蔬菜和从事畜禽养殖的部分年轻人以外，受访者中30岁以下的年轻人基本上都在企业务工，务农劳动力老龄化趋势明显。

2. 农村宅基地利益分配状况

调研中发现，纯农区村庄宅基地闲置和"空心村"现象较为普遍，95%的村都有闲置宅基地。另据村干部反映，目前农村一户多宅的情况约占总户数的

中国农村土地要素收益分配研究

50%。如表 4-2 所示，1599 户样本户共拥有宅基地 1951 处，户均 1.22 处；共有宅基地面积 924 亩，户均 0.578 亩；共闲置宅基地 296 处，闲置面积共 129.2 亩。

表 4-2 样本户宅基地占用及闲置状况

宅基地数量（处）	面积（亩）	闲置数量（处）	闲置面积（亩）
1951	924	296	129.2

笔者在调研中了解到，当地政府在多年前就已经提出"墙外无地（宅）"，一户一宅，空置的宅基地要收闲置费，但由于实践中很难推行，便不了了之。

3. 集体公益性建设用地状况

农村集体的公益用地指归农村集体所有，以集体内部成员为受益对象的集体土地，其数量和使用情况对集体组织成员的生活质量起到不可或缺的作用（余敬、梁亚荣，2018）。从调研地区来看，农村集体公益性建设用地主要是村党支部、村民委员会等机构办公设施、农民书屋、广场、运动场等文化体育设施以及道路、学校、卫生医疗、自来水、电力供应、公共厕所、小型水库等占用的土地。笔者通过与调研地社区负责人和村干部的访谈交流，分类考察了纯农区、城乡接合部和乡镇驻地三类区域居民的人均公益性建设用地状况，并通过问卷调查了解农民对于公共品供给的满意度状况。

（1）人均公益性建设用地状况。调研所得人均公益性建设用地面积如表 4-3 所示。需要说明的是，在调研给出的人均公益性建设用地面积中，道路面积贡献的比例超过了 30%，实际上在调研地区，三类居民除道路以外的人均公益性建设用地面积都较少。

表 4-3 人均公益性建设用地面积　　　　　　　单位：平方米

样本类型	乡镇（社区）家庭	城乡接合部家庭	农村家庭
人均面积	55	68	83

（2）农民的公共品满意度状况。由于农村的公益性建设用地投入不足，农民的公共品供给满意度整体较低，调研数据对此提供了很好的证明，而且从数据可见，乡镇居民和城乡接合部居民满意度高于农村家庭（见表 4-4）。

表4-4　样本户农村公共品供给满意度

	选项	频数（人）	比例（%）
乡镇（社区）家庭	非常满意	44	10.8
	基本满意	91	22.5
	不满意	269	66.5
城乡接合部家庭	非常满意	30	15.1
	基本满意	57	28.7
	不满意	111	56
农村家庭	非常满意	26	2.6
	基本满意	113	11.3
	不满意	858	86

进一步调研发现，城乡接合部由于距离城市较近，很多村庄已经接入了城市的自来水、天然气管网，个别村庄甚至接入了城市供暖管网，村庄的体育、书屋等文化设施也相对完善。乡镇在园林绿化、公园、游乐设施、体育文化设施方面基本也有些投入。而广大农村尤其是距离城镇较远的农村除近年来接受过对口单位帮扶的村庄建立了一些体育设施、活动广场外，尚有不少村庄仅有水、电等一些基本公益性设施。这也解释了三类调研对象公益性建设用地投入满意度的较大差异。

4. 集体经营性建设用地利益分配状况

本书调研的L市并不属于国土资源部确定的集体经营性建设用地入市的试点地区，故此处所分析的集体经营性建设用地收益并非集体经营性建设用地入市带来的增值收益，而是指农民集体因使用其所有的经营性建设用地兴办工业、商服、仓储、交通运输和旅游等盈利项目而获得的所有收益。如表4-5所示，调研地区集体经营性建设用地总体面积并不大，纯农区的村多数没有建设用地用于经营性用途，因而不存在经营性建设用地收益。有集体经营性建设用地收益的村主要集中于城中村、乡镇驻地村和城乡接合部（村），集体经济组织通过建造标准厂房、写字楼、商铺店面、仓储设施、职工宿舍、兴办市场、购置商业用房等方式开展物业经营，获得相对稳定的物业租赁收益。

表4-5　村集体经营性建设用地面积状况

土地面积（亩）	0~2	2~5	5~10	10~20	30~50	50以上
村庄数量（个）	78	24	8	22	19	14

需要指出的是，部分村集体的经营性建设用地由于原租赁方经营不善破产等，土地处于暂时闲置状态。

调研数据显示，在有集体经营性建设用地收益的农村集体中，村集体的集体经营性建设用地收益分配采取"集体积累留一块、社保经费交一块、村民现金分红分一块"做法的占86%。而人均收益的具体额度则差异较大，最低的人均不到500元，最高的人均达12500元。从空间上来看，除个别有集体企业或较大面积土地租赁的村以外，距离城市越近，集体经营性建设用地的人均分配额越高。

5. 土地征用中的利益分配问题

从调研中了解的情况来看，目前L市被征用土地的大部分用于住宅及商业房地产以及工业用途，这种情况在L市国土资源局、公共资源交易中心以及中国土地市场官方网站的统计数据证实。

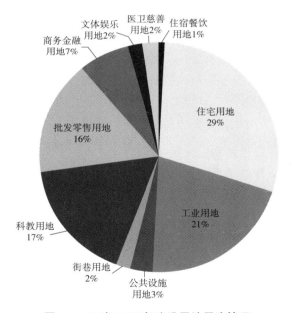

图4-1　L市2017年建设用地用途情况

L市2017年建设用地用途情况如图4-1所示，从供应结构上来看，住宅用地占比最大，占总成交面积的29%；其次为工业用地，占总成交面积的21%；批发零售用地和科教用地，分别占比16%、17%；商务金融用地占总成交面积的7%；文体娱乐用地、医卫慈善用地、住宿餐饮用地、街巷用地、公共设施用地占比较小，不足5%。

　　以 L 市驻地区城中村的征地拆迁补偿为例来看土地收益分配情况，在征地分类中，城中村被划为一类区片。目前 L 市征地拆迁补偿等的主要依据是《L 市人民政府关于贯彻实施〈山东省城市房屋拆迁管理条例〉规范城市房屋拆迁工作的通知》（以下简称《通知》）。《通知》规定：在征地拆迁实际执行中，对居民的拆迁补偿分为货币化补偿和货币化安置。例如，按照货币化补偿方式执行，则在评估公司依照规范评定的补偿基准价 3860 元/平方米的基础上，结合被拆迁房屋的成新、结构、楼层、朝向等因素评估确定。附属设施和附属物补偿标准另有规定。被拆迁人或者房屋承租人因拆迁而迁出的，由拆迁人按房屋的合法建筑面积，以 8 元/平方米的标准支付搬迁补助费。被拆迁房屋实行货币补偿的，临时安置补助费按三个月一次性计发。实行房屋补偿的按过渡期计发，其标准为住宅（按房屋合法建筑面积计算，每户不足 60 平方米的按 60 平方米计发）、办公、生产、仓储用房，按每平方米每月 5 元计发；商业用房按每平方米每月 15 元计发（聊城市人民政府，2007）。综合以上各种费用，城中村被拆迁户拿到的征地拆迁补偿费总额在 4000~4200 元。而根据官方披露的数据，相同区位的土地开发商拿地的价格平均为 6981.5 元/平方米，即被拆迁户最多拿到被征土地收益的 60%，在征地实践中，由于还涉及一些费用的扣除，被拆迁户实际上很难拿到这个比例。

　　根据 L 市政府驻地所在区的官方文件，城乡接合部被划为二类区片，其补偿标准如下：区片价为 58000 元/亩；基本农田为 69600 元/亩；建设用地为 58000 元/亩；未利用地为 46400 元/亩。纯农区被列为三类区片，其补偿标准如下：区片价为 50000 元/亩；基本农田为 60000 元/亩；建设用地为 50000 元/亩；未利用地为 40000 元/亩。如果考虑到地上附着物及青苗补偿，按照《山东省国土资源厅、山东省财政厅关于 L 市征地地上附着物和青苗补偿标准的批复》，纯农区被征地农户拿到的土地补偿费、安置补助费加土地青苗及地上附着物补偿费用总额在 60000~68000 元/亩。而按照同期当地政府公布的基准地价，被征地如转换为商服用地，共划分为五个级别，基准地价分别为 1874270 元/亩、1384025 元/亩、850425 元/亩、451559 元/亩、330165 元/亩；如转换为住宅用地，共划分为五个级别，基准地价分别为 1810905 元/亩、1352009 元/亩、835084 元/亩、466900 元/亩、340170 元/亩；如转换为工矿仓储用地，共划分为四个级别，其基准地价分别为 512923 元/亩、370852 元/亩、250792 元/亩、190095 元/亩。如果按照地价最高的商服用地类的最高地价 1874270 元/亩计算，被征地农户和村集体只能得到土地出让金的 3.6%，即便按照基准地价最低的工矿仓储类用地中的最低地价 190095 元/亩计算，被征地农户和村集体也只能得到土地出让金的 35.7%。

6. 土地流转中的利益分配

在土地问题研究的文献中，众多学者并没有严格区分土地流转和土地征用，而将二者混淆使用。实际上，"土地征收""土地征用""土地流转""土地占用"等在法律上均是不同的概念，有其明确而独立的法律内涵。此处所言的土地流转仅指拥有土地承包权的农户本身依然保留着承包合同中与发包方的权利义务关系，以转包、转让、入股、合作、租赁、互换等方式向专业大户、农业合作社等经营主体出让承包地经营权的行为。而且，本书此处所统计土地流转面积仅统计农村承包地的流转面积，不包括宅基地的流转面积。

理论上而言，土地流转的方式包括转包、转让、入股、合作、租赁、互换、托管等方式，而实践中转让、入股等方式较为少见。在调研地区，土地流转仅涉及转包、租赁、互换三种形式，其中互换仅 8 起，76.3% 的土地流转是以本村集体内部村民之间的转包方式进行的。

从土地流转用途来看，67.7% 的土地流转后用于玉米、小麦等粮食作物或樱桃、葡萄、草莓等经济作物的种植，13% 的土地流转后用于肉鸡蛋鸡、生猪、奶牛和驴的养殖，7% 的土地流转后用于园林绿化苗木培育。

从调研情况来看，土地流转费用差别较大，流转费用高低与流转主体、流转规模和流转用途相关性较强。以农户为主体的流转规模多在 5 亩以下，以家庭农场为主体的流转规模多在 10~30 亩，以公司为主体的流转规模多在 50 亩以上，最大的流转规模为 1500 亩。流转规模 5 亩以下且流转土地用于粮食生产的流转费用在 500~700 元；流转规模 5 亩以下且流转土地用于经济作物种植的流转费用在 500~1000 元；家庭农场流转土地的费用每亩平均高于农户 150~300 元，公司流转土地的费用每亩平均高于家庭农场 100~200 元。

7. 农民的土地权益认知与权益保护状况

调研中发现，多数农民对自己应享有的土地权益认知并不清晰，87.6% 的农户表示了解"三权分置"，但其中 53.3% 的人对"三权"具体权利和"三权分置"的具体规定说不清楚。作为农地确权登记颁证工作推动较快的省份，目前山东省确权工作已经基本完成，但另一份调研数据显示，89% 的农户对农村土地确权工作认识比较模糊，只有 11% 的农户充分了解该项工作（见图 4-2）。

对于在土地征用和土地流转过程中农民究竟该享有哪些土地收益，"征地应

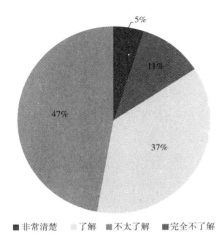

■非常清楚 ■了解 ■不太了解 ■完全不了解

图4-2 农户对农村土地确权工作认识了解情况

该给征地补偿费和安置费"和"土地流转要给租金"认知度较高，但对于"应该补偿多少""具体如何分配"，87.9%的受访者表示"不清楚""听集体的"。

对于在土地征用、土地流转或其他环节遇到土地方面的法律问题时，从何种渠道获知本人权益保护的相关信息，在受访者的回答中，答案按照频次从高到低依次为"咨询村干部""政府发布信息""上网查询""咨询专业人士"等，如图4-3所示。

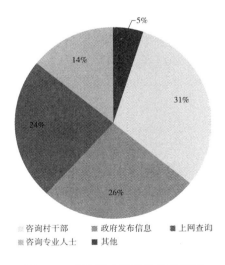

■咨询村干部 ■政府发布信息 ■上网查询
■咨询专业人士 ■其他

图4-3 农民的土地权益信息渠道

8. 政府与集体、集体与农户之间的土地收益分配关系

在政府与集体经济组织之间的土地收益分配关系方面，此次调研的受访者表示在取消农业税费以后，基层政府与乡村之间的联系越来越少，经济往来限于种粮补贴、危房改造补贴等的发放和灌溉费、保险费等的缴纳，而补贴是直接由财政部门对农户的，缴纳的费用基本由集体收齐后统一上交，关系清晰，基本没有经济利益纠纷。只有那些有土地征用、"村改居"、土地增减挂钩情况的集体存在与政府之间土地收益分配关系，而这些领域也是最容易出现纠纷和问题的领域。

对于集体经济组织与农户之间的土地收益分配，根据 2010 年 8 月 5 日山东省政府第 78 次常务会议通过，2011 年 1 月 1 日起施行的《山东省土地征收管理办法》第二十二条，"农民集体所有的土地全部被征收或者征收土地后没有条件调整承包土地的，土地征收补偿安置费的80%支付给土地承包户，主要用于被征收土地农民的社会保障、生产生活安置，其余的20%支付给被征收土地的农村集体经济组织，用于兴办公益事业或者进行公共设施、基础设施建设。征收未承包的农民集体所有的土地或者在征收土地后有条件调整承包土地的，土地征收补偿安置费的分配、使用方案，由村民会议或者被征收土地农村集体经济组织全体成员讨论决定。地上附着物和青苗补偿费归其所有权人所有"（山东省人民政府，2010）。从文件规定来看，对于土地收益在集体和农户之间如何分配，法律层次是较为清晰的。而且，当前财政部门对农户的补贴资金基本上采取直补到农民账户的形式，不经过集体这一环节，因此集体与农户之间的土地收益分配关系较为简单。

9. 农村集体经济组织收益状况及农民集体收益的区域差异

笔者在调研中发现，农村集体经济组织尤其是农区的集体经济组织"空壳化"情况较为严重，在 D 区 D 镇的调研数据显示，65%的农区集体经济组织除镇政府财政每年拨付的 3 万元经费外，村集体基本没有其他收益。而且，纯农区、乡镇驻地村（含城中村）和城乡接合部不同区域农村集体经济组织的集体经济收益情况相差较大。在调研涉及的农村集体经济组织中，纯农区的集体经济组织集体收益普遍不高，集体所有的土地在村民承包地尚未大规模流转的情况下基本不能给集体带来收益，有土地增减挂项目的村集体中少数村集体有一定的负债，个别未承包由集体掌握的土地面积较大的村集体每年可获得 5 万~10 万元的土地租赁收益。乡镇驻地村（含城中村）由于有部分土地租赁和物业租赁收益，集体收益高于纯农区集体经济组织，但由于集体掌握的土地面积较少，集体收益的数额也不高。城乡接合部集体经济组织相对而言集体收益最高，此类村集体之前基本上属于农区，村民有人均 0.8~1.5 亩的承包地，村集体以林地、池塘、沟渠、窑厂等形式所有的土地面积较大，近 10 年来，城镇化过程显著加快，城市规模不断扩大，村民的承包地基本被征用，集体所有的池塘、沟渠、窑厂等闲置土地亦被征用该集体带来较高的土地收益，而拆迁补偿方式的多样化也给集体经济组织以集体经营性建设用地的形式持续获得收益留下了空间，此类集体经济组织的集体年收益在 100 万~300 万元，部分集体收益在 500 万元以上。

第四节　研究结论

当前，承包地利益分配方面存在的问题主要是土地的人地匹配效率不高，土地收益分配横向（代内）不公平、纵向（代际）分配不公平和性别不公平等。集中表现为土地调整周期过于频繁导致的土地利用效率不高和土地"生不增死不减"导致的土地收益分配不均及土地资源配置不当问题。以上两个问题实际上是农村承包地没有处理好土地利用的公平和效率的关系而走了两个极端：第一个极端是，虽然为了维持地权稳定性、保护农民长期投资积极性等，国家一系列政策均禁止农村承包地的调整，但实践中仍有一些地方按照当地的村规民约定期进行承包地的调整，以适应人地关系变化，这种调整短则三年，长则五年，较为频繁，使农民无法从事种植果树等生产周期较长的农业生产，也没有积极性对承包地进行较大价值的农业设施投资，降低了农村土地的使用效率。第二个极端是，为了保证土地利用的效率而实行"生不增死不减"的政策，切断了绝大部分 20 世纪 80 年代后出生人口与农村土地的利益关联，导致农村人地关系的低效率匹配，出现少数人低效耕种多数土地而同时大量农村人口无地可种的情况。总体而言，当前农村承包地土地收益分配关系尚未理顺，利益平衡机制缺乏。代内不公平问题突出，婚出人口与婚入人口争地、"入赘男"、"挂靠户"等现象普遍；代际不公显著存在，由于土地承包关系不允许调整，出现所谓"亡者有土，生者无地"现象，冲击农民朴素的公平观念和祖产继承观念（杨宏力，2018）。

宅基地存在的主要问题是土地资源浪费、土地收益无谓损失和农民财产性收入不足。土地资源的浪费突出表现在村民老宅荒废后大面积宅基地的长期闲置和村庄的外围土地被不断地占用以建设更多的新房，并造成所谓"空心村"现象；

土地收益的无谓损失则表现在农户庭院之外的多余宅基地和园地等长期闲置，既没有给农户带来利益，也没有增加集体的利益；农民财产性收入不足问题表现在大块的宅基地和农民住房并没有成为农民财产性收入增加的渠道，虽然国家已经进行了农民住房财产权的抵押贷款试点，但从试点实践来看，效果差强人意，并非一个较好的选择（夏柱智，2017；陈明亮等，2017）。

建设用地存在公益性建设用地不足和经营性建设用地收益分配不均、管理混乱问题。虽然国家不断增加农村基础设施建设投资，但农村尤其是中西部农村基础设施落后的局面没有根本改观，农村的电力、水利等生产性和书屋、体育健身、文化活动等生活性公益性建设用地投入严重不足，增加了农民的生产生活成本（张松梅，2017；万娟娟，2017）。

土地流转环节存在的主要问题是农民土地流转收益低且收益权缺乏保障。原因是当前的土地流转基本上是规模流转，细碎化且政策不允许调整的土地格局严重限制了土地的流转，使新型农业经营主体对农户细碎化的土地流转不感兴趣，导致一方面现代农业公司等新型农业经营主体所需的土地的大规模流转难以有效实现，另一方面有意的农户只能以较低的费用将土地流转出去。尤其应当注意的是，有些土地经营收益较高地方的土地出现低价亦无人承租的情况。2018年3月，笔者在山东省农业大县S县肖村调研时了解到，该村是反季节蔬菜专业村，村内80%以上的农户承包的90%以上的耕地都建了大棚搞反季节蔬菜种植，村民们收益颇丰，收益平均可达3万元/亩。据村干部反映，在土地经营收益较高的情况下，该村仍然出现一些外出务工或年老体衰村民的土地500元/亩尚无人承租的情况。另外，由于当前的土地流转多是熟人之间小规模的土地流转，土地流转形式也不规范，根据调研情况，5亩以下的土地流转签订流转协议的不到15%，多数流转是口头协议，双方就流转地块、流转时间、流转费用等进行简单的约定，而在我国农业保险等尚不完全到位的情况下，当流转方出现经营困难时土地流出方的收益往往得不到保障。而且，流转土地严格限制用途的做法也影响了土地流转主体的积极性，在笔者调研的D区D镇赵堂村，村集体有220亩地是通过宅基地拆迁复耕得到的，协议流转给一个大户耕种，当前租金500元每亩，每年增加50元左右，五六年后租金即可达到1000元每亩，但当前流转户主要种植粮食作物，年净收益在500~600元/亩，相对经济作物等收益有限，难以持续。

在农民的土地权益认知方面，一系列数据表明，农民对于自己应该享有的土地权益并不清楚，对于规范农村土地权益的《宪法》《土地承包法》《土地管理法》等相关制度规范中的相应法律条款内容不了解，在调研中发现，超出 2/3 的受访者说不出两部以上农村土地方面的法律法规。调研数据表明，多数农民对于自己应享有的土地权益了解甚少，同时多数农民不了解处理土地纠纷的渠道和程序，这增加了相关部门协调解决土地纠纷的难度。

第五章

农户农村土地收益分配满意度
影响因素实证研究

农村土地收益分配关乎农业生产效率、农民福祉和农村社会的稳定，是农村土地制度改革的关键环节（杨宏力，2015），土地收益分配关系的理顺和分配格局的优化也是衡量各项土地政策绩效的重要标准（杨宏力、李宏盼，2020）。随着工业化、市场化和农业现代化的快速推进，我国农业发展的宏观环境和微观基础不断变化，农地分利秩序格局随之调整，农村土地收益分配问题成为社会持续关注的热点问题。更好地理顺土地收益分配关系，不断提高农民对于土地收益分配的满意度，回应好这些热点问题，对于贯彻落实以人民为中心的发展思想，守住农村土地制度改革农民利益不受损的底线至关重要。然而，理顺收益分配关系，提高农民土地收益分配满意度的前置条件是深入调查，科学论证，摸清满意度的具体影响因素及其影响程度，这对于确定下一步农村土地收益分配政策改革的着力点和操作抓手来说具有重要理论价值和实践意义。

第二章已对农村土地收益分配满意度影响因素相关文献进行了梳理，从中可见，虽未必紧密聚焦于农村土地收益分配问题，但已有文献亦为本书研究提供了方法、工具、研究思路等方面的重要参考和资料来源，是本书研究继续深入的重要支撑。然而，在研究视角方面，虽也有少数文献涉及政策安排的影响分析，但从土地配置和组织维度切入的研究尚未出现；在研究对象方面，已有文献要么进行某方面的满意度测度，要么实证分析某方面收益分配的公平程度，针对收益分配满意度影响因素的分析仍较为鲜见；在研究内容方面，既有研究主要围绕集体经营性建设用地或土地征用收益分配等问题展开，较少关注整体农村土地收益分配问题。这些薄弱环节为本书的研究留下了可资拓展的空间。故本书拟通过理论分析和实证研究，从农户土地配置和组织力量的视角，系统分析影响样本农户整体农村土地收益分配满意度的因素。

第一节　农户土地收益分配满意度
影响因素的理论解释

理论上来说，影响农户土地收益分配满意度的因素很多，既包括农户的年龄、学历等个人与家庭特征，又包括其居住区域等客观环境；既包括其承包经营土地的数量，又包括其所在村庄的发展水平；既包括当地土地收益绝对数量和分配的公平性，又包括政府的支农力度等因素，因而是一个多变量影响下的复杂函数。总体上，我们可以将这些因素分为两类：一类是农户的个体特征因素，主要包括与农户个人及其家庭有关的变量；另一类是组织因素，包括农户所在集体经济组织的实力、政府的支农政策等变量。

（1）个人及家庭状况对满意度的影响。个人及家庭特征包括受访者的性别、年龄、学历、户籍、职业、家庭居住地理位置、家庭人口数量、家庭主要收入来源和收入水平等因素，这些因素会影响受访者农村土地收益分配的满意度。具体而言，与女性受访者相比，男性受访者对农村土地政策的了解、对家庭的收入开支、对村庄事务的参与度等方面会更深入更多一些，因而在受访时回答问题可能会更为精准，答案更为明确，满意度显示得更为明显。在受访者的年龄对满意度的影响方面，年龄较大的受访者由于生产生活中接受到的各方面信息较少，对村庄事务关注度也不高，其满意度相比青壮年受访者表现一般会更为平缓。受访者的学历层次直接决定了其对信息的接受和甄选能力，较高学历的受访者可能在满意度方面表现的差异化更明显。虽然调研区域是农村，但居住在农村的受访者会有一部分并非农村户籍，因而如果受访者是非农村户籍人群，其对农村土地收益分配状况了解不多，其满意度表现应该是不显著的。与户籍相联系，居住在农村的非农从业人员与土地收益并无联系，其土地收益分配满意度应该是不显著的。虽然统称为农村居民，但居住的物理位置有农村、城镇、城乡接合部和城市之分，不同的物理位置决定了土地对其重要性或可能带来的收益水平差异较大，因而也会影响满意度水平。在土地与人口挂钩的情况下，家庭人口数量是决定家庭土地收益数量的基本因素，人口数量越多，土地收益对其家庭的影响越大，其满意度表现则越显著。随着城镇化的深入推进，农村人口大量转移非农就业，农村居民中半工半农甚至完全失去土地的农民人数在不断增加，农村居民的收入结构已经发生了较大变化，如果其中来自土地收益所占比例较低的话，其中满意度方面的表现也是不显著的。家庭的收入水平越高，则来自土地收益的影响越小，对于农村低下收入水平家庭，土地收益几乎是其家庭全部收益，对满意度的影响则越显著。

（2）家庭土地状况对满意度的影响。对于农村居民家庭而言，家庭土地状况无非表现在承包生产用地的数量、使用的宅基地数量以及承包使用土地的权属状态等方面。家庭承包农业用地的数量越多，土地收益对于农户的重要性越高，在满意度方面表现得会更显著。家庭使用的宅基地数量越多，则面临征收占用时可能获得的补偿会更多，因而在满意度方面表现得更显著。家庭承包经营土地的权属状态即确权与否也会影响农户的土地收益水平，政策和理论都支持农地确权会有益于农户收入增加的观点，所以理论上农地是否确权会影响到农民土地收益分配的满意度。

（3）家庭土地收益及其分配状况对满意度的影响。主要包括承包经营农业用地和宅基地被征收占用的情况和得到的补偿情况，以及土地流转及其获得收益的状况等。如果受访者曾有类似情况，则对土地收益分配的状况会了解得较为深入，其收益分配满意度评价会非常显著。除了是否涉及土地的征占流转，涉及的土地面积也直接决定了农户收益水平，面积越大，涉及的收益水平越高，其满意度水平越显著。

（4）家庭所在集体经济组织基本情况对满意度的影响。虽然学界一直在讨论我国农村集体经济组织的法律定位、有效性、职责功能等问题，其功能弱化、与村委会关系混乱等也一直受到实践工作者的诟病（赵振宇等，2017），但诸多研究表明组织化程度会对农民收入产生重要影响（吕红平，2002；罗建军，2004；姜永秀，2005；刘灿、韩文龙，2013；陈美球等，2018），农村集体经济组织不但有继续存在的必要性，亦有发展壮大的可行性。从华西村、南街村等国内一些集体经济带动型经济发展典型案例以及广大农村发展的实践经验来看，农户所在农村集体经济组织越强的集体，对于农户提供的支持力度越大，农户在土地收益分配中获得的实惠越多。而软弱涣散的村集体经济组织，可能成为农民土地收益的攫取者。

第二节　研究区域与数据来源

一、样本区域选择

大规模实地调研，数据的真实性保障尤为重要，特别是微观农户数据，在农民群体信息接受和理解能力相对较低且留驻农民多年龄偏大的状况下，如果没有规模庞大的调研团队进村入户实地调研，而通过网络或电话等渠道进行调研，数据真实性和完整性难以保障。因笔者组织的调研团队成员户籍地多为山东省内各地市，考虑到调研活动组织的可行性，本书的调研选择了山东省进行。山东省位于我国东部，大部分地区为平原，土地肥沃，农业基础好，农民人数多，且农村人口转移不像西部一些省区那样规模庞大。虽然在山东省一个省开展调研，但山东省胶东地区、省会城市圈和西部地市之间经济发展水平差别较大，可以明显地划分为三个层次，分别可以与国内东中西部一些省份相对应，也使调研反映的问题在某种程度上具有广泛的代表性。本次调研分两次实施，共涉及山东省 17 个地市（莱芜市于 2019 年 1 月撤销地级市建制，划归济南市管辖，但本次调研仍作为一个独立区域处理）63 个县（区）277 个乡镇 600 余个农户。调研样本区域的选择主要基于以下三点：

（1）虽然本书选取了山东一个省作为调研区域，但在土地政策实施时间进度、涉地涉农地方法规等方面山东省与东北地区、中部地区、东部地区等绝大部分省份具有高度的相似性，因而具有广泛的代表性。

（2）所选区县覆盖大中城市郊区、小城镇周边和纯农区，基本上可以代表整个山东省基本特征。

（3）在土地确权进度、土地政策等方面所选区县具有一致性，在土地收益分配满意度方面基本上能代表整个山东省的情况。

二、数据来源

本书进行回归分析的基础数据来源于"农村土地收益分配状况"课题组

2019年9~10月在山东省17地市实地调研的一手资料，调查内容主要包括以下五点：

（1）农户个人及家庭基本情况。包括性别、年龄、学历、户籍、职业、家庭居住地、家庭人口、家庭收入来源和收入水平等。

（2）家庭土地状况。包括家庭使用宅基地的数量和面积、家庭承包农业用地的数量和面积、家庭承包地确权状况及对确权的评价等。

（3）家庭土地收益及其分配情况。包括家庭承包地和宅基地被征收占用情况、土地被征收占用时的补偿方式和补偿额度、家庭土地流转情况和流转数量流转价格等。

（4）家庭所在集体经济组织基本情况。包括家庭所在集体经济组织发展情况、集体经济实力和收入水平、农户对集体的认可情况等。

（5）农民对于农村土地收益分配的满意度评价。包括对分配的满意度、对土地政策的认可度、对确权政策的评价、土地征用情况下的主观感受等。

第三节　研究方法

一、影响因素及指标确定

本书借鉴前人有关收入分配决定机制的基本指标以及当前在农村土地收入分配中比较具有争议的一些因素，通过大样本的抽样调查数据验证农村土地收益分配满意度的影响因素。根据实地调研情况，选取农户个人及家庭基本情况、家庭土地状况、家庭土地收益及其分配情况、家庭所在集体经济组织基本情况等方面的指标，具体指标定义如表5-1所示。

表5-1　农村土地收益分配满意度影响因素评价指标体系构建

变量类别	变量名称	变量解释
家庭所在集体经济组织基本情况	集体经济组织发展情况	没有集体组织=1，集体组织软弱涣散=2，集体组织坚强有力=3

变量类别	变量名称	变量解释
家庭所在集体经济组织基本情况	集体经济实力	空壳村＝1，集体年收入低于10万元＝2，集体年收入10万至50万元＝3，集体年收入50万元以上至100万元＝4，集体年收入100万元以上＝5
	农户对集体内土地纠纷发生数量评价	增加许多＝0，有所增加＝1，有所减少＝2，很少＝3
家庭土地收益及其分配情况	家庭承包地是否被征收占用	没有＝0，被征收或者被占用＝1
	承包地被征收占用对生活水平的影响	降低＝0，没有变化＝1，提高＝2
	宅基地是否被征收占用	没有＝0，被征收或者被占用＝1
	宅基地被征收占用对生活水平的影响	降低＝0，没有变化＝1，提高＝2
	家庭土地流转情况	没有土地流转＝0，有土地流转＝1
家庭土地状况	人均承包地面积（取对数）	家庭人均拥有承包地面积（单位：亩）
	人均宅基地面积（取对数）	家庭人均拥有的宅基地面积（单位：亩）
	家庭承包地确权状况	尚未确权＝0，已经确权＝1
个人及家庭基本情况	性别	男性，取值为1，女性，取值为0
	年龄	20岁以下＝1，20～30岁＝2，31～40岁＝3，41～50岁＝4，51～60岁＝5，61～70岁＝6，70岁以上＝7
	学历	小学及以下＝1，初中＝2，高中（中专）＝3，大专及以上＝4
	户籍	农村居民＝1，城镇居民＝2，其他＝3
	职业	农民＝1，工人＝2，个体经营＝3，其他＝4
	家庭居住地	农村＝1，乡镇＝2，城乡接合部＝3，城市＝4
	家庭收入来源	种养殖＝1，半工半耕＝2，务工＝3，经商＝4
	人均收入（取对数）	家庭总收入与家庭人口数之比

二、模型构建

本书主要关注农村土地收益分配满意度的影响因素，基于此笔者构建了如下计量模型：

$$Y_i = \beta_0 + \beta_1 X_1 + \beta_2 X_2 + \beta_3 X_3 + \cdots + \beta_k X_k + \varepsilon_i \qquad (5-1)$$

其中，Y_i 是一个二值变量，X_k 代表影响农村土地收益分配满意度的一系列解释变量。

本书将分别利用 Logit 和 Probit 二元选择模型考察影响农村土地收益分配满意度的影响因素。Logit 模型与 Probit 模型的主要区别在于两者的累计分布函数不同。从原理上讲，两者的估计结果的显著性应该相同，变量的边际效应该相差无几。本书选择这两种模型也是为了验证结果的稳健性。

模型中被解释变量是一个合成变量。本书利用熵权法将调研中的村承包地分配满意度、村集体对家庭收入的影响情况、承包地或宅基地被征收或占用时村集体发挥的作用三个变量合成为加权变量。并将加权变量>2 时赋值为 1，≤2 时赋值为 0，以作为农村土地收益分配满意度变量。

关于解释变量，本书主要引入表征村集体组织情况的变量，如集体经济组织发展情况、集体经济实力、对集体内土地纠纷发生数量评价等；表征家庭土地收益及分配状况的变量，如承包地被征收占用对生活水平的影响、宅基地被征收占用对生活水平的影响、宅基地是否被征收占用、家庭承包地是否被征收占用等；表征家庭土地状况的变量，如家庭人均承包地面积、人均宅基地面积、承包地确权情况等变量；表征个人及家庭基本特征的变量，如性别、年龄、学历、户籍、人均收入等。

第四节　结果分析

一、样本描述性统计分析

本次调查发放问卷共计 625 份，收回 607 份，剔除未答关键信息及出现错误信息的问卷，回收有效问卷 521 份，回收有效问卷的比例为 88.83%，经汇总和检验这些样本具有良好的代表性。表 5-2 列示了调查样本的分布情况，主要包括受访者个人及家庭特征、受访者所在集体经济组织特征两部分。

表 5-2　样本分布情况

变量名称	分组范围	样本数量	占总样本比例（％）	累计占比（％）
	Panel A：受访者个人及家庭特征			
性别	女性	215	41.27	41.27
	男性	306	58.73	100.00
年龄	20 岁及以下	28	5.37	5.37
	21~30 岁	88	16.89	22.26
	31~40 岁	72	13.82	36.08
	41~50 岁	181	34.74	70.83
	51~60 岁	85	16.31	87.14
	61~70 岁	48	9.21	96.35
	71 岁及以上	19	3.65	100.00
学历	小学及以下	155	29.75	29.75
	初中	204	39.16	68.91
	高中（中专）	73	14.01	82.92
	大专及以上	89	17.08	100.00
户籍	农村居民	483	92.71	92.71
	城镇居民	36	6.91	99.62
	其他	2	0.38	100.00
家庭居住地	农村	443	85.03	85.03
	乡镇	38	7.29	92.32
	城乡接合部	14	2.69	95.01
	城市	26	4.99	100.00
职业	农民	332	63.72	63.72
	工人	63	12.09	75.82
	个体经营	41	7.87	83.69
	其他	85	16.31	100.00
家庭收入来源	种养殖	59	11.32	11.32
	半工半耕	221	42.42	53.74
	务工	194	37.24	90.98
	经商	47	9.02	100.00

续表

变量名称	分组范围	样本数量	占总样本比例（％）	累计占比（％）
	Panel B：受访者所在集体经济组织特征			
集体经济组织发展情况	没有集体组织	147	28.21	28.21
	集体组织软弱涣散	109	20.92	49.14
	集体组织坚强有力	265	50.86	100.00
集体经济实力	空壳村	115	22.07	22.07
	集体年收入低于10万元	221	42.42	64.49
	集体年收入10万~50万元	130	24.95	89.44
	集体年收入高于50万元且不高于100万元	38	7.29	96.74
	集体年收入100万元以上	17	3.26	100.00

具体而言，表5-2的Panel A列示了受访者个人及家庭特征。在本书研究的调查对象中，女性占总样本比例为41.27％，男性占总样本比例为58.73％，受访者中男性占比更高一些，这可能是由于与女性受访者相比，男性受访者对农村土地政策、村庄事务等方面更为了解，因而接受调查的积极性更高。就受访者年龄而言，其中受访者最多的年龄段为41~50岁，占总样本的比例为34.74％，50岁以下的受访者占总样本比例为70.83％，可见，受访者多为对农村土地收益分配情况更为了解、理解和回答能力较强的青壮年受访者，这为调查问卷的有效性提供了保障。就学历情况而言，初中以下学历的受访者占总样本的68.91％，高中以上学历的受访者占总样本的31.09％。就户籍而言，92.71％的受访者为农村居民户口，6.91％的受访者为城镇居民户口。就家庭居住地而言，85.03％的受访者居住于农村，仅有4.99％的受访者居住于城市。就职业而言，63.72％的受访者为农民，12.09％的受访者为工人。就家庭收入来源，半工半耕的受访者占比最高，比例为42.42％，务工的受访者占比为37.24％，可见当前农村居民的收入日益多元化，仅以务农为生的居民人数较少，大多为半工半耕。表5-2的Panel B列示了受访者所在集体经济组织特征。28.21％的受访者认为没有集体组织，20.92％受访者认为集体组织软弱涣散，42.42％的受访者认为集体年收入低于10万元，可见大部分受访者认为其所在集体经济组织发展较差。

样本数据的描述性统计结果如表5-3所示。受访者个人及家庭特征、受访者所在集体经济组织特征方面的变量与表5-2结果一致。对于家庭土地状况，家庭承包地数量的样本均值为 2.627，宅基地数量的样本均值为 1.328，这表明受访者平均拥有 2.627 处家庭承包地、1.328 处宅基地。家庭承包地确权状况的样本均值为 0.731，表明 73.1%的受访者已办理耕地确权登记颁证。家庭承包地是否被征收占用的样本均值为 0.209，表明 20.9%的受访者家庭承包地被征收或者占用。宅基地是否被征收占用的样本均值为 0.060，表明 6%的受访者宅基地被征收或者占用。家庭土地流转情况的样本均值为 0.294，表明 29.4%的受访者家中存在土地流转情况。

表 5-3　主要变量的描述性统计

变量名称	样本量	均值	标准差	最小值	最大值
性别	521	0.587	0.493	0	1
年龄	521	3.820	1.459	1	7
学历	521	2.184	1.044	1	4
户籍	521	1.069	0.309	1	3
职业	521	1.768	1.148	1	4
家庭居住地	521	1.261	0.770	1	4
家庭人口	521	4.069	1.311	1	10
家庭收入来源	521	2.440	0.809	1	4
家庭总收入	521	7.770	6.784	0.2	60
家庭人均收入（对数）	521	0.402	0.789	-2.303	2.996
家庭承包地数量	521	2.627	1.552	0	10
家庭人均承包地面积（取对数）	521	-0.203	0.919	-3.912	2.079
家庭宅基地数量	521	1.328	0.587	0	5
家庭人均宅基地面积（取对数）	521	-1.917	0.872	-4.828	3.912
家庭承包地确权状况	521	0.731	0.444	0	1
承包地是否被征收占用	521	0.209	0.407	0	1
宅基地是否被征收占用	521	0.060	0.237	0	1
家庭土地流转情况	521	0.294	0.456	0	1
家庭土地流转面积	521	1.123	3.277	0	50
集体经济组织发展情况	521	2.226	0.861	1	3
集体经济实力	521	2.273	0.992	1	5
承包地被征收占用对生活水平的影响	521	1.084	0.747	0	2
宅基地被征收占用对生活水平的影响	521	0.971	0.795	0	2
对集体内土地纠纷发生数量评价	521	1.987	0.904	0	3

二、回归分析

表 5-4 分别给出了 Logit、Probit、OLS 三种模型的估计结果。对于 OLS 模型，表 5-4 又分别给出二元变量和连续变量的估计结果。连续变量是将本书在利用熵权法合成农村土地收益分配满意度时的加权值作为因变量。运用该加权值进行回归，本书只是将其作为估计结果稳健性的一种验证，对于参数估计结果的大小并不做讨论。

表 5-4　农村土地收益分配满意度影响因素的回归分析

变量		Logit	Probit	OLS 二值变量	OLS 连续变量
常数项		-4.222 *** (-3.86)	-2.464 *** (-3.89)	-2.955 (-1.42)	1.310 *** (6.53)
村集体组织情况	集体经济组织发展情况	0.312 *** (2.67)	0.192 *** (2.72)	0.068 *** (2.72)	0.104 *** (4.36)
	集体经济实力	0.326 *** (2.95)	0.194 *** (3.00)	0.065 *** (2.90)	0.039 ** (1.84)
	对集体内土地纠纷发生数量评价	0.341 *** (3.07)	0.200 *** (2.98)	0.071 *** (3.01)	0.092 *** (4.06)
家庭土地收益及分配状况	家庭承包地是否被征收占用	-0.195 (-0.76)	-0.125 (-0.81)	-0.042 (-0.78)	-0.012 (-0.24)
	承包地被征收占用对生活水平的影响	0.317 ** (1.99)	0.1977 ** (2.04)	0.067 ** (1.99)	0.076 *** (2.37)
	宅基地是否被征收占用	0.084 (0.19)	0.067 (0.25)	0.023 (0.26)	0.033 (0.38)
	宅基地被征收占用对生活水平的影响	0.111 (0.76)	0.066 (0.74)	0.022 (0.72)	0.059 ** (1.99)
	家庭土地流转情况	0.140 (0.63)	0.080 (0.59)	0.035 (0.75)	-0.016 (-0.36)
家庭土地状况	家庭人均承包地面积（取对数）	0.353 * (1.56)	0.192 * (1.48)	0.063 (1.43)	0.102 *** (2.41)

变量		Logit	Probit	OLS	
				二值变量	连续变量
家庭土地状况	人均宅基地面积（取对数）	-0.114 (-0.94)	-0.067 (-0.93)	-0.024 (-0.92)	-0.002 (-0.07)
	家庭承包地确权状况	-0.028 (-0.12)	-0.023 (-0.17)	-0.010 (-0.2)	-0.039 (-0.84)
个人家庭基本状况	性别	-0.105 (-0.51)	-0.069 (-0.56)	-0.022 (-0.52)	-0.002 (-0.04)
	年龄	0.055 (0.6)	0.035 (0.63)	0.010 (0.54)	0.002 (0.12)
	学历	0.062 (0.46)	0.035 (0.43)	0.010 (0.36)	-0.020 (-0.74)
	户籍	0.307 (0.8)	0.167 (0.72)	0.034 (0.46)	-0.005 (-0.08)
	职业	0.100 (0.387)	0.058 (0.84)	0.024 (1.01)	0.028 (1.2)
	家庭居住地	0.217 (1.35)	0.126 (1.35)	0.036 (1.19)	0.031 (1.04)
	家庭收入来源	-0.168 (-1.25)	-0.096 (-1.18)	-0.035 (-1.23)	-0.030 (-1.11)
	人均收入（取对数）	0.218* (1.64)	0.123* (1.56)	0.043* (1.55)	0.037 (1.38)
N		521	521	521	521
Pseudo R^2		0.1134	0.1123	0.1051	0.1604
Chi-Square		79.08	78.33	4.05	5.97

注：*、**、***分别表示在10%、5%、1%的水平上显著，括号中为 t 值。

　　从估计结果的显著性来看，影响农村土地收益分配满意度的因素主要有农村集体经济组织情况、村集体的经济实力、农户对集体内土地纠纷数量的评价、承包地被征收占用对生活水平的影响、家庭人均承包地面积、人均家庭收入等。其中，表征村集体组织特征的变量农村集体经济组织情况、村集体的经济实力、个人对集体内土地纠纷数量的评价都是在1%的显著水平上高度显著的。这也反映出村集体组织显著影响村民对村土地收益分配的满意度。

从这些影响因素对农村土地收益分配满意度的作用方向来看，都是显著的正影响。农村集体经济组织越坚强有力、村集体的经济实力越强、农户个体认为本村发生的土地纠纷数量越少、承包地被征收占用对生活水平提高越多、家庭人均承包地面积越大、人均家庭收入越高，对村土地收益分配越满意。整体来看，农村土地收益分配满意度的影响因素在 Logit、Probit、OLS 三种模型下显著性并未发生较大变化，这也说明本书估计结果是比较稳健的。

为了便于比较三种模型下的参数估计结果，表 5-5 给出了相关解释变量在均值处对村收益分配满意度的边际效应。具体来说，第 2 列和第 3 列是利用 Stata 软件计算的 Logit 和 Probit 模型的边际效应，第 4 列直接采用的是表 5-4 给出的 OLS 估计结果。

表 5-5　解释变量的边际效应

变量	Logit	Probit	OLS
集体经济组织发展情况	0.073	0.073	0.068
集体经济实力	0.076	0.074	0.065
对集体内土地纠纷发生数量评价	0.079	0.076	0.071
承包地被征收占用对生活水平的影响	0.074	0.075	0.067
家庭人均承包地面积	0.082	0.073	—
人均收入	0.051	0.047	0.043

对比 Logit 和 Probit 影响因素边际效应，会发现两者的边际效应非常接近。平均而言，集体经济组织发展情况每提高一个单位，对村土地收益分配满意的概率将提高 7.3%。村集体经济实力每提高一个单位，则对村土地收益分配满意的概率将提高 7.5%。农户对集体内土地纠纷发生数量的评价每提高一个单位，则对村土地收益分配满意的概率将提高 7.75%。其实，该变量背后直接体现的是村集体组织的管理能力。如果集体组织管理能力越强，本村发生的土地纠纷数量也就会越少。承包地被征收占用对生活水平的影响每提高一个单位，对村土地收益分配满意的概率将提高 7.45%左右。对数化的家庭人均承包地面积每提高一个单位面积，对村土地收益分配满意的概率将提高 7.75%。土地是农民收入的主要来源和生活保障。"不患寡而患不均"，农民不太关注集体土地的总面积，更多的是关心家庭人均土地面积。

对数化的人均家庭收入每提高一个单位，对村土地收益分配满意的概率将提高4.9%。从综合影响因素来看会发现，村集体经济组织特征变量，即土地和家庭人均收入是影响村民对村土地收益分配满意度的主要因素。从现实情况来看，农民也主要关注土地、收入和村集体组织领导，这些与他们的自身利益息息相关。

对比OLS估计结果会发现，在Logit和Probit模型中显著的变量，在OLS模型下仍然是显著的。但是二值因变量下OLS估计结果要普遍小于二元选择模型的估计结果，这可能是由于在二值因变量下，残差项并不满足正态分布或者存在异方差。因为在因变量为二值变量情况下，很难满足同方差正态分布假设条件。

第五节 研究结论

本章在对农户土地收益分配满意度影响因素进行理论分析的基础上，实地采集山东省各地市的微观农户数据，应用Logit、Probit、OLS三种模型进行回归分析，实证研究了农户土地收益分配满意度的主要影响因素，主要研究结论如下：第一，农户的土地配置状态和所在集体组织的发展水平是影响农户土地收益分配满意度的主要因素。第二，按照影响农户土地收益分配满意度大小排列，表征农户土地配置状态的变量依次为家庭人均承包地面积、承包地被征收占用情况和人均家庭收入；代表集体组织发展水平的变量依次为农户对集体内土地纠纷发生数量的评价、村集体经济实力和集体经济组织发展情况。

第六章

"三权分置"影响农村土地
收益分配的机理分析

　　"三权分置"是中央深入推进我国农村土地制度改革的一项重要顶层设计，而农村土地收益分配作为农村土地制度改革的关键环节，分配关系的理顺和分配格局的优化是衡量"三权分置"政策绩效的重要标准。从地权配置状况发生变化到土地收益分配关系理顺的政策目标实现，中间需要多个中介指标发生作用，需要一系列的传导机制发生作用，那么，地权关系调整影响到哪些中介指标？其影响的每一个中介指标并进而推动收益分配格局优化的具体机制是怎样的？深入研究这些问题对于进一步优化农村地权的配置状况、有效防范地权配置的调整可能带来的政策风险、深入推进"三权分置"政策落地具有重要的理论和实践价值。

　　自2013年习近平总书记在湖北考察改革发展工作时在讲话中首次释放农村土地制度所有权、承包权、经营权"三权分置"的信号以来，学界围绕农村土地产权的权利安排进行了深入研究，尤其是"三权分置"的政策和实施方案逐步明确以后，学者们围绕"三权分置"的政策内涵、制度效应、风险评估、法理反思等方向进行了较为全面的探讨（孙宪忠，2016；肖卫东、梁春梅，2016；吴一恒等，2018），但对"三权分置"实施以后将对农村土地收益及其分配产生的影响尚缺乏深入的研究，尤其对于"三权分置"影响土地收益分配的机理缺乏细致的分析。李平菊和寇浩宁（2017）以征地补偿费分配为例，探讨了"三权分置"的地权制度安排对土地收益权和收益分配方式的影响，但作者仅指出了不同的土地权属通过决定、影响或改变土地收益权的比例或结构而决定、影响或改变农户的土地收益分配方式和分配结果，并没有具体给出权利的分置通过什么渠道具体影响收益的分配。叶剑平等（2018）在"三权分置"的背景下关注了农村土地征收中的土地增值收益分配，指出目前失地农民补偿的长效机制仍未有效建立，但在分析中并没有涉及地权配置对收益分配的影响。也有一些研究关照到了农地产权配置对其他变量的影响机理,如张龙耀等(2015)采用试点地区数据,从信贷供给效应和信贷需求效应两个层面具体揭示了农地产权制度改革影响农村金融市场的作用机制。李宁等(2017)围绕产权排他性,通过分析农地使用权、收益权和处分权三项权利对土地要素和劳动力要素生产效率与配置效率的作用,从农业生产要素效率变化的角度考察农地产权结构影响要素效率进而影响农业绩效的内在路径。兰勇等(2018)从内部动力和外部动力两个维度详细分析了家庭农场土地经营权流转的动力机制。吴一恒等(2018)基于"三权分置"明晰土地产权关系、保护产权主体权益、推动农地流转与适度规模经营三个方面的政策目的,梳理了农地产权结构调整实现理论绩效的传导机理。虽然上述研究没有涉及地权改革对土地收益分配的影响,而且关于传导机理的分析并没有具体展开,但这种分析地权改革影响机制的思路给我们提供了启发。

通过对文献的梳理和农村土地制度改革现实的观察可知,目前学术界关于"三权分置"影响农村土地收益分配具体机理的分析尚为鲜见,实践中对"三权分置"影响农村土地收益分配的策着力点也缺乏清晰的认知。鉴于此,本书在既有文献分析和实践观察的基础上,基于收益权的视角,综合运用制度、产权、法律及社会学等学科的分析工具方法具体揭示分析"三权分置"安排可能对农村土地收益分配格局带来的影响,通过对农村土地收益分配制度环境变化及其影响的分析,为下一步博弈模型建构和实践框架设计提供理论前提,为相关学术研究和政策实施实践提供参考和借鉴。

第一节 "三权分置"政策演进

我国农村土地权利的"三权分置"政策演进在现实背景下,采取了先由党的最高领导表态,继而是中央文件予以政策表达,颁布具体实施意见,然后便是部署地方试点(刘守英、高圣平、王瑞民,2017)。也有学者将这一制度变迁历程分为前期酝酿、明确确认、继续巩固和贯彻落实四个阶段(管洪彦、孔祥智,2017)。本书认为,从2013年7月23日习近平总书记在湖北考察改革发展工作时首次释放"三权分置"的信号,到十三届全国人大常委会第六次会议提请审议《中华人民共和国农村土地承包法修正案(草案)》,明确指出要落实"三权分置"制度,按照时序,可以将我国农村土地权利"三权分置"的政策演进概括为酝酿提出、顶层设计、贯彻实施、延伸推进四个阶段。政策演进的时间线如下图 6-1 所示。

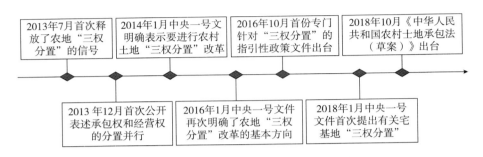

图 6-1 我国农村土地权利的"三权分置"政策演进时间线

2013 年 7 月 23 日，在中共十八届三中全会召开前夕，习近平总书记在湖北考察改革发展工作时指出："完善农村基本经营制度，要好好研究农地所有权、承包权、经营权三者之间的关系。"首次释放农村改革要研究土地所有权、承包权、经营权三者关系的信号（管洪彦、孔祥智，2017）。

2013 年 11 月 12 日，中国共产党第十八届中央委员会第三次全体会议通过的《中共中央关于全面深化改革若干问题的重大决定》中虽未明确使用"三权分置"这一词语，但对农地产权的权能做了进一步拓展，明确赋予农民对农村承包地拥有占有、使用、收益、流转及承包经营权抵押、担保的权能，并且允许农民以承包经营权入股发展农业产业化经营。

2013 年 12 月 23 日，习近平总书记在中央农村工作会议上的讲话中第一次提出承包权和经营权的分置并行，"把农民土地承包经营权分为承包权和经营权，形成所有权、承包权、经营权"三权分置"并行的新型农地制度，这是我国农村改革的又一次重大制度创新"（管洪彦、孔祥智，2017）。

2014 年中央一号文件《关于全面深化农村改革加快推进农业现代化的若干意见》中明确提出要搞农村土地"三权分置"改革，并对"三权分置"改革的政策内涵进行了正式阐释。

2014 年 9 月 29 日，习近平总书记在中央全面深化改革领导小组第五次会议上的讲话中，对农地"三权分置"做出更为明确、完整的表述，即"在坚持农村土地集体所有的前提下，促使承包权和经营权分离，形成所有权、承包权、经营权三权分置，经营权流转的格局"（刘守英、高圣平、王瑞民，2017）。

2014 年 11 月，《关于引导农村土地经营权有序流转发展农业适度规模经营的意见》（以下简称《意见》）由中共中央办公厅和国务院办公厅联合印发。《意见》明确提出，要抓紧研究探索集体所有权、农户承包权、土地经营权在土地流转中的相互权利关系和具体实现形式，对农地产权"三权分置"的改革思路做了更加清晰地表达。

2015 年 8 月 24 日，《国务院关于开展农村承包土地的经营权和农民住房财产权抵押贷款试点的指导意见》（国发〔2015〕45 号）由国务院印发实施，部署推动农村承包土地的经营权和农民住房财产权抵押贷款试点工作。

2015 年 11 月，《深化农村改革综合性实施方案》（以下简称《方案》）由中共中央办公厅和国务院办公厅联合印发。《方案》具体阐释了深化农村土地制度改革的基本方向是落实集体所有权，稳定农户承包权，放活土地经营权。落实集体所有权，就是落实"农民集体所有的不动产和动产，属于本集体成员集体所有"的法律规定，明确界定农民的集体成员权，明晰集体土地产权归属，实现集体产权主体清晰。稳定农户承包权，就是要依法公正地将集体土地的承包经营权落实到本集体组织的每个农户（单平基，2019）。放活土地经营权，就是允许承包农户将土地经营权依法自愿配置给有经营意愿和经营能力的主体，发展多种形式的适度规模经营。

2016 年中央一号文件《关于落实发展新理念加快农业现代化实现全面小康目标的若干意见》中，又对农村土地产权"三权分置"的相关政策进行了继续巩固，该意见再次明确了农地"三权分置"改革的基本方向，并提出要进一步完善农地"三权分置"办法。

2016 年 3 月 15 日，中国人民银行等五部门联合印发了《农村承包土地的经营权抵押贷款试点暂行办法》（银发〔2016〕79 号），文件从贷款对象、风险补偿、配套支持措施、贷款管理、试点监测评估等多个方面，对相关地区、部门和金融企业推进落实"两权"抵押贷款试点明确了政策要求。

2016 年 4 月 25 日，习近平总书记在小岗村详细论述了农地"三权分置"的重大意义，即"把农民土地承包经营权分为承包权和经营权，实现承包权和经营权分置并行，这是我国农村改革的又一次重大创新"，农地"三权分置"成为深化农村改革的顶层设计安排。

改革的顶层设计明确了以后，接下来是政策推进与实施。2016 年 6 月 29 日，农业部印发《农村土地经营权流转交易市场运行规范（试行）》，以加强对农村土地经营权流转交易市场的工作指导，保障依法推进土地经营权有序流转。

2016 年 10 月 30 日，第一份专门针对"三权分置"的指引性政策文件《关于完善农村土地所有权承包权经营权分置办法的意见》下发，对农村土地"三权分置"的重要意义、指导思想、基本原则以及如何逐步形成"三权分置"格局等作了全面的规定，标志着"三权分置"进入正式贯彻落实阶段。

2017 年中央一号文件《关于深入推进农业供给侧结构性改革　加快培育农业农村发展新动能的若干意见》中又一次明确要求，要深化农村集体产权制度改革，切实落地农地集体所有权、农户承包权和土地经营权"三权分置"办法。

2018 年中央一号文件《中共中央　国务院关于实施乡村振兴战略的意见》中再次强调，要完善农村承包地"三权分置"制度，在依法保护集体土地所有权和农户承包权前提下，平等保护土地经营权。而且，该意见首次部署了宅基地的"三权分置"问题，要求完善农民闲置宅基地与闲置农房的政策，探索宅基地所有权、资格权、使用权"三权分置"，落实宅基地集体所有权，保障宅基地农户资格权和农民房屋财产权，适度放活宅基地和农民房屋使用权。

第二节　"三权分置"产权框架下的土地收益权结构

农地产权是一个权利束，具体包括占有权、使用权、收益权和处置权等子权利，而且，其中每一项子权利的内容又能被进一步地细分为由一人或多人共享的相应权益（潘俊，2014）。20 世纪 70 年代末、80 年代初建立家庭承包经营责任制以后，承包权与经营权的"两权分离"与当下所有权、承包权与经营权的"三权分置"都是多个主体分享农地产权这一权利束的直接体现。而且，相较于"两权分离"，"三权分置"的法理意义更为深刻，承包权与经营权之间的关系更为复杂。产权制度的核心是收益权，农村产权制度改革的核心是赋予农民收益权。一般而言，收益权是所有权的经济实现，在当前以"三权分置"为架构的中国特色社会主义农地制度体系下，农村土地的所有权在经济上的实现即农村土地的收益权是由农村土地利益相关者各方共享的。我国农村土地归农村集体经济组织所有，由农户分散承包，由农户或农业经营者经营，因而，集体经济组织享有所有者土地收益权，农户享有承包者收益权，经营主体享有经营者收益权。此外，由于我国实行土地一级市场的政府垄断，因而，政府享有农村土地的垄断收益权。

政府对农村土地的垄断收益权指政府凭借土地征收的垄断地位获取农村土地

转用增值收益的权利,对此,众多研究者将其定义为政府对农民土地发展权的剥夺与利益攫取。这种分配应当客观看待,在关于土地增值收益来源的大量理论分析和实证研究中,从来没有也不能排除政府的积极作用,因此,在土地转用产生巨额增值的情况下,即便在"三权分置"的结构中,所有权、承包权和经营权皆未涉及政府,从土地增值贡献和社会发展的角度考虑,除农民得到应有的补偿外,应当给予政府适当的收益,这也是土地增值收益"归公"还是"归私"在激烈争论之后达成的基本共识。

所有者收益权也称集体土地所有权主体收益权,指成员集体将作为生产要素的集体土地,直接或间接投入生产经营活动,并依据要素的所有者身份获取要素收益的一项重要的财产权。从根源上讲,集体土地收益权以集体土地所有权之收益权能为逻辑起点,在本质上属于财产权,指向以集体土地所有权为依据所获取的土地要素收益(杨青贵,2016)。在农业税废除和"三提五统"取消之前,公积金收益、集体土地征收补偿费、集体直接组织生产经营收益等是所有者土地收益权实现的重要形式。在农业税全面取消之后,集体土地在稳定土地承包关系长久不变的指导思想下进一步弱化了集体对土地发包、调整的权力,亦不可能为集体带来收益,集体经济组织土地所有者的尴尬地位进一步凸显。在"三权分置"的产权安排下,中央对土地集体所有权的指导思想是"落实",因此通过集体经营性建设用地入市等途径实现所有者土地收益权至关重要。

承包者收益权可以被定义为农村集体土地的承包者在与集体经济组织签订土地承包合同,并且取得正式的土地承包经营权证书之后,凭借其对所承包土地的资本、劳动力等投入,获得生产经营收益,或进行抵押担保获得财产性收益,或在承包地流转、转用时依法取得有关部门的补偿或租赁费用等收益的权利。在"三权分置"的权利安排下,在以使用权为核心的农地产权制度下,仅从传统的角度将承包权界定为占有、使用、收益和处分的权能,这并不能真正明晰承包权的权利内容,还应从具体的价值体现角度对承包权进行阐释和分析(潘俊,2014)。按照《关于完善农村土地所有权承包权经营权分置办法的意见》等相关文件精神,"要稳定现有土地承包关系并保持长久不变。土地承包权人对承包土地依法享有占有、使用和收益的权利……承包农户有权占有、使用承包地,依法依规建设必要的农业生产、附属、配套设施,自主组织生产经营和处置产品并获得收益;有权通过转让、互换、出租(转包)、入股或其他方式流转承包地并获得收益……有权依法依规就承包土地经营权设定抵押、自愿有偿退出承包地,具备条件的可以因保护承包地获得相关补贴。承包土地被征收的,承包农户有权依法获得相应补偿，符合条件的有权获得社会保障费用等"（中共中央办公厅和国务院办公厅，2016）。此外，我国《中华人民共和国物权法》第四十二条、第一百二十一条、第一百三十二条、第一百四十八条都对农村土地承包经营权人的征收补偿权做出了相应规定，《最高人民法院关于审理涉及农村土地承包纠纷案件适用法律问题的解释》中第二十二条第二款等法律条文就承包者与实际经营者之间的补偿性收益划分做出了相关规定。

经营者收益权指土地经营权人基于农地经营所依法获得的相应物质利益的权利。收益权是土地经营权的核心权利，因为从土地经营权主体的角度上看，设立土地经营权的最终目的就是为了获得相应的收益，保障其有稳定的经营预期（丁文，2018）。在"三权分置"的产权安排框架下，《关于完善农村土地所有权承包权经营权分置办法的意见》明确提出："土地经营权人对流转土地依法享有在一定期限内占有、耕作并取得相应收益的权利……经营主体有权使用流转土地自主从事农业生产经营并获得相应收益，经承包农户同意，可依法依规改良土壤、提升地力，建设农业生产、附属、配套设施，并依照流转合同约定获得合理补偿"（中共中央办公厅和国务院办公厅，2016）。而且，经营者可以征得承包农户或其委托代理人的书面同意后，向农民集体书面备案，再行流转土地经营权或依法依规基于土地设定抵押进行融资，获得相应财产性收益。在农村生产经营实践中，农业的政策性补贴一般也归经营者所有，这一点获得了绝大多数承包者的认可和司法审判实务的支持。

第三节 "三权分置"影响农村土地收益分配的机理

一、"三权分置"对土地收益分配的功能价值与积极效应

1. "三权分置"的土地流转效应

图6-2是"三权分置"的土地流转效应机理图，可以看到，第一个传导机理是"'三权分置'—土地流转—规模经济—经营者收益增加"。"三权分置"推动土地流转是三权分置的政策目的之一，众多研究者对此进行了理论解读，亦有

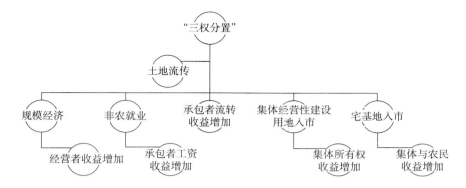

图6-2 "三权分置"的土地流转效应机理

大量的实证研究表明，"三权分置"产权安排提供的权利稳定性预期有助于承包农户将土地流转出去，也有利于激发经营者的转入积极性。土地流转将有利于我国农村土地规模经营的实现，从而提高经营者的土地经营性收益。一直有一个易将人引入歧途的观点，认为农民的贫穷在于农业生产的比较利益太低。其实这是一个伪命题，真相是农民的低收益缘于户均土地面积太少。根据我们调研的数据资料，以土地用于收益最低的粮食作物种植为例，按照正常情况下每年种植冬夏两季小麦和玉米来计算，小麦亩产和玉米亩产一般在 500 千克以上，近年来玉米价格波动区间为 1.4~1.6 元/千克，小麦价格波动区间为 2.2~2.5 元/千克，均按照低值估算，则年均收益约为 1850 元/公顷，农药、化肥、种子、灌溉、薄膜、种植收割机械投入、人工投入（按同期劳务市场雇工价格折算）等一系列成本投入按照高值估算平均约为 1000 元/公顷，则每年净收益约为 850 元/公顷，利润率为 85%。而据国家统计局的数据，2017 年，我国规模以上工业企业主营业务收入利润率为 6.46%，二者相较差距悬殊。而且，目前农村承包地的细碎化格局限制了现代化农业生产工具和生产方法的使用，通过土地流转促进土地经营规模适度集中，将有利于土地经营规模效益的发挥，进一步增加经营者的经营性收益。另外，土地流转促进土地规模经营也有利于承包者土地流转收益的增加，土地流转规模越大，土地流转收益越高。土地流转收益来自于土地经营者向承包者让渡的土地级差收益，其绝对额的多少以及能否得到有效实现取决于经营者的经营收益状况。受制于土地规模流转无法实现，一些零散地块的土地流转价格始终低迷。在我们调研过的刘道之村，村民将集中连片的 1500 公顷土地规模流转给某公司种植葡萄、园林苗木等经济作物并发展乡村旅游，土地流转费为 1500 元/公顷；调研的另外一个村庄赵堂村，由于个别农户不同意将土地集中流转给某农业公司，导致其他村民集中连片流转 1000 公顷土地的想法无法实现，有意流转土地的村民只能以 450 元/公顷的价格分散将土地流转出去。因而，土地流转的规模与承包农户的土地流转收益存在正向关系，这一点也为其他研究者们所证实。

第二个传导机理是"'三权分置'—土地流转—非农就业—承包者工资收益增加"。由于我国人多地少，人均可耕地面积更少，在生产力水平低下和非农产业不发达的阶段，众多的农业人口被禁锢在土地上，以解决就业和社保问题。而农业生产率的提高、城镇化的快速推进和非农产业的快速发展为大量农业人口离开土地创造了条件，非农产业的比较收益也大大增加了从事农业生产的机会成本，推动更多的承包农户将承包地流转出去，寻找非农就业机会，从而土地承包者的收益结构得以改变。"三权分置"进一步稳定了农户的土地承包权，放活了土地经营权，加速了土地流转，释放了更多的农业人口转移至非农产业就业。

第三个传导机理是"'三权分置'—土地流转—承包者流转收益增加"。承包农户的土地流转方获得流入方的土地流转费，增加了其财产性收益。对于农户来说，其收益主要包括农业经营性收益、政府转移支付收益、财产性收益和工资性收益，而财产性收益主要来自土地收益和房屋收益，受制于土地产权残缺和农民住房处置权缺乏等因素，长期以来我国农民财产性收益一直较低且增长乏力。对此，在"三权分置"的农地制度改革思想指引下，近年来中央一系列文件给予了部署，着眼于通过土地收益和房屋收益增加农民财产性收益。在土地方面，虽然近年来的政策从允许土地流转到鼓励土地流转已经进行了较大调整，实践中也的确推动土地流转的迅速发展，但土地流转集中在本集体内部，以小规模流转为主，不规范流转的现象较为突出，土地流转效果与规模经营、提高农业效率的政策目的相去甚远。"三权分置"不但明确提出土地所有权、承包权、经营权分置并行，而且鼓励土地向新型农业经营主体规模流转，并为新型农业经营主体的发展进行了配套设计，打消了新型经营主体的土地流转顾虑，有利于土地流转突破内部小规模流转的困局，有利于承包者土地流转收益的提高。在宅基地方面，虽然实践中一直有宅基地私下流转的现象存在，关于"小产权房"的纠纷案件更是屡见报端，但法律对宅基地的流转一直是严格禁止的。修订后的《中华人民共和国土地管理法》第六十三条明令限制和禁止包括宅基地使用权的流转等在内的农村土地权利，这使得农民的宅基地使用权在法律上沦为一种"死产"（张文，2017），亦严重降低了农宅的价值。《中共中央 国务院关于实施乡村振兴战略的意见》中明确了关于宅基地"三权分置"的政策思路："探索宅基地所有权、资格权、使用权'三权分置',落实宅基地集体所有权,保障宅基地农户资格权和农民房屋财产权,适度放活宅基地和农民房屋使用权"。这一政策安排被评价为农村宅基地制度的重大改革突破,从制度规定层面解决了如何在坚持公有制的前提下、在保障村民住宅用地福利的基础上,放活宅基地使用权的问题(晓叶,2018),可以显化宅基地财产价值,增加农民财产性收入。

第四个传导机理是"'三权分置'—土地流转—集体经营性建设用地入市—集体所有权收益增加"。虽然据农业部的数据,我国农村集体经济组织村均集体资产约为 500 万元,但从我国广大农村地区的实践来看,真实情况却是"人人所有,人人无份",多数农村集体经济组织在取消了农业税费以后,更是陷入"空壳"的尴尬境地。在农村集体资产中,虽然集体经营性建设用地保有量并不太大,但从我国的法律现状与不断强化农村土地个人权利的政策变迁趋势来看,却是最有可能给集体经济带来实际利益的资产,而目前,集体经营性建设用地对于绝大多数地区的集体经济组织而言仍然只是"或有收益",这与我国法律法规对农村土地的一系列不合理限制有莫大联系。实践倒逼改革,党的十八届三中全会作出的《中共中央关于全面深化改革若干重大问题的决定》首次以中央文件形式指明了集体经营性建设用地的改革方向,要求"建立城乡统一的建设用地市场。在符合规划和用途管制前提下,允许农村集体经营性建设用地出让、租赁、入股,实行与国有土地同等入市、同权同价"(新华社,2013)。2015 年 2 月,全国人大授权 33 个县(市、区)开展入市改革试点工作。虽然仍存在政府分享增值利益的方式存在争议、征收基数和比例不统一、部分农民对自己与集体间在增值收益的分配比例及渠道心存不满以及未参与交易地区不能共享增值收益等问题(解直凤,2017),改革效果尚不尽如人意,但无疑,在政策的推动下,更多的集体经营性建设用地会入市交易,激活潜在的土地要素,有效增加集体所有权的收益。

第五个传导机理是"'三权分置'—土地流转—宅基地入市—集体与农民收益增加"。2018 年中央一号文件让农民看到了宅基地入市的曙光。虽然近年来各地宅基地改革不断加快,宅基地入市的呼声日渐高涨,但总体上制度推进仍十分审慎,宅基地入市仍没有放开,在保障了农村居民居住功能的前提下也导致了宅基地的低效利用和农村规划难以统筹等问题,土地资产化受阻更影响了农民财产性收益增加。宅基地的集体所有权、集体成员资格权、集体成员的使用权"三权分置",有利于突破宅基地流转单纯限定在集体经济组织内部的制度障碍,在坚持和强化宅基地集体所有、保障宅基地农户资格权的基础上,农户可以在更大范围内流转宅基地，财产性收益将显著增加，流转动力和活力将全面激发。宅基地流转收益增加，亦有利于增强集体组织财力，将有利于促进宅基地有偿退出，有偿退出和有偿流转的扩大，在充分显化宅基地价值后，将倒逼宅基地有偿使用的全面实施（董祚继，2018）。

2. "三权分置"的土地收益权益保障效应

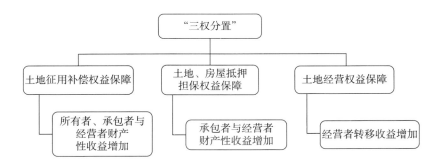

图 6-3　"三权分置"的土地收益权益保障效应机理

图 6-3 是"三权分置"的土地收益权益保障效应机理图，可以看到，第一个传导机理是"'三权分置'—土地征用补偿权益保障—所有者、承包者与经营者财产性收益增加"。"三权分置"的权利架构下，农村土地的所有权、承包权和经营权的权利边界界定更加清晰，使"三权分置"出台的文件与政策赋予各项权利更多的保障。对于农地的征收，2016 年 12 月 6 日下发的《国务院办公厅关于完善支持政策促进农民持续增收的若干意见》提出要"完善农村土地征收制度，缩小征地范围，规范土地征收程序，完善对被征地农民合理、规范、多元保障机制。在符合规划、用途管制和依法取得前提下，推进农村集体经营性建设用地与国有建设用地同等入市、同权同价，建立兼顾国家、集体、个人的土地增值收益分配机制，合理提高个人收益"（国务院办公厅，2016）。即国家政策已经在增加农民收益的层面上看待土地征收补偿问题，将土地的征收补偿作为农民增收的一个重要手段。从该意见及其他各项文件精神来看，从政策层面赋予了农民更多的收益权保障。一是要缩小土地征收的范围，以往土地市场的土地供应均是政府低价垄断征收之后高价出让给开发商的，在此环节，无论是作为所有者的集体，还是承包者农户或是经营者，所获得的补偿相对于土地的出让价格是较低的，政府成为了最大的获益者，这种土地收益分配关系也进一步刺激了政府的征地行为，并形成了政府财政运行的路径依赖，产生了大量的征地拆迁纠纷，也给

土地征收补偿领域留下了巨大的空间。二是严格限定公益性和非公益性用途，对于农民来说，无法严格区分政府征地的用途究竟是公益性还是非公益性的，因为土地使用是征地事后的行为，而且，一些建设项目往往把公益性和商业性夹杂在一起，性质的清晰界定也较为困难，从政策层面施加征地限制更为有效，有利于更好地维护农民权益。三是土地征收时对于农村土地的所有者、承包者和经营者分头补偿。集体因其对土地的所有权和投入获得所有权收益，主要是土地补偿费；承包者因其对土地的承包权和投入获得承包权收益，主要是安置补偿费、房屋补偿、宅基地补偿、社会保障补偿等；经营者因其对土地的经营权和投入获得经营权收益，主要是地上附着物补偿、青苗补偿等。这样既减少了三者之间的收益分配纠纷，又理顺了分配关系。

第二个传导机理是"'三权分置'—土地、房屋抵押担保权益保障—承包者与经营者财产性收益增加"。改革开放尤其是进入 21 世纪以来，各地在土地金融方面一直在进行探索，如 2006 年起福建三明市等一些地区开始试行土地承包经营权抵押贷款业务，2007 年重庆、成都在被批准为全国统筹城乡综合配套改革试验区后也在土地金融方面进行了一系列试验。同时，国家也在法律和政策层面进行了积极的探索和完善，这也为农地金融的快速发展创造了良好的外部环境。《中华人民共和国农村土地承包法》《中华人民共和国物权法》《关于加快推进农村金融产品和服务方式创新的意见》《关于全面推进农村金融产品和服务方式创新的指导意见》等法律法规和文件均就土地承包经营权抵押融资等作出了规定。虽然土地金融有强烈的现实需求，也有法律法规予以促进，但实践中的尝试并未形成大面积推广的经验，首要的阻碍因素便是农村土地的产权安排缺陷。"三权分置"以后，土地的所有权、承包权和经营权分置并行，权利的清晰界定为土地金融的发展奠定了良好的产权基础。《国务院关于开展农村承包土地的经营权和农民住房财产权抵押贷款试点的指导意见》（国发〔2015〕45 号）、《农村承包土地的经营权抵押贷款试点暂行办法》（银发〔2016〕79 号）和《中共中央 国务院关于实施乡村振兴战略的意见》等政策文件就农村承包土地的经营权和农民住房财产权向金融机构融资担保、入股从事农业产业化经营等问题提出了明确要求。这些文件的出台，为农村土地金融的发展扫清了政策性障碍，为农村土地承包者和经营者提供了坚实的制度保障，有利于承包者和经营者财产性收益的增加。

第三个传导机理是"'三权分置'—土地经营权益保障—经营者转移收益增加"。2016 年 11 月 3 日，在国务院新闻办公室举行的新闻发布会上，农业部部长韩长赋受邀介绍《中共中央办公厅 国务院办公厅关于完善农村土地所有权承包权经营权分置办法的意见》相关情况时指出，该意见明确了经营权内涵，明确了土地经营权人对流转土地依法享有一定期限内的占有、耕作并取得相应收益的权利，强调在保护集体所有权、农户承包权的基础上，平等保护经营主体以流转合同取得土地经营权（韩长赋，2016）。该意见还明确了经营权的权能，即经营主体有权使用流转土地自主从事农业生产经营并获得相应收益，有权在流转合同到期后按照同等条件优先续租承包土地，经过承包农户同意，经营主体可以依法依规，改善土壤、提升地力、建设农业生产附属配套设施（韩长赋，2016）。还可以经承包农户同意，向农民集体备案后再流转给其他主体，或者依法依规设定抵押。流转土地被征收时，可以按照合同获得地上的附着物和青苗的补偿费。政策规定为经营者权益保障提供了支撑。此次发布会上，韩长赋（2016）还明确指出，对农业生产建设的各种投入并不会因为"三权分置"而减少，国家今后仍将继续稳定增加农业补贴，并且，增量部分的投入将向适度规模经营的家庭农场、合作社等新型经营主体适度倾斜，以扶持其发展。这意味着经营者将会获得更多的转移性收益。农业补贴有利于农民转移性收益的提高得到了诸多研究者的证实，Goodwin 和 Mishra（2006）、Fan 等（2008）认为农业补贴具有一定的收入效应；黄季焜等（2011）采用 6 省份农户抽样调查数据，发现农业补贴政策促进了农民收入的提高。目前我国的农业补贴主要包括良种补贴、农机购置补贴、农资综合补贴、粮食直接补贴等，实施以来显著增加了农民的收入。在承包者经营者合一的情况下，这些补贴归承包经营者所有，在土地流转日益增多的情况下，因农业补贴的归属问题，承包者和经营者之间出现了一些纠纷，经营者的权益往往得不到保障。"三权分置"安排下，承包者和经营者的权利划分和权能内容更为清晰，《深化农村改革综合性实施方案》等政策文件对于农业补贴向经营者倾斜等也作出了原则性规定，而且，司法判决实践中在涉及农业补贴的归属时也更多地向经营者倾斜，将有利于经营者转移性收益权的维护和收益的增加。

二、"三权分置"对土地收益分配可能的风险传导机理

当前，学术界在集中探讨农村土地产权"三权分置"带来的利好影响，但凡属改革，必有风险，从风险的角度来看，"三权分置"可能导致的风险包括土地细碎化固化风险，集体所有权实现的风险，所有权、承包权、经营权实现的协调问题风险，法律冲突风险，乡村治理成本上升风险，产权分置带来的产权公共

域等风险，地权稳定与地权交易冲突风险等诸种风险。从收益分配的角度来看，"三权分置"可能带来的主要风险及其传导机理如图6-4所示。

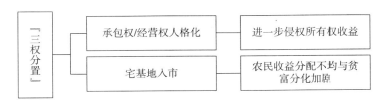

图6-4　"三权分置"对土地收益分配可能的风险传导机理

1. 集体收益权受损风险

"三权分置"可能导致集体收益权受损的传导机理是"'三权分置'—承包权/经营权人格化—进一步侵犯所有权收益"。囿于财力制约等因素，当前农村公共品的国家供给仍然是非常不足的，在此情况下，保障农村集体经济组织适度的经济实力极为必要。而且，这也是我国区域经济发展的"苏南模式"等所总结的一条重要经验。从多数有一定数量集体收益的集体经济组织情况来看，集体所有的土地是其收益的一个重要来源。集体土地收益的功能主要体现在支持农村基础设施建设和农村行政运行等方面，即农村集体利用集体土地收益，用于集体道路的修建、农村水利和电力设施的维护以及农村环境面貌的整治等。另外，农村集体土地收益还被用于维持农村基层行政组织的日常运行（穆瑞丽，2016）。杨青贵（2016）指出，长期以来，做实农民土地承包经营权成了中国农村土地制度改革的基本方向。《农村土地承包法》《物权法》确实为农民土地上的用益物权保护提供了重要法律依据。集体土地要素收益以及集体土地收益分配却逐渐"淡出"立法者、政策制定者的视野，进而影响到集体经济实力和集体凝聚力。"三权分置"产权安排下，对农民土地承包经营权的持续强权赋能在维护农民土地承包权和经营权的同时，也留下了侵犯所有权和所有权收益受损的隐忧。

从所有权本身来看，"三权分置"之后，从农业农村现状及发展趋势看，农村土地承包权的"稳定"和经营权的"放活"均是皆大欢喜，但农村土地集体所有权非但不如承包权、经营权那样左右逢源，还将面临更严峻的挑战和冲击，直接或间接地加大了"三权分置"下坚持农村集体土地所有权的困难度（陈金田，2017）。由于"三权分置"仍将农村土地所有权主体定义为农民集体这个概念笼统、缺乏组织依托、无法有效行使责权利的对象，而且农村土地的承包经营期限由15年到30年一再延长，并规定"生不增，死不减"，集体的土地发包权、土地调整权、土地收回权等权能均失去了实际意义,这种集体与土地之间的虚联关系也使集体土地收益权的实现失去了现实基础。在"三提五统"被免除之后,集体土地收益权的实现似乎仅余土地征收补偿和集体经营性建设用地入市等少数渠道,而"三权分置"不断强化承包者和经营者土地权益的维护和实现,会使土地征收后的土地补偿费和集体经营性建设用地入市收益分配中承包者、经营者侵犯所有者利益的问题更加突出。

从承包权来看,在"三权分置"农地产权架构下,伴随着地权结构细分的推进,农户对农地产权的拥有强度逐步得到了提高,进而通过不断内化自身行为的外部性,逐步降低了农地租值耗散的程度,提高了农业绩效(李宁、何兴邦、王舒娟,2017)。但是,随着国家和集体各种责任义务的解除与改变,土地承包期的不断延长,"增人不增地、减人不减地"原则的落实,使农民与土地之间的关系越来越稳定,尽管农民的土地是从集体手中承包来的,农民土地承包权的物权化却不断得到强化,不仅包括其承包土地的使用权、收益权、流转权,甚至其对土地的占有和支配权也越来越大,可以说,在很大程度上,我国农民的土地承包权已经成为农民的财产权(刘守英、高圣平、王瑞民,2017)。这使承包权拥有了对抗所有权的能力,集体对土地的调整、监督、收回等权利得不到保障,而且,在农村土地属于农民集体而不是农村集体经济组织所有的权利主体原则下,即便"三权分置"的政策目的之一是落实集体土地所有权,却难免继续陷入所有权主体虚置的尴尬境地,也使所有权在不断强权赋能的承包权面前更难以实现,集体经济空壳化、服务功能弱化的现状难以改变。

从经营权来看,"三权分置"产权安排有利于确保农户作为集体成员与其所在集体之间法权关系的长期稳定,并为初始用地农户之外的实际土地经营者可能并有效地利用农地提供了制度保障(蔡立东、姜楠,2015)。按照现行法律沄规和政策文件对经营权的权能界定,经营者依法享有一定期限内的占有、自主经营并取得相应增量收益与增量财产处分的权利;在流转期限内将土地经营权进行抵押担保的权利;流转合同到期后按照同等条件优先续租承包土地的权利以及经过承包农户同意依法依规改善土壤、培肥地力、建设农业生产附属配套设施的权利等。对经营者权利的赋予和保障有利于实现土地生产要素市场化和体现财产功能,让农民有更多的财产性权利。提高财产性收入在农民家庭总收入中的比重,也有利于降低经营者的风险,增加其收益预期,提高其流转土地、增加投入的积极性,因而有利于土地规模经营和农业生产效率提高,推进我国农业现代化进程,这是"三权分置"下政策决策者和学者们的基本逻辑。但同时我们也要清楚地认识到，"三权分置"这一重大制度创新导致权利主体增多及其互动关系复杂化，既带来切实的增量利益，也蕴含制度创新风险（伊庆山，2017），体现在以下三个方面。首先，经营权设立的目的是获得物质利益，利润最大化是经营者的根本追求，在有限的合同期限内，经营者有过度开发利用土地资源的动机。其次，新型农业经营主体的进入不仅改变了农业的生产形式，也改变了农村的社会结构，他们与土地所在的村庄，与周边的人群没有族群关系，农业生产活动是其内部投入的函数，因此会较少考虑可能带来的负外部性。而且，纯农户与新型农业经营主体二者在农业基础设施的共享上出现了断层，再加上成功进城户对土地的弃荒行为及其"搭便车"心理，导致了农村农业基础设施的提供困境，而少数农户无力承担修建基础设施的巨大成本，农村灌溉系统和机耕道工程由此陷入瘫痪，损害了以土地谋生的纯农户群体利益（林少芳、祝天智，2017）。最后，现行政策体系鼓励以土地的经营权进行抵押担保融资，发展土地金融，而农业生产的风险性与我国农业保险体系的脆弱极易导致经营者经营不善或遭受灾害而破产，土地被处置致使土地承包者和所有者的利益受到损害。

2. 收益分配失衡风险

三权分置可能导致农村土地收益分配失衡的机理是"'三权分置'—宅基地入市—农民收益分配不均与贫富分化加剧"。2015年1月，中共中央办公厅和国务院办公厅联合印发《关于农村土地征收、集体经营性建设用地入市、宅基地制度改革试点工作的意见》，该意见明确提出要"探索进城落户农民在本集体经济组织内部自愿有偿退出或转让宅基地"，这意味着宅基地制度改革破冰。2018年中央一号文件指出，要"扎实推进房地一体的农村集体建设用地和宅基地使用权确权登记颁证。完善农民闲置宅基地和闲置农房政策，探索宅基地所有权、资格权、使用权三权分置，落实宅基地集体所有权，保障宅基地农户资格权和农民房屋财产权，适度放活宅基地和农民房屋使用权"（新华社，2018）。被舆论媒体解读为宅基地即将获准入市的前奏。实际上，自全国人大授权部分地区"三块地"改革试点以来，试点地区在宅基地入市流转方面进行了积极探索，实践中也积累了天津"宅基地换房"、江苏无锡"双置换"、浙江嘉兴"两分两换"、河南"宅基地复垦券"以及浙江义乌"集地券"等地方经验（杨丽霞等，2018），为深化宅基地制度改革提供了经验基础。但同时，所有权、资格权、使用权"三权分置"安排下，宅基地入市可能对农村土地收益分配带来的冲击也必须未雨绸缪。第一，现实中我国农民实际占有的宅基地面积相差较大，一户多宅的现象仍较为普遍，但同时，宅基地紧张导致非法占用耕地建房的事件屡有发生，宅基地入市后占有宅基地面积较大的农民因宅基地流转入市将获得不菲的流转收益，造成农民之间收入差距的扩大。第二，不同区位的宅基地其流转收益的差距悬殊，即便是集体内部流转，城中村和城乡接合部的宅基地流转价格也将为农区宅基地流转价格的数十倍，导致宅基地流转收益的区位差异，进一步拉大城中村、城乡接合部农民和农区农民的收入差距。第三，宅基地入市将改变政府与农民之间的土地收益分配结构，当前，通过"村改居"、土地增减挂钩等方式，地方政府在农村的宅基地整理项目中获利颇丰，而一旦宅基地直接流转入市，政府只能在其中收取少量交易税费，无法继续获得高额的土地出让收益。第四，由于我国宅基地的继承传统，在通过农村升学就业和务工就业成为城市居民的人群中有大量的人口在农村拥有宅基地，宅基地入市流转带来的收益会进一步拉大这一群体和农村居民的收入差距。最后，一旦放开宅基地入市流转，将使集体的宅基地所有权彻底虚置，宅基地的集体收益权流于虚无。

第四节 研究结论

由上述分析可知，农村土地权利"三权分置"政策的实施既可以通过土地流转效应、土地收益权保障效应来有效优化农村土地收益分配的格局，也有可能因为土地权利的人格化导致农村集体经济组织的权益受损，或者进一步加剧当前农村土地收益分配失衡的状态。因此，在详细揭示"三权分置"影响农村土地收益分配机理的基础上，如何采取政策措施进一步激发"三权分置"对土地收益分配的功能价值和积极效应，同时有效阻断或降低"三权分置"可能带来的政策风险亟待学界和实践工作者深入思考，具体可以从以下三个方面推进。

一是继续推动土地的有效流转，为此需要加快推进农村土地确权进程。不仅推进农村承包耕地、林地和草地的确权登记颁证，同时推进农村宅基地的确权登记颁证并进行有效整合。同时积极培育家庭农场、农业企业等新型农业经营主体，加快并规范引导社会工商资本有序进入农业，增强农村土地大规模流转的需求力量。另外，通过价格手段等引导农村产业结构调整，通过就业培训增强农民非农就业能力，激发农村剩余劳动力转移增强土地大规模流转的供给力量（张燕纯等，2018）。二是完善土地立法。虽然近年来国家陆续下发了《国务院办公厅关于完善支持政策促进农民持续增收的若干意见》《农村土地经营权流转交易市场运行规范（试行）》等文件对农村土地收益的分配等相关问题进行了规范管理，并对《中华人民共和国农村土地承包法》进行了修正，佃总体而言，法规、规章、规范性的文件较多，法律效力位阶偏低，正式的法律仍然较少，亟待将这些文件上升为正式法律且对相关问题作出更为明确的规定。三是重塑农村集体经济组织。从我国农村土地收益分配实践来看，在农民、农村集体经济组织、政府、开发商等相关主体中，收益权利最难得到保障的是农村集体经济组织，农民的土地权益需要维护，集体的权益也要得到切实维护。为此，农村集体经济组织涣散虚无的状况必须得到改善。可以以集体土地为基础，吸纳各类主体入股，根据区域发展市场化程度的分类，有序建立混合所有制的村级集体资产管理公司（刘书畅等，2018），落实集体土地所有权，发展壮大集体经济，落实集体土地收益权益。

第七章

农村土地收益分配的博弈模型构建

　　农村土地的利益相关者围绕租金分配而进行的博弈一直是理论界研究的热点问题之一，在中央部署"三块地"试点改革、农村土地集体产权"三权分置"实施、土地流转加快的背景下，对租金分配博弈参与人的决策行为进行分析并提出促进形成利益共享分利秩序的政策建议以促进新形势下的农地利益分配制度均衡更成为亟待开展的研究工作。在既有文献中，农村土地转用增值收益分配和农村土地经营权流转中相关主体行为选择的分析是博弈论分析农村土地利益分配的主流领域。

　　谭术魁和涂姗（2009）基于地方政府和被征地农民的完全信息静态模型，指出可以通过加大对地方政府违法征地的惩罚力度，以减小失地农民的维权成本，以此推动地方政府和农民的博弈均衡趋于合理化。黄世冬（2014）构建了地方政府和农民两方动态博弈模型，分析提出了创新土地征迁补偿制度等政策建议。黄琦等（2014）的研究表明，农民在地利分配博弈中的博弈策略选择会受到地域差异的影响。罗孝玲等（2015）的研究表明，地方政府公信力、声誉收益化可以促进地方政府提高征迁的现金补偿以及其他形式的补偿。朱涛和于红雨（2015）以博弈方法对土地流转过程中地方政府、企业和农户之间的利益进行分析，基于收益函数确定了各方的行为选择，并提出了规范政府征地行为、提高农户维权意识、引入市场交易机制等政策建议。刘灵辉和刘燕（2018）关注了家庭农场土地适度规模集中过程中的土地流出者和流入者之间的博弈，通过博弈收益函数推算出家庭农场经营者支付给农户土地租金最优增加额度的函数关系式，得出了土地租金在动态调整机制下的最优值和应控制的区间范围。张琦等（2019）运用在政府引导下承包方和农户扩展式动态博弈模型，对欠发达地区农村土地流转过程中土地承包方和农户的行为选择进行逆向剖析，并对承包方、农户及中介组织的行为予以经济分析，研究结果表明，承包方与农户行为选择的最优策略集为｛高价承包，中介介入后的流转价格｝。丁涛（2019）在"三权分置"的农地产权改革背景下分析了农地流转过程中农地流入方与流出方之间、农地流出方与村委会、农地流出方与地方政府之间的博弈行为，提出了基层政府强化监管、完善市场秩序的政策建议。

张翠娥和万江红（2005）研究指出，在社区共同记忆减弱、契约精神嵌入、国家权力介入以及市场主体发展等诸多因素的影响下，当前农村土地流转夹杂着利益和人情双重博弈的现象，不过利益博弈逐步开始占据主导地位，市场化流转逐渐成为农村土地流转的重要机制。吴晓燕等（2011）关注了隐形土地流转中政府和农民的利益博弈问题，构建了不对称信息动态博弈模型来分析政府与农民的博弈策略选择及其均衡解。结果显示，在单阶博弈中，政府惩罚力度不足或者惩罚措施难以执行时，农民的最优选择是进入隐形土地市场。在多阶博弈中，如果农民选择进入隐形市场对政府利益影响较小，那么（进入隐形土地市场，不采取惩罚措施）的策略组合将是多阶博弈的均衡解；如果农民采取进入隐形土地市场的策略对政府利益的影响较大，那么（不进入隐形市场，不采取惩罚措施）的策略组合将是多阶博弈均衡解；而如果存在一定的沉淀成本，（进入城乡一体化市场，不采取惩罚措施）的策略组合将是多阶博弈均衡解。杨华（2014）研究指出，农村土地流转博弈中农民采用何种策略是由他们所拥有的权力、经济和社会关系资源的函数的最优解决定的，这些资源占有越多，农民策略选择的空间越大，在博弈中占优势，能够在博弈中获得的要素收益就越多。韩冬等（2017）采用土地发展权及 Sharpley 值法的合作博弈模型，利用川渝地区 9 个土地项目调研数据进行增值收益分配比例的分析，探索一个合理的农民集体与国家之间的土地增值收益量化分配比例，认为在现行征地制度下，为了维护失地农民的权益，采取 40%~60% 土地最优利用途径市场价格作为最终补偿是一个合理方案。聂英和聂鑫宇（2018）构建农地流转增值收益分配博弈模型，分析了农地流转三类主体的策略选择。分析表明，农地流转是转出方、转入方和地方政府三方利益博弈的结果，利益均衡时流出方的博弈策略为"土地流转"，但信息不对称导致了逆向选择和道德风险的存在，使流入方会选择改变土地用途，进而损害流出方的利益，在此背景下，政府的博弈均衡策略为对流转行为进行监管和干预。

目前该领域的文献绝大部分以经济学的工具来论述问题，但也有部分研究从法学、社会学等视角切入。刘建和吴理财（2008）基于社会学的语言与呈现逻辑，将农村土地流转定义为利益主体在特定情景场域利益再分配的博弈过程，并结合一起土地流转案例分析指出，当前农民依托所谓"合法化"的利益诉求，通过集体"暴力性"的博弈方式，以及情景性契约的签订等策略，营造了农村土地流转过程中情景化博弈的形态。情景化博弈的行动场域，体现了村民利益共享的实践逻辑。但由于缺乏制度化的博弈机制，这种利益共享的利益分配秩序在现实中十分不稳定，农村土地流转容易陷入无效化均衡的格局。由此应主张加快建立制度化的利益分配机制，建构利益主体之间"对称性均衡"的利益分配博弈机制。

大部分的研究是从每个利益相关者都是精致的利己主义者的前提出发，以不完全信息非合作博弈为策略环境分析利益主体间的分肥行为，但也有少数研究从合作博弈的角度展开分析，但需要指出的是，这种合作博弈的分析往往是在非合作博弈的大框架下分析部分参与者的合作行为，尚没有脱离非合作博弈分析的理论窠臼。如曹阳等（2011）构建了一个包含中央政府、地方政府和农户的三重博弈的农户经济决策一般模型，研究农村土地流转行为中三者的博弈，发现理性的农户在面临不同的政策环境时会选择采取不同的博弈策略，当地方政府的政策比中央政府的政策更有利于农户时，农户容易与地方政府达成合作，形成利益同盟并努力促使中央政府修正政策；当中央政府与地方政府之间的利益相互配合且中央政府的政策相对地方政府更有利于农户时，农户则选择利用中央政府政策对地方政府形成压力，迫使地方政府修正政策或者自己提前采取行动以充分获取利益。

本部分以农村土地征用为例，主要借鉴蔡锦云（2005），张昊宇和陈安（2011），曹阳、王春超和李鲲鹏（2011），张玉梅（2013），吴园庭雁（2015）等研究者设定的理论基础及提出的相关理论假设，重点参考借鉴了丁兰（2008），薄禄伟（2010），肖轶、魏朝富和尹珂（2011），保保（2014）等研究者们博弈分析的相关工具方法，选取政府（中央政府与地方政府不加区分）、村集体和农户三个代表性参与人，基于产权理论、地租理论、利益相关者理论等理论基础，构建了一个征地收益的三方博弈模型框架，模拟土地收益在三个参与人之间的分配并获得其利益模型，利用模型的均衡解的变化模拟利益分配格局的变化，全面考察参与人的决策如何影响其所获支付以及哪些因素在其所获的支付中发挥重要作用，并且，可以在此模型基础上延伸，通过加入更多参与人来思考参与人支付的重要影响因素，为构造一个相对公平合理的收益分配格局寻求路径，为提出对策建议提供理论支撑和依据。

第一节　模型建立的理论基础

一、产权理论

在新制度经济学的语境下，"产权"是一个极为复杂的概念，学者们包括一些新制度经济学的大家对此也莫衷一是，认为产权是人对物的一系列权利那种观点有着不小的市场，但将产权视作一种人和人之间的关系这一定义越来越得到认可。无论如何定义，产权是否完整对其在标的市场价格具有重要影响是毋庸置疑的。各个国家都用法律保障产权所有人对其财产进行各种合法活动的权利，并保障产权所有人从中依法获得收益。因此，产权的归属问题和产权收益的获得问题是相关联的。产权也被称作"产权束"，即产权并不是单独的一项权利，而是多项权利的集合，这意味着产权可能被集中在一个主体手中，也意味着，在交易行为发生的过程中，这些权利可能会发生分离，根据不同的交易行为归属于不同的个体，并以此产生收益的分配。所以，为能够保障收益分配的合理性，必须对各项权利的主体进行界定和划分。对农村土地来说也是如此，根据现行的土地制度，与土地相关的各项权利会在交易和实际使用中发生分离，并分别在后续活动中产生收益。因此，必须对农村土地产权相关的各项权利进行明确的划分和界定，才能保障后续收益分配的合理性（底亚玲等，2006；保保，2014）。

二、地租理论

社会生产力不断发展出现了剩余劳动，而土地作为一种特殊的资产，所有者需要在保留自用以获得收入与供给市场以收取租金这两种用途中做出选择。地租就是土地所有者将土地出租给其他人，而土地使用者为了得到所有者有偿且暂时让渡的土地使用权，需要缴给土地所有者的，超过平均利润以上的那部分剩余价值，也就是超额利润。在涉及土地的经济活动中，无论这其中的行为主体是个体还是群体，地租的概念都是可以成立的。地租理论是马克思经济学说的经典理论之一。该理论认为，一般情况下，按照地租产生的不同原因和条件，可以将其划分为以下三种。第一，绝对地租。绝对地租是由于土地所有者垄断了土地所有权而形成的地租，其形成条件是农业部门资本的有机构成低于社会平均资本的有机构成。绝对地租既不是农产品的社会生产价格与个别生产价格之差，也不能看作优质地与劣质地间社会生产价格之差，而应被视作是个别农业部门的产品价值与生产价格之差。第二，级差地租。级差地租来源于个别生产价格与社会生产价格之间的差额所产生的超额利润，级差地租产生取决于土地的肥沃程度或是距离市场的远近程度。级差地租作为定义地租分配的理论基础，有两种形式：一种是由于土地肥沃程度较高或是优越的地理位置所产生的超额利润转化成了地租；另一种是对一块土地追加投资导致劳动生产率发生变化，从而产生了超额利润而形成的地租。前一种形式是后一种形式的前提、基础和出发点。第三，垄断地租。由于特殊的自然条件或是资源优势，某一特殊土地能够产生在市场中稀缺的产品，土地所有者凭借对这种土地所有权的垄断，以垄断价格出租土地给土地使用者，得到的垄断利润形成了一种个别的、特殊形式的地租。根据马克思的地租理论，垄断地租不是农业雇佣工人所创造的剩余价值的一部分，而是来自社会其他部门工人产生的价值。垄断地租是一种特殊地租形式，是由于产品的垄断价格带来的超额利润而转化的地租（蔡锦云，2005；保保，2014）。

三、利益相关者理论

利益相关者理论是20世纪60年代后企业理论发展的两大支流之一，由于对企业治理具有较强的解释能力，该理论在20世纪80年代后获得了较快的发展。其核心思想可以归结为：企业是其利益相关者相互关系的联结，它通过各种显性契约和隐性契约来规范其利益相关者的责任和义务，并将企业剩余权在企业物质资本所有者和人力资本所有者之间进行非均衡地分散对称分布，进而为其利益相关者和社会有效地创造财富（陈宏辉，2003）。利益相关者则被定义为在企业中进行了一定的专用性投资并承担了一定的风险的个体和群体，其活动能够影响该企业目标的实现，或者受到该企业实现其目标的影响。从人类行为的角度来说，利益相关者理论关注的是收益函数彼此影响、利益勾连的一些个体在一定的规则下进行博弈并最终达成均衡的问题，而这种场景可以很容易地推广到人类其他的交易活动中去。因此，理论一经肇始便迅速被应用于各个领域。在农村土地收益分配过程中，中央政府、地方政府、村集体、农户、房地产开发商等都是利益相关者，他们有效联结的基础是不同主体利益诉求的再平衡（李灿，2017；刘建等，2018）。最终的农村土地收益分配结果是各方共同行动变量的函数，而且，各方所获支付大小与其行动变量存在线性关系。

第二节　模型假设与模型要素

一、基本假定

本书假设研究对象均集合以下三种假定。

第一，理性的经济人假定。古典经济学的集大成者亚当·斯密提出的"经济人"假设，又称"合乎理性的经济人"假设，是西方经济学中最基本的前提假设，也是古典经济学的理论内核之一。根据斯密的理论，所谓经济人假设，是对在社会中从事经济活动的主体行为特征的一个一般性抽象，即每一个从事经济活动的人都是利己的，都力图以最小的成本去获得最大的经济利益。虽然该假设饱受诟病，但理论分析时进行一定的假设有利于简化问题的分析。由于市场机制的自我调节作用，经济主体在追求自身利益最大化的同时促进了整个社会利益或福利的增加，最终实现整个社会的帕累托最优。另外，理性的经济人行为偏好具有完全的、充分的、可传递的特点。在本部分，我们假设政府、村集体经济组织及农户个体三者均为理性的经济人，其博弈行为都具有多重目的性，且经济主体间的经济利益存在着相互联系，那么政府会站在整体利益的角度，预期实现整体利益最大化；村集体组织则是站在其组织的角度，预期实现本组织或者组织成员的利益最大化；农户个体则是出于自身利益最大化，预期获得最大的农地征收补偿和失去土地之后所获得的保障。

第二，自主适应性假定。自主适应性假定也可被称为主体行为调适性假定，是指社会经济活动中的经济主体可以不断调整自己的选择和对策以适应其所处环境的变化。从博弈论纳什均衡的思想来看，便是只要对方的策略选择不变，该主体选择的是最优的策略。这一假定反映了在现实社会环境中，往往是经济主体为了实现自身利益最大化的预期，通过借鉴和思考其他经济主体所采取的策略性行为之后，再对环境做出适应性反应。在本书的论述中，政府、村集体组织及农户个体均符合这一假定，即他们都会从自身利益最大化角度出发，通过调整自己的选择和决策来适应其他博弈主体的选择和决策，使得农村土地分配这一经济活动更加复杂和多元化，经济主体间的利益交叉更为明显，从人类趋利避害的本能选择行为来说，该假设的存在使得理论研究更加贴近于社会现实（丁兰，2008；薄禄伟，2010）。

第三，主体行为一致性假定。主体行为一致性假定有利于我们研究利益主体在土地利益分配这一经济过程中所采取的行为的共性问题。具体而言，即假定不同层级的政府，不同层级的集体经济组织，不同的农户个体，在相同或者类似的环境中，所采取的选择和决策往往是相同的，所产生的行为结果也是一致的。这一抽象化假定有利于消除利益诉求多样化的博弈参与者因个体差异带来的博弈行为的不确定性，有利于归纳出博弈的均衡结果及其理论意义（丁兰，2008；薄禄伟，2010）。

二、模型要素

农村土地收益分配过程中包含多方利益，最主要的主体是农户、村集体和政府，因此本书将聚焦讨论这三者之间的博弈行为。本书在风险中性的前提下，依据博弈论的基本要素构建如下农村土地利益分配中的三方博弈模型。

博弈第一方——政府。此处政府分为中央政府和地方政府两级政府，二者既有着共同的行为取向又有着不同的利益追求，二者既合作，也竞争博弈。无论哪一级政府，在征地中往往被失地农民视作他们土地利益的掠夺者，因为在我国当前的制度设计中，政府垄断了土地的一级市场，而且凭借合法征收权合理化了对被征地农民的剥夺行为。关于此方面的理论分析和实证研究在综述部分已经详述。当然，政府也是合理分配农村土地收益的实际推动者，没有政府的制度化支持，农民的土地权益无法得到保障。可以说，诺斯悖论在政府与被征地农民之间的关系上得到了淋漓尽致的展现。

博弈第二方——村集体。对于农村的土地以及除法律规定属于国家或已依法征收的土地外，其余的土地均为集体土地，均归集体所有，包括宅基地、自留地、自留山等土地。我国的"集体"有着特殊含义，指称的是乡（镇）、村、村民小组三级集体经济组织。虽然仍不免被认为产权主体虚置，但农村集体经济组织的农村土地所有权权利主体地位却是包括宪法在内的诸多法律赋予的。由于农村集体经济组织与土地之间的内在关联，农村集体经济组织的性质不同于企业法人，也不同于社会团体，更不同于行政机关。农户全部耕地、林地、水域以及集体建设用地（宅基地）的土地利用是集体拥有土地所有权的基本表现；村委会、村办企业、村办小学地土地使用是集体拥有土地所有权的重要表现；而乡镇医院、电站、学校等公共服务的土地运用是集体拥有土地所有权的必要表现（吴园庭雁，2015）。

博弈第三方——农户。农户与土地的关系，犹如鱼与水的关系，土地是农户主要的生产材料和最重要的财产权益。在自由市场状态下，农户会根据收益多少来决定如何定位自己与所承包集体土地之间的生产经营关系。而在土地一级市场垄断的权利格局下，农户虽然可以与征地者博弈，可以抗争，谋求约束条件下的最优化收益，但其博弈弱势群体的角色是难以改变的。多数情况下，在与政府的博弈中，农户总是处于被动的地位。

第三节　三方博弈模型构建

由于差异性的目标充斥在农地征收过程中以及赋予农村土地利益分配的各主体间特殊的博弈关系，政府和农村集体组织向农民征地便自然拥有了为自身利益最大化而讨价还价的动态博弈进程，而政府与农村集体组织间便被赋予为"委托—代理"的特殊关系。由此，对于三大利益主体如何在土地征收与利益分配间实现相互影响、相互作用，最后实现均衡状态便更具有现实意义（柯小兵、何高潮，2006；薄禄伟，2010）。

一、政府与村集体的博弈

讨价还价的博弈行为一直存在于政府和农村集体经济组织约土地利益分配过程之中，基于经济学理论视角可以将这种博弈行为定义为讨价还价博弈。在现实情况发生时，政府会以行政手段结束一定次数的讨价还价进行强制性征地，所以博弈不会一直重复进行。本部分将借鉴刘小玲（2005）、丁兰（2008）、保保（2014）等的研究，对政府和集体经济组织在农村利益分配进程发展的三回合讨价还价博弈行为关系进行深度研讨。

地方政府以相关机构委托的一定价格对于土地进行征收，假定该价格为"共同知识"，即博弈双方对此消息不存在信息不对称之处。可以想象，政府出于自身利益最大化的理性思考，自然考虑以最少征地费用实现相关机构的委托事宜。而村集体经济组织基于自身利益考量势必会通过反抗手段进行抵制，这样便会为政府带来由谈判费用、工程延期等因素造成的意外损失。此处假设政府和村级双方的谈判消耗系数分别为 δ_1 和 δ_2，且有 $0 \leqslant \delta_1 \leqslant \delta_2 \leqslant 1$。

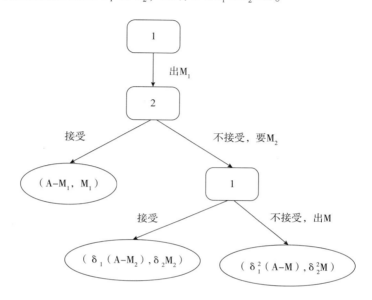

图 7-1   政府—村集体三回合讨价还价博弈

在该博弈进行中，假设政府作为博弈方 1，而村集体作为博弈方 2，政府率先行动，提出征地方案，村集体随方案进行后续讨价还价行为。若谈判双方没有在前两回合得出一致性方案，最终政府会以强制性征地与方案重提两方法同时并举结束该博弈行为。详细博弈过程如图 7-1 所示。在该博弈行为中：第一回合，以政府的提出方案是自己获得 $A-M_1$，而村集体相对拥有 M_1，考量村集体接受或不接受两种情形。若村集体接受则双方分别获得 $A-M_1$ 和 M_1，结束该谈判；若不接受，则进行下一回合的讨价还价行为。第二回合，以村集体规划方案是自己获取 M_2，政府相应获得 $A-M_2$，考量政府的选择情形。若政府接受则双方分别获得 $\delta_1(A-M_2)$ 和 $\delta_2 M_2$，该谈判结束；若政府选择不接受，则推进下一回合的博弈行为。第三回合，政府强制性提出方案使自己获得 $A-M$，村集体获得 M，此时村集体不再拥有讨价权力而必须接纳该方案，双方彼此实际收益分别为 $\delta_1^2(A-M)$ 和 $\delta_2^2 M$。

将逆向归纳法应用到该博弈中，则可得：基于政府第三回合会出价 M，且农民集体无力拒绝的前提下，地方政府将第一回定价为 $A(1-\delta_2+\delta_1\delta_2)-\delta_1\delta_2M$。若村集体接受该出价，双方的收益分别是 $A(1-\delta_2+\delta_1\delta_2)-\delta_1\delta_2M$ 和 $A\delta_2(1-\delta_1)+\delta_1\delta_2M$，这同时促使该博弈中子博弈纳什均衡解的完美呈现。

　　在该博弈过程中，假设政府在最后提出的强制性征地的价格是合理的，那么村集体最后获得的收益就肯定会高于这个强制征地价格，则下式必定成立，即有 $A\delta_2(1-\delta_1)+\delta_1\delta_2M\geqslant M$，变形可得：$A\geqslant\dfrac{1-\delta_1\delta_2}{\delta_2(1-\delta_1)}M$。其含义是，为使村集体经济组织得到的征地补偿适当合理，地方政府给出的征地补偿费必须高于某一额度。

二、村集体与农户的博弈

　　村集体与农户既是利益共同体又有着各自的利益诉求。作为集体土地的所有者，村集体有责任维护所有者的土地权益，包括土地的收益权。但同时村集体也有着自己的发展规划和意旨，要为集体的长远发展积累扩张，这些都需要村集体有所作为，具备一定的物质基础。虽然理论上要求分开，但由于多数情况下，村委会和村集体职能纠缠交叉在一起，我们无法精准地区分村委会和村集体经济组织，所以在本部分的研究中不严格区分作为乡村治理主体的村委会和作为集体经济利益代表者的村集体经济组织。由于村民个人的力量有限等原因，村委会受任于村民委托，在农村土地利益分配的过程中全力捍卫他们的正当合法权益。由此，村集体和农民之间的委托代理关系随之产生（谭术魁、涂姗，2009）。假设村委会与农民个体在面对风险时同属于风险中性偏好，村委会将面临努力工作得到不确定性成果的风险，同时农民由于信息不对称和技术缺乏等无法对村委会工作进行实施有效的监督，但农民拥有选择报酬函数的优势，使得村委会在连续区间中选择努力水平。借鉴薄禄伟（2010）和保保（2014）的研究，作出如下假设：

　　X：代表村委会选择区间内的努力水平。

　　D：代表村委会拥有的正值的机会成本，即拒绝农民委托时所能获取的收益水平。

　　F：代表村委会努力水平为 X 时为自己增添负效用的负效用函数。其中，$F(x)>0$ 代表着村委会努力水平达到 X 时的负效用函数 $F(x)$ 是一个单调递增函数。

　　$G(x)$：村委会的努力水平 X 拥有极大的可选择性连续区间，其努力水平所能为农民增添的效用 G（x）是 X 的随机函数，用 G=G（x）表示。其中意味着，村委会为农民增添的效用不单受到自身努力水平的限制，还会受到外界其他障碍因素的影响。其中，G（x）>0 意味着，代表农民效用的函数 G（x）是一个与村委会努力水平 X 相互关联的单调递增函数（一般情况下，较为作为的村委会总会为村民带来更多的福利，软弱涣散的村委会基本上代表着普遍的低收入水平村民）。

H（G）：按照实际的状况考虑，我国法律所规定的村委会同农民之间存在的委托代理关系中并不涉及农民需要向村委会直接支付相应的报酬这一情况，但这并不能够证明村委会在行使职责的过程中无法取得除农民支付报酬之外的利益 H（G）。现实运行中，在取消农业税后，村委会的基本活动经费经常是由地方政府来提供的，包括村委会成员的工资。

如此，则可得：

农民的收益函数为 G-H=G(x)-H[G(x)]；

村委会的收益函数为 H-F=H[G(x)]-F(x)。

在该博弈行为中，假设农民为博弈参与人 1，村委会为博弈参与人 2，同时引进一个自然博弈方为 0。博弈的扩展形态表达如图 7-2 所示：

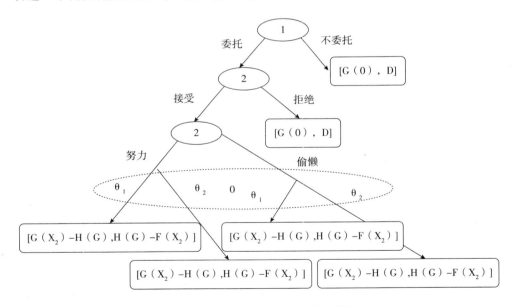

图 7-2　农户与村集体委托—代理模型

由于村集体只有在获得收益不小于机会成本，即 H[G(X)]-F(X)≥D 等要求得以满足时才有积极性来接受村民的委托，因此上述不等式便成为制约该模型的参与约束。基于参与约束的视角，在村集体出于理性思考接受委托的期望得以满足的前提下，农民也以自身利益出发希望所付出成本越小越好，由此实际的参与约束条件便转变为 H[G(X)]=F(X+)D。因此，农民出于理性思考之后所能得到的收益函数就变为 G(X)-H[G(X)]=G(X)-F(X)-D。

在参与约束条件得以满足的前提下，村集体基于自身利益最大化行为的考量愿意接受委托工作，但努力水平不一定可以保证能够达到所期望的最优努力水平 X*（X* 为满足农民集体利益最大化时的努力水平）。如果要实现村集体主动自觉地选择最优努力水平 X*，则 X* 也必须满足村集体利益最大化的要求。也就是说，对任何其他努力水平 X 都可以实现 H[G(X*)]-F(X*)≥H[G(X)]-F(X)。该激励相容约束条件的满足作为村集体利益与农民利益十分契合的充分表征，此时村集体就会以符合农民最大利益的方式做出相应行为。基于约束条件下的最优解逻辑，他们的博弈模型可表述如下：

$$\max_X \quad G(X)-H[G(X)]$$
$$s.t. \quad H[G(X)-F(X)]\geq D$$
$$H[G(X^*)]-F(X^*)\geq H[G(X)]-F(X)$$

三、政府与农户的博弈

政府在进行农村土地利益分配时，必须兼顾多方利益，最大可能实现效率与公平，而农民最为关注的是自身利益的最大化。农民从自身利益出发，可能会对政府的决策表现出合作或者抵制，因此，在农村土地利益分配的过程中，政府和农民之间存在着以下策略博弈（谭术魁、涂姗，2009）。本部分主要参考肖轶、魏朝富和尹珂（2011）的研究，分析政府与农户之间的博弈行为。

若将参与者政府定义为 B，农户定义为 C，则参与人集合为 i={B, C}。面对这样的情况，根据政府以及农民的决策行为可以进行策略空间的划分。对于政府而言，有两种可能的选择，即可以选择支持或者选择限制农村土地利益转化；而农民也有两种可能的选择，即选择和政府合作或者选择不与政府合作。若政府策略空间 SB={支持，限制}，农民的策略空间则可以表述为 SC={合作，不合作}。基于此设定，在参与人与相关策略选择确定的情况下，参与人所获支付函数可以有以下几种表述：

S={B₁, C₁}，即政府和农民的策略选择分别是"支持"和"合作"。那么政府鼓励农地利益转化会产生成本 BC₂，包括政府给予农民的征地补偿成本 C₁'；

地方环境以及生态安全的丧失成本 C_2' 以及征地过程中农民对政府信任丧失造成的政治风险成本 C_3'。同时，政府鼓励农地利益转化也会带来正的收益，即获得更多的农户对政府的支持、土地出让金收入等。此处可令其政治收益为 BR_2；非农化所带来的土地出让收益为 R_1'；非农产业发展所带来的地方财政税收收入的增加为 R_2'；城市建设所带来的地方政府政绩为 R_3'。

令农民对于地方政府鼓励非农化的政策采取合作的成本为 CC_1；农地非农化后失去的直接农业收益等损失成本为 C_4'；依附于土地上的农民相关生存保障丧失成本为 C_5'；失去土地后为了另谋工作以及可持续发展需要增加的培训成本为 C_6'。而农民所获得的收益，则主要指非农化后可获得的直接征地补偿收益 CR_1。

$S = \{B_1, C_2\}$，即政府和农民的策略选择分别为"支持"和"抵制"。则政府将支付的成本为 C_3'，获得的收益为 0；农民将支付的成本 CR_1，获得收益 $C_4'+C_5'$。

$S = \{B_2, C_1\}$，即政府和农民的策略选择分别为"限制"和"合作"。此时，政府将支付的成本 BR_2，获得的收益为 $C_2'+C_3'$；农民将支付的成本 CR_1，获得的收益 $C_4'+C_5'$。

$S = \{B_2, C_2\}$，即政府和农民的策略选择分别为"限制"和"抵制"。此时政府将支付的成本为 BR_2，获得的收益为 $C_2'+C_3'$；农民将支付的成本 CR_1，获得的收益 $C_4'+C_5'$。这种博弈进入死局的结果在现实中一般不存在，因为农民不会主动要求政府征地，在农地利益转化过程中他们都是被动的。

双方的博弈支付矩阵如表 7-1 所示。

表 7-1　政府—农民博弈支付矩阵

参与主体及其策略		农民			
		合作		抵制	
政府	鼓励	BR_2-BC_2	CR_1-CC_1	$-C_3'$	$C_4'-C_5'-CR_1$
	限制	$C_2'+C_3'-BR_2$	$C_4'+C_5'-CR_1$	$C_2'+C_3'-BR_2$	$C_4'+C_5'-CR_1$

由于在政府与农户的博弈中政府处于强势的主动地位，当政府选择限制农地利益转化时，农民一般不会主动抵制。因此，若政府可以考虑农民的态度而做出是否支持农地利益转化的决策，就一定会选择鼓励农地利益转化。所以在政府和农民的均衡博弈中，农民的选择至关重要。

设农民采取合作态度的概率为 P_3，则政府鼓励农地利益转化的期望收益为

$E_d = P_3 \times (BR_2 - BC_2) + (1 - P_3) \times (-C_3')$；政府限制农地利益转化的期望收益为 $E_d = P_3 \times (C_2' + C_3' - BR_2) + (1 - P_3)(C_2' + C_3' - BR_2)$。根据政府的期望收益表达式可知，无论政府选择"鼓励"策略或"限制"策略，农民的策略选择应使得政府的期望收益相同，即关系式 $P_3 \times (BR_2 - BC_2) + (1 - P_3) \times (-C_3') = P_3 \times (C_2' + C_3' - BR_2) + (1 - P_3)(C_2' + C_3' - BR_2)$ 成立。据此，可计算出农民选择"合作"的策略的均衡概率 P_3，即：$P_3 = \dfrac{C_2' + 2C_3' - BR_2}{BR_2 - BC_2 + C_3'}$。可见，$P_3$ 与 BR_2 是负相关关系，与 BC_2，C_2'，C_3' 是正相关关系。其经济含义是，农民选择合作策略的概率大小主要取决于政府给予农民的征地补偿强度，补偿的强度越大，合作的概率就越大；补偿越少，抵制的概率就越大，这就为农村土地利益分配的方向以及土地制度改革提供借鉴。

第四节　政府、村集体、农户的均衡分析

前文中我们单独分析了政府与村集体、村集体与农户、政府与农户的博弈，现在我们将政府、村集体和农户综合起来考虑，在村集体与政府有对等的话语权的假设下，农民应该如何激励自己的代理人——村集体，才能够达到收益的最大化。

由前文分析可知，集体最终得到的收益为 $A\delta_2(1 - \delta_1) + \delta_1\delta_2 M$，如果不计政府的消耗即当 $\delta_1 = 1$ 时，可得村集体得到的收益为 $M\delta_2$，这个收益可以看成是农民的效用水平，即 $G(\delta_2) = \delta_2 M$，M 为已知数，δ_2 为集体代理人的努力水平。再假设集体的负效用函数 $F(\delta_2) = M\delta_2^2$，集体接受委托的机会成本 U_0 为已知数。

理性的村集体在此过程中可以取得来自农民报酬之外的收益水平 $H(G)$，设该利益的计算公式为 $H(G) = P + Q[G(\delta_2)] = P + Q\delta_2$，其中 P 和 Q 是常参数。这样农民的收益函数为 $G(X) - H(G) = M\delta_2 - P - QM\delta_2 = (1 - Q)M\delta_2 - P$，集体的收益函数为 $H(G) - F(\delta_2) = P + QM\delta_2 - M\delta_2^2$。那么应如何合理确定 P 和 Q 的水平，以增强对于村集体的激励呢？

可以构造农民和村集体委托—代理关系的一般模型如下：

$$\max_X \quad G(X) - H[G(X)]$$
$$s.t. \quad H[G(X) - F(X)] \geq D$$

$$H[G(X^*)]-F(X^*) \geqslant H[G(X)]-F(X)$$

将上述值代入之，可得：

$$\max_{P,Q} \quad (1-Q)M\delta_2-P$$

$$s.t. \quad P+QM\delta_2^2 \geqslant D$$

$$P+QM\delta_2-M\delta_2^2 \geqslant P+QM\delta_2^*-M\delta_2^{*2}$$

其中为 δ_2^* 集体选择的不为 δ_2 的其他任何努力水平。

可得模型的解为：$P=-M/4+D$，$Q=1$。也就是说，农民在博弈中的最优选择是使得 $H(G)=P+Q(G)=-M/4+D+P$ 成立。其经济意义是，征地过程中农民的选择要将村集体为农民向政府争取利益的努力与村集体可能获得的收益结合起来，村集体向农民支付 M/4-D 单位的补偿收益后，还可以获得一个剩余。因此，农民应该采纳的最好激励机制应该是，委托村集体做代理人与政府谈判争取更多补偿然后再向农民支付补偿收益。

通过上述博弈分析，我们可以得出如下四个结论。

一是完善的农村土地权利安排对于农民土地权益保障是必要的。根据新制度经济学家诺斯的国家理论，一方面，国家权力构成有效产权安排是经济发展的一个必要条件，没有国家就没有产权；另一方面，国家权利介入产权安排和产权交易又是对个人财产安全的限制和侵害，会造成所有权的残缺导致无效的产权安排和经济的衰落。简单来讲就是政府既是私人产权最强有力的维护者，又是私人产权最大的侵害者。对于农民的土地权益来说，权益得到维护需要政府法律的支持，而若政府受利益驱使或迫于财政压力，又可以以合法侵犯的方式掠夺农民的利益。随着我国法制化进程的加快和国家治理能力的提升，政府对农民土地利益的侵犯成本越来越高，土地的权利安排成为保护农民土地利益的最有力工具。

二是强有力的集体经济组织是必要的。中国的农村土地所有者以及实际承包经营者的高度分散化已经越来越成为农村改革进程推进的阻碍因素，与高度分散化的主体进行谈判并签订协议来实现土地适度集中，其高昂的交易成本令资本所有者望而却步。在微观农户参与到这次现代化进程中时，信息相对完善、拥有一定动员力量、代表某种权威的村集体成为天然的联结农户和其他主体的中介和农民的利益代言人。所以，在土地流转、土地征用等几乎一切涉及农村土地事宜的活动中，村集体都是第一个交涉对象。一切与土地有关的利益也都是通过村集体分配给农户的。这是一种成本最低的选择，也是当前农村经济活动中最为现实的选择。

三是高效的乡村治理模式是必要的。如前文分析，农户和村集体之间存在一种委托—代理关系，根据经典的委托—代理模型，代理成本是普遍存在的，作为代理人的村集体和作为委托人的农户利益并不总是一致的，代理人总有冲动违背委托人的利益去追求自身的利益最大化。在农户缺乏合适的工具去监督村集体的情况下，就必须寄希望于建立高效的现代乡村治理模式，以制度设计来弥补农户监督工具缺乏的缺陷。党的十九大报告提出，要实施乡村振兴战略，推动社会治理重心向基层下移，加快乡村治理现代化的进程；要建立健全自治、法治、德治相结合的乡村治理体系，为高效乡村治理模式指明了探索方向。

四是给政府行为划定边界是必要的。通过政府与村集体的博弈可以看出，不能期待两个力量不对等的参与者博弈时，强者会主动关照弱者的利益诉求，在征地谈判时政府可能更多考虑的是支付最低的拆迁成本而获得更多的土地出让金收入，农村集体的利益要靠给政府划定一个补偿的价格下限来保障。在学术界和实践工作者的呼吁下，经过一个较长时间的酝酿，征地制度改革终于试点推进了，核心是缩小征地范围，规范征地程序，维护农民权益。这实际上是以顶层设计的方式在征地行为过程中给政府划定行为边界。

第八章

我国农村土地收益分配的案例研究

1978 年农村改革至今，各地对农村土地制度改革的探索和尝试始终在路上，取得了大量有价值的经验，但我国各地农村发展差异较大，没有也很难出现可以在全国完全铺开的统一经验。虽然如此，我国各地的农村土地制度改革却有着共同的制度基础：农村土地集体所有，以农民家庭承包经营为基础，统分结合的双层经营体制。各地的制度变革探索均未突破该制度基础，这一制度基础也决定了农村土地收益分配制度安排的底色，凸显了我们对农村土地收益分配进行案例研究的价值。

如前文所述，当前我国农村土地收益分配的制度安排尚未形成体系，虽然有多部法律文本对相关问题作出了一些规定，但如何合理规范地在利益相关者之间对农村土地收益进行分配没有专门的法律规定，甚至在有关法律中也未形成具体条目。因而，有必要对农村土地收益分配的相关案例进行研究分析，从散乱的案例中提取农村土地收益分配的制度碎片，集腋成裘，逐步刻画出农村土地收益分配制度的轮廓，同时，这种案例分析的经验总结，也为下文中提出完善制度安排的合理化建议提供借鉴。我国司法制度与英美法系国家不同，司法判例不像英美法系国家一样具有重要的指导价值，但不可否认的是，我国的法律体系正处于加快完善时期，对一些非传统案件的司法判决会对其他类似案件的司法程序产生影响。更重要的是，对于既有法律规范尚缺乏明确规定案件的司法判决会引导人们的预期，帮助确定人们行为的合法性边界，明确人们行为的"可为"与"不可为"，因而对其分析对于提出完善农村土地收益分配的政策方案也具有重要的学理价值。

第一节　宅基地收益分配的"义乌模式"

当前农村土地制度改革正加快推进，"三块地"试点改革如火如荼，各地经验不断涌现，在土地征用、集体经营性建设用地入市和宅基地制度改革领域都出现了一些被总结为模式的经验。"义乌模式"不是一般的农用地征地补偿问题，也不是集体经营性建设用地问题，其核心是宅基地制度改革问题，是集体建设用地中的宅基地整合收益分配的问题。

一、基本情况

1. 义乌市概况

浙江省义乌市始建于公元前 222 年，1988 年撤县建市，下辖 8 个街道、6 个镇，市政府驻地稠城街道。东邻东阳，南界永康、武义，西连金华、兰溪，北接诸暨、浦江，至省会杭州百余里。市境东、南、北三面群山环抱，南北长 58.15 公里，东西宽 44.41 公里，境内有中低山、丘陵、岗地、平原，土壤类型多样，光热资源丰富。义乌市域面积约为 1105 平方公里，总建设用地面积约 242 平方公里，其中集体建设用地面积约为 91 平方公里，村庄面积达 60 平方公里。数据显示，2018 年义乌全市实现地区生产总值 1248.1 亿元，按可比价格计算，增长 7.0%。其中，第一产业增加值 21.1 亿元，增长 2.0%；第二产业增加值 409.5 亿元，增长 9.2%；第三产业增加值 817.5 亿元，增长 6.0%。全市按户籍人口计算，人均生产总值达到 154242 元（按 2018 年平均汇率折算为 23309 美元），增长 4.6%；按常住人口计算人均生产总值达到 95795 元（义乌市人民政府，2019）。

2. 义乌市农村土地制度改革状况

随着区域经济结构调整和转型升级步伐不断加快，城市发展导致建设用地需求迅速增加，同时，广大农村地区集体建设用地闲置低效的情况较为普遍，建设用地供需结构性矛盾突出。形势和政策变化给义乌市带来了突破实践难题的机遇。党的十八届三中全会《公报》提出，要改革农村宅基地制度，有效保障农户的宅基地用益物权，并明确要求选择若干试点地区，慎重稳妥地推进农民住房财产权的抵押、担保和转让，拓展农民财产性收入增加渠道。2014 年，《关于农村土地征收、集体经营性建设用地入市、宅基地制度改革试点工作的意见》颁布实施，在天津蓟县等 15 个地区部署开展宅基地制度改革试点。2017 年 11 月，宅基地制度改革试点地区从 15 个拓展到 33 个。义乌市即全国 33 个农村土地制度改革试点县市之一。义乌市结合本地情况，将宅基地制度改革作为土地制度改革的核心工作，并通过一系列举措予以积极推动。2015 年 7 月 10 日，义乌市颁发了浙江省第一本农村住房不动产权证书；2015 年 12 月 28 日，村民季建中拿到全国首笔村民利用宅基地抵押贷款 30 万元；2016 年 4 月 26 日，义乌市呈报的《义乌市"集地券"管理暂行办法》等相关试点政策获得浙江省农村土地制度改革试点工作领导小组批复；2016 年 7 月 15 日，义乌首个城乡新社区集聚项目交付；2016 年 12 月 16 日，义乌在城西街道和后宅街道颁发了全国首批"集地券"证书。

3. "集地券"制度设计

"集地券"是义乌市将全市范围内农村地区的零星建设用地复垦为耕地等农用地，经验收合格后折算成的建设用地指标（鲍建平，2018）。"集地券"管理制度是义乌市为推进宅基地制度改革所进行的一项核心制度设计，是在义乌市改革实践中探索解决经济社会发展难题的一项制度创新成果和实践举措。这种制度是在借鉴重庆"地票"、郑州"复垦券"和浙江省嘉兴、湖州等地城乡建设用地增减挂钩政策经验的基础上，义乌大胆探索创新出的一种宅基地退出机制。义乌市"集地券"制度设计的核心在于盘活农村集体存量建设用地，在符合规划、符合基本条件的前提下，鼓励农村农户将闲置、废弃和低效的建设用地实施复垦，待验收合格后形成相应建设用地指标并在全市统筹使用。

根据《义乌市"集地券"管理细则（试行）》（以下简称《细则》）（义乌市人民政府，2016），义乌市"集地券"制度设计主要包括以下六个方面的规定。

第一是关于"集地券"的主要来源及权利人的规定。宅基地使用权人自愿退出宅基地并复垦为耕地等农用地，产生的"集地券"归宅基地使用权人持有。农村因拆迁安置或实施旧村改造、空心村改造、异地奔小康、更新改造等退出的宅基地复垦为耕地等农用地，若新农村建设地块新增建设用地大于复垦退出宅基地的，产生的"集地券"归政府持有；若小于复垦退出宅基地的，差额部分"集地券"归村集体经济组织持有；其余归政府持有。农村地区废弃工矿等其他建设用地复垦为耕地等农用地，若是集体土地，产生的"集地券"归村集体经济组织持有，若是国有土地，产生的"集地券"归政府持有。因参加城乡新社区集聚建设退出的宅基地复垦为耕地等农用地，产生的"集地券"归政府持有。异地调剂的增减挂钩指标和通过"人地挂钩"方式转移的建设用地指标，产生的"集地券"归政府持有。经批准撤销或者调整建设用地批文而产生的"集地券"归政府持有。

第二是关于"集地券"交易的规定。按照规定，"集地券"应当通过义乌产权交易所搭建的平台公开进行交易，包括初次交易和再次流转两种形式。义乌市国土局每年根据"集地券"取得成本等因素确定并公布"集地券"指导价格。"集地券"初次交易的起始价格不得低于指导价格，如系再次流转，则不受指导价格限制（朱从谋，2018）。"集地券"自发放之日起两年内有效，如果初次交易没有成功，则还允许"集地券"在有效期内继续交易。如果在有效期内未交易或使用的，则由市政府按照当年的指导价格收购。"集地券"交易双方为具备独立民事行为能力的自然人、法人及其他组织。权利人持有的"集地券"初次交易时应向义乌产权交易所提出交易申请，义乌产权交易所对"集地券"权利人提交的资料进行审核。符合条件的，在义乌产权交易所电子屏幕及网站发布公告信息。竞买人应向义乌市产权交易递交竞买申请书、身份证明等相关资料，办理报名手续。符合竞买条件的申请人，应在规定的时间内交纳竞买保证金。"集地券"交易采取挂牌或者拍卖方式进行。"集地券"交易公告时间截止时，当"集地券"申购面积大于可交易"集地券"面积并且竞买人有两家以上时，采取拍卖方式交易。义乌市产权交易所会及时将拍卖的时间、地点和具体方式等信息通知竞买人，并依法组织拍卖。"集地券"申购面积小于等于可交易"集地券"面积时，采取挂牌方式交易，按照不低于交易起始价的竞买报价成交。竞买成交后，竞得人应当场签订成交确认书，在三个工作日内与转让方签订"集地券"交易合同，在三十日内交纳"集地券"价款、交易服务费等。竞得人未在规定时间内签订交易合同交纳"集地券"价款等的，按放弃购得"集地券"处理，已缴纳的保证金不予退还。"集地券"因交易涉及权利人等登记要素变化的，由相关权利人向国土局申请变更登记。

第三是关于"集地券"收益分配的规定。镇（街道）范围内产生的"集地券"，除市政府按照当年指导价格收购外，其余的通过义乌产权交易所进行交易，收购价款或成交价款全部返还项目所在镇人民政府，用于建设用地复垦工程、政策处理及补助奖励等（朱从谋、苑韶峰、李胜男、夏浩，2017）。通过义乌产权交易所成交的"集地券"成交价款由义乌产权交易所按规定支付给相关镇人民政府。镇人民政府及时公示建设用地复垦成本等信息，公示期不得少于七日。村级集体经济组织和宅基地使用权人持有的"集地券"交易后，镇人民政府在"集地券"成交价款中扣除土地整治等成本，再支付给权利人。市政府已安排新增建设用地指标实施新农村建设的村庄，村级组织积极配合原村庄建设用地实施复垦的，由镇人民政府给予一定的补助奖励，最高不超过当年指导价格的25%。农村集体因"集地券"取得的土地收益均纳入农村集体资产统一管理，并实行专账管理，优先安排用于本集体成员的社会保障等。

第四是关于"集地券"使用的规定。办法规定，由市政府统筹安排各类项目来使用"集地券"，办理农用地转用报批。根据社会经济发展需要和环境变化，市政府可以对使用"集地券"的项目类型进行调整。市政府每年新增建设用地指标安排与镇（街道）范围内产生"集地券"总量相挂钩，视情况安排镇人民政府（街道办事处）一定比例的奖励指标统筹用于各类项目的农用地转用报批。"集地券"实行台账登记，由国土局统一进行管理。使用"集地券"办理农用地转用报批时，占用的新增建设用地面积不得大于台账登记的农用地面积，占用的耕地面积不得大于台账登记的耕地面积，并应按有关规定实行耕地补偿制度。国有经营性建设用地使用"集地券"办理农用地转用报批的，出让方可以在出让公告中约定竞买人成交确认后须上缴不少于拟竞买宗地面积一定比例的"集地券"（鲍建平，2018）。"集地券"登记的面积全部使用后，由国土局办理"集地券"注销登记。

第五是关于"集地券"存储的规定。市政府统一设立"集地券"的存入和预支管理平台，由义乌产权交易所负责管理。存入管理平台的"集地券"，存入期内暂停计算有效期，并由管理平台根据存入时的指导价格支付银行同期活期或定期的存款利息，利息在"集地券"取回时一次性结算，政府所有的"集地券"存入管理平台的，不支付利息。国有经营性建设用地使用权出让的竞买者和镇人民政府（街道办事处）、国有平台公司可以预支"集地券"，申请人预支时，应缴纳相应保证金，保证金应不低于同期"集地券"指导价格的1.2倍，并承担预支"集地券"指导价格银行同期贷款利息。预支申请人应当在约定的时间内归还相同数量的"集地券"，在归还时清算全部利息并支付相关手续费，逾期未归还没收交纳的保证金。

第六是关于"集地券"质押的规定。"集地券"持有人可以将"集地券"向金融机构申请质押贷款。"集地券"质押后，相关权利人应当共同向国土局申请质押登记。贷款归还后，相关权利人持"集地券"和"集地券"质押登记证书等向国土局申请办理质押登记注销手续。

由上述《细则》的具体规定可以看出，与重庆"地票"制度设计相比，义乌市的"集地券"制度实行兜底回购，更有利于保障农民权益。与郑州的"复垦券"制度设计相比，"集地券"可预支且无须"持券准入"。与浙江湖州等地增减挂钩政策相比，由于实行台账式管理，使用更加灵活。可以说，该制度设计充分吸收了以往建设用地指标各类交易制度的经验，从指标产生到交易，再到利益分配的整个环节，总体来看，各项制度设计更加规范科学，市场化程度也更高，被认为是城乡建设用地增减挂钩政策设计的升级版和新形态（鲍建平，2018）。

二、改革成效

义乌市以"集地券"为核心的农村土地制度改革取得了明显成效，总体而言，"集地券"制度实行台账式登记，把分散零星的用地指标集中管理，根据建设项目需要可在全市范围内灵活掌握、统筹使用，充分发挥了存量部分的集体建设用地的功能和作用，有利于推进城乡统筹发展（杜莉，2018）。具体来看，截至2018年3月，义乌全市建立了"集地券"项目储备库，已立项"集地券"项目149个，面积2180亩，涉及退出建设用地农村133个，平均每个项目14.63亩（鲍建平，2018）。该制度的实施拓展了城乡统筹发展新空间，优化了国土空间利用格局，将城乡建设用地纳入统一的市场管理，促进了土地合理流动，固化的农村土地资源吸收了城市资本，实现了城乡土地财富再配置，开辟了城市反哺农村的新路径。该制度的实施有利于退出宅基地的农民更好更快地融入城市，实现农民变市民，有效地破解新型城镇化"人、地、钱"的三大难题（鲍建平，2018），因而得到广大市民积极响应。中央政策研究室、国家发展和改革委员会、国土资源部和浙江省委省政府也给予了充分肯定，而且其总结提炼的宅基地退出统筹利用建议被《土地管理法修正案》采纳。具体来看，取得的成效主要集中于以下方面（王志坚、张望江，2017）。第一是农民收益增加。义乌市为农民办理农村宅基地房地一体的不动产权证，有效推动了农民宅基地及其住房的价值化。农民住房的租赁率显著提升，为农民带来了更多的收益。通过农村更新改造、破旧立新、新社区集聚建设，让村民不仅有地方住，还有公寓房可供出租，年收入翻了好几番，真正惠及了村民。通过"集地券"制度的实施，集地券可通过平台进行交易或向金融机构抵押融资，拓展了农民的收益渠道，农民宅基地权能更加完整。第二是"集地券"项目为农民破解了建房难题。"集地券"制度设计在符合规划和基本条件的前提下，将闲置、废弃和低效的建设用地实施复垦并验收合格后，形成建设用地指标，并实行台账式登记，把分散零星的土地进行集中管理，在项目建设需要时灵活掌握、统筹使用。通过这种方式，农村建设用地指标得以增加，农民的建房难题得到解决。第三是有利于处理历史遗留问题。在农村地区，民间的宅基地转让现象一直存在，但不合法、不规范。通过"集地券"的形式，可以很好地解决这一问题。可由宅基地的原权益主体先申请办理不动产权登记，然后按照义乌市出台的《义乌市农村宅基地使用权转让细则》等相关规定，购买者与村集体经济组织签订《义乌市农村宅基地使用合同》，并向村集体经济组织缴纳土地所有权收益，并与宅基地原权益主体签订《义乌市农村住房转让合同》，转让者和购买者提出申请，经受让人所在基层政府和转让人所在基层政府审查后，同意转让。如此，通过办理农村宅基地房地一体的不动产权证书，从法律层面有效保障了农民的宅基地权益。

三、基本经验

1. 改革具有制度保障

为切实推进农村宅基地改革工作，义乌市对农民的宅基地使用进行了具体调研，充分了解了农民对于宅基地制度的改革有三方面期望：一是居住方面的期望，希望通过改革改善生活居住环境，提高生活水平品质；二是收入增加方面的期望，希望通过改革可以将沉睡的土地资产盘活，增加财产性收益；三是权益保障方面的期望，希望通过改革能够强化自己对房屋的产权，房产可以价值化，在遇到资金困难时可随时抵押融资（国家发展和改革委员会发展战略和规划司，2015）。结合调研情况，在坚守"土地公有制性质不改变、耕地红线不突破、粮食生产能力不减弱、农民利益不受损"四条底线的前提下，2016 年 5 月，义乌市具体出台了推进农村宅基地制度改革的"一意见""七办法"。"一意见"即《关于推进农村宅基地制度改革试点工作的若干意见》。"七办法"指《义乌市农村宅基地取得置换暂行办法》《义乌市农村宅基地使用权流转暂行办法》《义乌市农民住房财产抵押贷款实施办法》《义乌市"集地券"管理暂行办法》《义乌市农村宅基地有偿使用试行办法》《义乌市农村宅基地历史遗留问题处理暂行办法》《义乌市农村土地民主管理暂行办法》。通过一系列政策文件出台，来保障"集地券"等创新性制度及举措深入推进、落到实处。在浙江省国土资源厅正式函复同意义乌"集地券"报批具体操作办法，并对"集地券"报批的指标类型、补充耕地和供地方式等进一步进行了明确之后，义乌市又出台了《集地券转让委托代理协议》《义乌市"集地券"挂牌交易细则（试行）》《集地券交易合同》等文件（王然，2017）。这一系列的制度规范出台，不仅使得义乌市的"集地券"改革有了基本的遵循，也降低了制度改革的成本，使得改革能够深入推行下去。

2. 盘活存量资产增加农民收益

近年来，随着农村改革不断深入，农村改革的制度红利呈边际递减趋势，农民收入持续增长的难度不断加大，因而，在继续谋增量的同时通过制度变革盘活存量成为现实选择。而广大农村地区存量资源相对丰富的属土地资源，尤其是零散分布的宅基地、荒废企业用地等。义务的典型经验之一就是将拆迁废弃地块复垦为耕地，盘活了集体资产，促进了土地集约利月。据报道，义乌城西街道毛店桥头村是义乌市首张"集地券"证书发放对象，该村的建设用地复垦项目位于上田畈自然村，该村现有农户60户，人口共计160人。2014年，杭金衢高速公路拓宽时，拆迁农户55户，拆迁面积约12亩。2016年3月，经2/3以上村民同意，城西街道动工将其拆迁废弃地块复垦为耕地，项目顺利通过验收，新增了耕地面积9.7亩，并将其折算为建设用地指标（楼志明、朱瑾，2017）。毛店桥头村复垦项目的顺利完成，产生了典型示范效应，推动了"集地券"试点工作在义乌市全面铺开，也为全国积累了宅基地制度改革的经验，树立了样本。义乌市现已建立"集地券"后备资源储备库，首批调查中符合复垦条件的地块就有1000多亩。其中，被纳入首批试点项目的33个地块249亩，均已完成规划设计方案论证（王然，2017）。

3. 政府让利保障农民收益权益

"集地券"制度较为合理地将土地收益在政府和农民之间进行了分配，大部分的收益留在了农民手中，最大限度地保障了农民的土地收益双利。统计数据显示，截至2018年3月，政府已回购"集地券"994.2亩，已为农民和村级集体经济组织累计增加收入39768万元，充分体现了宅基地的集体建设用地所有权和农民使用权，让集体经济组织和农民分享了宅基地退出土地增值收益，群众获得感显著增强（鲍建平，2018）。除了土地收益的直接分配，按照义乌"集地券"的设计，各地方土地复垦形成的"集地券"较大部分可以由当地灵活安排用于本地农民建房需要，一方面有效提升了农村农户复垦形成"集地券"的积极性，另一方面也有效地保障了农民建房的用地需求，缓解了制约农民的建房土地指标瓶颈。而复垦形成的耕地必须经过严格验收才给予认可，有效规避了"先占后补"无法落实的问题，确保守住耕地红线。"集地券"在实际使用中，不仅可按照40万元/亩的政府回购指导价上市交易，还可以拿来进行银行质押，拓展实现了存量土地的金融功能。这些制度设计给农民土地权利提供了更多的保障，拓宽了农民增收渠道，也更好地保障了农民收益权利。

第二节　集体经营性建设用地入市
收益分配的"德清模式"

农村集体经营性建设用地入市改革是党的十八届三中全会做出的重要改革部署，也是农村土地制度改革的关键点和突破口（刘俊杰，2019）。2013年11月，党的十八届三中全会《决定》提出，要打破城乡分割局面，建立城乡统一的建设用地市场，放开集体土地入市的种种限制，在坚持符合规划的情况下，允许农村集体土地中的经营性建设用地以出让、租赁、入股等形式进入市场，实行与国有土地同等待遇入市、同权同价。文件精神推动了农村集体土地制度改革，村集体经营性建设用地入市开始进入快车道，一系列文件渐次出台，集体经营性建设用地入市逐步由政策构想得到落实。

2014年12月，"中央深改组"第七次会议审议了《关于农村土地征收、集体经营性建设用地入市、宅基地制度改革试点工作的意见》（以下简称《意见》）。随后，《意见》由中共中央办公厅和国务院办公厅正式印发。《意见》明确提出，改革必须坚持"土地公有制性质不改变、耕地红线不突破、农民利益不受损"三条底线。《意见》还准确定义了集体经营性建设用地是存量部分的农村集体建设用地，准许入市的是在土地利用总体规划和城乡规划中被确定为工矿仓储、商服等经营性用途的土地。《意见》同时部署在全国选取30个左右区域推进试点，以积累经验，指导进一步推进农村土地制度改革工作。

2015年2月，全国人大常委会授权国务院在北京市大兴区等33个试点县（市、区）行政区域暂时调整实施有关法律规定，进行农村土地征收、集体经营性建设用地入市和宅基地制度改革"三块地"改革试点，在试点中，集体经营性建设用地入市是其中非常关键的一环（邵海鹏，2019）。

2015 年 3 月，国土资源部出台《国土资源部关于印发农村土地征收、集体经营性建设用地入市和宅基地制度改革试点实施细则的通知》，明确了集体经营性建设用地入市的改革试点区，并进一步提出了农村集体土地与国有土地同等入市、同权同价的要求。

2016 年 5 月，财政部和国土资源部联合印发《农村集体经营性建设用地土地增值收益调节金征收使用管理暂行办法》，该办法要求，在试点时限内对全国 15 个改革试点地区集体经营性建设用地入市或再转让的土地增值收益管理进行规范，设定 20%~50%的土地增值收益调节金征收比例，建立兼顾国家、集体和个人的土地增值收益分配机制，保障农民集体可以公平分享土地增值收益（陈盼，2017）。

2016 年 6 月，中国银监会和国土资源部联合印发《农村集体经营性建设用地使用权抵押贷款管理暂行办法》，推动落实集体经营性建设用地使用权抵押权能。

数据显示，截至 2018 年底，全国 33 个试点县（市、区）集体经营性建设用地已入市地块 1 万余宗，面积 9 万余亩，总价款约 257 亿元，收取土地收益调节金 28.6 亿元，共办理集体经营性建设用地抵押贷款 228 宗，贷款金额 38.6 亿元（邵海鹏，2019）。

一、基本情况

1. 德清县概况

德清县位于浙江北部，行政区划隶属湖州市，总面积 937.92 平方公里，现辖 12 个镇街，户籍人口 44 万人，常住人口约 65 万人。德清县域区位优势突出，宁杭高铁、杭宁高速公路、申嘉湖高速公路、104 国道、304 省道、宣杭铁路、京杭运河、杭湖锡线航道穿境而过，县城距杭州市中心高铁 15 分钟车程，距长三角核心城市上海、宁波、南京均在 2 小时车程以内（罗斌，2016）。截至目前，德清县先后 14 次进入全国百强县（市）行列，最新排名 36 位。《2018 年德清县国民经济和社会发展统计公报》显示，2018 年德清全县国民生产总值为 517.0 亿元，比 2017 增长 8.0%。其中，第一产业增加值 22.4 亿元，比上年增长 2.4%；第二产业增加值 267.5 亿元，比上年增长 8.8%；第三产业增加值 227.1 亿元，比上年增长 7.7%。按户籍人口计算，全县人均生产总值为 116994 元，比上年增长 7.6%，按年平均汇率 1：6.6174 计算达到 17680 美元。三次产业增加值比例由上年的 4.6∶52.0∶43.4 调整为 4.3∶51.8∶43.9。财政收入 100.8 亿元，增长 20.4%；地方财政收入 59.1 亿元，增长 21.5%；城镇、农村居民人均可支配收入分别达到 54863 元和 32723 元，分别比上年增长了 8.7% 和 9.7%。近年来，德清多项省级以上改革试点纵深推进，在浙江省率先进行"标准地""一窗服务"等改革试点，"最多跑一次"改革被誉为浙江省典范。作为"三块地"改革试点县，德清县颁发了全国第一批宅基地三权分置证书，探索出一些农村土地制度改革的成功经验。

2. 德清县集体经营性建设用地入市改革状况

德清县是全国 15 个农村集体经营性建设用地入市改革试点县之一，在 2015 年 9 月 8 日下午 3 时 25 分敲响了浙江省农村集体经营性建设用地使用权拍卖的第一槌。在德清县公共资源交易中心举行的村级集体土地拍卖会上，洛舍镇砂村 20 亩村级集体土地 40 年的使用权，从 957 万元起拍，经多轮竞价后最终以 1150 万元的价格成功出让（何利良，2016）。如今，"农地入市"在德清实现了常态化运行，并获得国土资源部的肯定。截至 2019 年 10 月，德清县已实现农地入市 208 宗，面积 1593.64 亩，成交金额 4.22 亿元，集体收益 3.39 亿元，惠及农民 18 万余人。从全国 15 个试点地区情况来看，德清集体经营性建设用地入市改革的制度设计较为合理，土地入市程序较为规范，入市集体土地面积也较大，入市改革被认为取得了阶段性成效。

在改革具体实施过程中，德清确定了清晰的步骤，踏疾步稳地推进改革，激发了农村集体经营性建设用地市场活力。第一步是明确入市的主体。德清县考虑到集体土地存在"镇、村、村民小组"三级所有的现状，根据镇属、村属与村民小组所属的经营性建设用地，将入市实施主体依次分为三大类：①乡镇资产经营公司等乡镇全资下属公司或其代理人；②村股份经济合作社；③若村内集体经济组织依法取得市场主体资格则由其作为入市实施主体，否则可委托村股份经济合作社等代理人代办（杨丽霞等，2018）。入市采取自主、委托和合作入市三种形式，即镇集体土地由镇资产经营公司等全资下属公司或其代理人实施入市，村集体由村股份经济合作社实施入市，村民小组可委托村股份经济合作社等代理人实施入市（江宜航、赵旭，2017）。同时，把参与权、选择权、决策权赋予村民与村集体，建立三会三公开制度，强化土地入市的民主决策。

第二步是确定哪些集体土地可以入市。德清县通过开展集体经营性建设用地"一村一梳理，一地一梳理"进行存量摸底，盘查出了全县 1881 宗共 1.0691 万亩的集体经营性建设用地存量底数。同时，德清也是全国"多规合一"试点县，与此项工作结合，对照产业发展规划、土地利用总体规划、生态保护规划和城乡建设规划进行套合分析，分类确定适合实施就地入市、调整入市和整治入市途径地块。通过分类，德清筛选确定了符合就地入市的地块1036宗，面积共5819余亩，其余的土地纳入异地调整和整治入市（江宜航、赵旭，2017）。

第三步是建立土地入市的规则和平台。试点过程中，德清县始终坚持由市场配置资源，按照城乡"五统一"要求稳妥规范推进土地入市试点实施：产权交易平台城乡统一；地价体系和评估制度城乡统一；交易规则城乡统一；登记管理城乡统一；服务监管城乡统一。其还同步推进土地一级市场、二级市场改革，一方面深入探索挂牌拍卖等农地入市一级市场改革；另一方面通过租赁、转让等形式推进农地入市二级市场的改革，有力促进一级、二级市场融合。

最后一步是差别化、专账化进行土地入市收益分配。坚持"同权同价同责"原则，以"按类别、有级差"的方式收取调节金，差别化确定征收比例，实现入市收益与农转征收的补偿收益基本平衡。差别化分类落实集体内部土地入市收益分配：镇集体层次入市收益主要用于辖区内农村基础设施建设、民生项目等支出；村集体层次入市收益不直接分配给个人，而是追加量化农户股权，农户年底可享受收益现金分红（江宜航、赵旭，2017）；村民小组层次入市收益现金分配到人。此外，对镇村集体入市收益一律要求开通专用账户，确保入市收益安全、保值、增值。

3. "德清模式"关于土地收益分配的制度设计

德清县获准试点后，出台了一系列政策文件，积极推动农村集体经营性建设用地入市改革。根据中国湖州门户网刊载的《德清集体经营性建设用地入市两年调查》披露，德清县基层群众认为，农村集体经营性建设用地该如何入市，关键要回答好四个核心问题，即"谁来入市""哪些地入市""怎么入市""钱怎么分"。德清在农村集体经营性建设用地入市具体实施过程中，在坚持"土地公有制性质不改变、耕地红线不突破、农民利益不受损、粮食生产能力不减弱"四条底线（江宜航、赵旭，2017）的情况下构建了"一办法、两意见、五规定、十范本"的政策体系，以相对完整的一整套制度架构来有序推动改革试点。

《德清县农村集体经营性建设用地入市管理办法（试行）》作为德清集体经营性建设用地入市改革的总纲，定义了农村集体经营性建设用地的性质，明确了集体建设用地入市的途径、入市的范围、入市的主体、入市的方式和入市的程序等一系列操作环节问题。对于集体经营性建设用地入市的收益管理及分配问题，该办法的第四十条至第四十三条对此作出了如下详细规定。

关于土地增值收益调节金的缴纳：集体经营性建设用地入市，应承担相应的基础设施建设等开发成本，在试点期间以向县人民政府缴纳土地增值收益调节金的方式履行相应义务。凡发生集体经营性建设用地使用权出让、租赁、作价出资和转让等交易行为的，土地使用权交易双方都应当按照规定缴纳。对于土地增值收益调节金用途的规定是：土地增值收益调节金主要统筹用于农村环境整治、土地前期开发、城镇和农村基础设施完善等方面。土地增值收益调节金按照政府非税收入管理，调节金全额上缴德清县财政，并实行收支两条线管理。对于集体经营性建设用地入市收益分配的规定是：集体获得的经营性建设用地入市收益归集体所有，纳入集体资产统一管理，严格按规定分配使用。其中，属村内其他集体经济组织入市的，由村集体提留收益的10%，归村集体所有，用于村内公益事业支出，其余可在该集体经济组织成员之间公平分配；属乡镇集体的，其获得的收益应主要用于辖区内农村基础设施建设、民生项目等支出（徐建牛、李敢，2019）。对于集体经营性建设用地入市收益管理的规定是：农村集体经济组织应当建立集体经营性建设用地入市收益辅助账户，专门核算管理集体经营性建设用地入市收益，资金使用的情况要及时向本集体经济组织成员公开，受乡镇人民政府和乡镇集体"三资"管理办公室的监督。

《德清县农村集体经营性建设用地入市土地增值收益调节金征收和使用规定（试行）》对集体经营性建设用地入市土地增值收益调节金征收和使用行为作出了进一步明确规定："使用权出让、租赁的，出让（出租）人应按成交地价总额区分不同情况按比例缴纳调节金：入市土地位于县城规划区的，商服类用地按48%缴纳，工矿仓储类用地按24%缴纳；入市土地位于乡镇规划区的，商服类用地按40%缴纳，工矿仓储类用地按20%缴纳；其他地块商服类用地按32%缴纳，工矿仓储类用地按16%缴纳。""使用权出让、租赁的，受让（承租）人应按成交地价总额的3%缴纳调节金"（王阿燕，2016；吴晓敏，2018）。调节金的具体使用渠道："对商服类用地征收调节金的60%用于县级统一安排使用，调节金的40%由所在乡镇（开发区）安排使用；对工矿仓储类用地征收调节金的80%用于县级统一安排使用，调节金的20%由所在乡镇（开发区）安排使用。"

《德清县农村集体经营性建设用地入市收益分配管理规定（试行）》（以下简称《规定》）中对如何分配集体经营性建设用地入市收益做出了更为具体的规定。《规定》将农村集体经营性建设用地入市收益定义为农村集体经济组织所有、用作经营性用途的建设用地的使用权，通过出让、租赁、作价出资等方式入市交易所产生的收益。在第二章"属性与用途"部分，《规定》按照乡镇集体、村集体和村内其他集体经济组织三个层次，对土地入市收益分配作出了具体规定。如第六条中明确规定，入市土地属村内其他集体经济组织的，入市收益不能直接分配，要扣除国家相应税费、村集体提留和土地入市的相关费用后剩余的部分才可分配给农户。这些收益也可以委托村股份经济合作社从事对外投资、购买物业、股份合作、购买政府性债券等活动，投资收益再对集体成员进行分配。除此之外，《规定》还就分配相关的资金管理等问题作出了明确规定，如第十三条规定："集体经营性建设用地入市收益分配应切实维护妇女、儿童合法权益。对分配方案存在纠纷的，村股份经济合作社（或村经济合作社）应预留相应比列分配资金（不低于10%），在县主管部门或司法部门下达处理意见或决定后，再进行分配"（周俭、姚改改，2016）。

二、改革成效

通过集体土地入市试点，德清县一些原本闲置低效的农村建设用地得到了有效利用，一部分用地供给被激活，城乡统一的建设用地市场逐步形成，实现了"土地增效、集体壮大、农民增收、产业升级、基层治理加强"的目标（孔自林，2017），形成了农户、集体和政府多方共赢的土地入市格局。

集体土地与国有土地实现同权同价。德清县洛舍镇砂村一宗土地，以前租给一个开矿的企业，租金4.0元/平方米，集体年收入约5万元，按照40年计算也只有200万元，2013年关停矿山以后，土地被荒废下来。2015年9月8日，德清举行首次农村集体经营性建设用地使用权拍卖会，经过多轮竞拍，砂村村民林国祥以每亩57.5万元的价格拿下了这块地，拍卖总价款为1150万元。经过村民代表大会表决同意，村里从这宗土地的入市收益中拿出其中的615万元入股商旅综合体项目，每位村民都成为该项目的股东，每年参与收益分红。出让之前，该村农民每股股权价值为5500元，地块入市收益返还后每股价值增加到了8000元，增值幅度达到45%，村集体和农民均得到了较大的实惠（周怀龙、陈玉杰，2016）。

创新土地金融，实现了农村土地资产的价值化。为落实相关文件精神，德清县出台《关于鼓励金融机构开展农村集体经营性建设用地使用权抵押贷款的指导意见》，在全国率先进行集体经营性建设用地使用权抵押试点，由政府作为信用担保，鼓励金融机构在试点区开展集体经营性建设用地使用权的抵押贷款制度，真正实现农村集体土地具有与国有建设用地相同的权能，即在土地一级市场中出让、租赁和入股，土地二级市场中转让、出租、抵押（陈盼，2017）。中国农业银行德清县支行为全国集体土地使用权"第一拍"给予了最高额690万元的授信，发放了全国第一笔农村集体经营性建设用地使用权抵押贷款。德清县以农村集体经营性建设用地使用权抵押贷款为核心的金融改革的做法和成效得到了国土资源部、银监会等部门的充分肯定，并被向全国 15 个试点县推广德清经验。

初步建立了兼顾国家、集体和个人的收益分配机制，多方共赢的集体土地入市格局初步形成。德清县明确，集体土地入市收益分配的主体包括国家、集体和农民个人，在集体经营性建设用地入市改革过程中始终坚持兼顾国家、集体和个人的收益。按照土地用途和区域位置不同，考虑公共基础投入，采取"按类别、有级差"的标准，合理征收一定比例的土地增值收益调节金。同时按照"谁所有、谁收益"的原则，建立以"明确收益属性、明确收益用途、明确农民利益"为核心的增值收益分配机制（唐勇，2018），规范集体经济组织收益分配行为。农村集体经营性建设用地入市净收益按照集体经营性建设用地所属的三级集体经济组织不同，按规定将一定比例留归集体后，其余收益在农村集体经济组织成员之间公平分配。农村集体经济组织取得的收益纳入集体资产统一管理，制定经成员认可的土地增值收益分配办法，将分配情况纳入村务公开内容，接受审计监督和政府监管（周婧扬，2017）。将原有国家、集体和个人收益分配过程中由国家作为收益分配主体转变为以集体和个人为主体新的收益分配机制（江宜航，2016；陈盼，2017）。

农民得到实惠，改革获得感增强。德清县在试点改革中，把维护发展好群众利益作为工作的出发点，立足于让老百姓共享发展成果。政府从农民的长远利益出发，将入市收益统一列入村集体公积公益金进行管理，并允许通过对外投资、购买政府债券等低风险类产品等投资行为，实现集体资产保值增值，有利于农民群众获得长远稳定收益。政府部门提取的一定数额的增值收益调节金也主要是统筹用于城镇和农村基础设施建设、农村环境整治等惠农性支出。据当地估算，如以可以入市的 10187 亩土地计算，以工业、商服业 4∶1 的出让比例，平均每亩26 万元的价格计算，可实现出让金 26 亿元，农民可获得的入市收益为 20.8 亿元，真真切切地让农民群众感受到改革所带来的巨大收获（江宜航，2016）。

一些学者在学术研究层面通过技术手段测算了德清改革的绩效。杨丽霞等（2018）运用三角模糊数层次分析法，将土地资源配置、农村经济发展和农民生活改善作为评价指标体系的准则层，定量评价德清县"二街道八乡镇"和三个村的集体经营性建设用地市场改革绩效。结果显示，评分值高的区域具有多方推动、依托产业平台、功能定位准确等特征，同时试点区域存在着组织管理难、认可度较低等问题。苑韶峰等（2019）以集体经营性建设用地入市试点——德清县砂村、东衡村为调查样本区，基于阿马蒂亚·森的可行能力理论构建福利评价指标体系，运用实地调研法获取数据，采用模糊评价法和 C&L 权重法定量测度农村集体经营性建设用地入市前后农户福利水平变化。研究结果表明，在农村集体经营性建设用地入市后，样本地区农户总体福利水平有一定的提升，但组织建设水平在入市后却有下降的趋势；不同的集体经营性建设用地入市模式对农户福利均具有促进作用而且差异不大；集体经营性建设用地入市对农村客观福利水平产生了正向影响，对农户主观福利水平产生了负向影响。

三、基本经验

1. 政府统筹推动

据报道，获准试点改革后，德清县委县政府高度重视，迅速成立了以县委县政府主要领导为组长的试点工作领导小组，以建立城乡统一的建设用地市场，健全同权同价、流转顺畅、收益共享的农村集体经营性建设用地入市制度为改革目标，抽调了国土、发改、规划、财政、农业等重点部门和有关乡镇 14 名业务骨干集中办公（江宜航，2016），开展了基础调查及文件政策拟定工作。县委常委会、县政府常务会先后三次专题研究部署入市改革试点工作，分管该项工作的县领导多次召开乡镇和部门的协调推进会，全力推进改革试点工作（江宜航，2016）。德清县明确提出了"积极稳妥加以推进 力争走在全国前列"的工作目标，县委书记专题调研集体经营性建设用地入市改革工作，提出要不断积累德清样本，发挥德清改革示范效应，努力形成一批"可复制、可推广、利修法"的改革试点成果的工作要求。2015 年以来，德清县动作频频，全国农村集体经营性建设用地抵押贷款工作调研座谈会在德清召开；国土资源部、银监会、农业银行总行联合调研组到德清调研集体经营性建设用地使用权抵押情况；德清农地入市照片在国家博物馆展出；德清县集体经营性建设用地入市收益分配办法得到浙江省人大认可，上升为浙江省地方法规。这一系列事件背后，德清县委县政府是重要的推动力量。

2. 创新制度供给

按照中央新一轮农村土地制度改革精神和相关部委文件的要求，德清县在牢牢把握"土地公有制性质不改变、耕地红线不突破、农民利益不受损"三条底线的前提下，结合本地实际情况，探索形成了以"政府立制、群众议事、市场定价、收益共享"为特征的土地入市改革路径，建立了"一办法、两意见、五规定、十范本"的入市政策体系（江宜航，2016）。"一办法"是指 2015 年 8 月 13 日出台的《德清县农村集体经营性建设用地入市管理办法（试行）》（德政发〔2015〕30 号），这是指导德清县农村集体经营性建设用地入市改革的纲领性文件。"五规定"即 2015 年 8 月 17 日，根据《德清县农村集体经营性建设用地入市管理办法（试行）》（德政发〔2015〕30 号）精神，德清县人民政府又陆续制定印发了《德清县集体经营性建设用地使用权出让规定（试行）》《德清县农村集体经营性建设用地出让地价管理规定（试行）》《德清县农村集体经营性建设用地异地调整规定（试行）》《德清县农村集体经营性建设用地入市土地增值收益调节金征收和使用规定（试行）》《德清县农村集体经营性建设用地入市收益分配管理规定（试行）》五个地方性文件。"两意见"指德清县人民政府办公室于 2015 年 8 月 17 日印发的《德清县鼓励金融机构开展农村集体经营性建设用地使用权抵押贷款的指导意见》和中共德清县委办公室、德清县人民政府办公室于 2015 年 8 月 20 日印发的《关于建立农村土地民主管理机制的实施意见》两个文件。同时，德清还在集体经营性建设用地入市监管体制方面积极探索创新，将全县的集体经营性建设用地指标统一纳入德清县公共资源交易中心进行交易，真正实现了与国有建设用地"统一的交易平台、统一的市场规则、统一的服务监管"（江宜航，2016；唐勇，2018）。农地制度领域相关专家在德清调研后认为，经过一年多的探索，德清在集体建设用地如何出让、土地估值、增值收益分配、抵押权能实现等方面形成了比较完备的制度供给。德清的实践证明，通过建立一套完备的制度，农村集体经营性建设用地入市"完全可以搞成"（周怀龙、陈玉杰，2016；王力中，2016）。

3. 突出集体经济组织主体地位

在农村集体经营性建设用地入市改革过程中，德清县注重突出集体经济组织的核心主体地位，明确建立具有独立法人资格，实行独立核算，自主经营、自负盈亏、民主管理的股份经济合作社，作为农村集体经济的有效实现形式和分配方式。在确定经营性建设土地入市主体时，德清县根据集体经济组织的不同形态和土地所有权性质，确定了镇、村、村民小组三类入市主体。这种对集体经济组织主体地位的突出和强调在《德清县农村集体经营性建设用地入市管理办法（试行）》中得到了充分体现，如该办法第十二条至第十五条明确规定：农村集体经营性建设用地入市主体是代表集体经营性建设用地所有权的农村集体经济组织；集体经营性建设用地属村集体经济组织的，由村股份经济合作社或其代理人作为入市实施主体；集体经营性建设用地属村内其他集体经济组织的，在该集体经济组织依法申请并取得市场主体资格后，可由其作为入市实施主体；未依法取得市场主体资格的，在自愿的基础上，可委托村股份经济合作社（村经济合作社）等代理人作为入市实施主体（江宜航，2016）；集体经营性建设用地属乡镇集体经济组织的，由乡镇资产经营公司等乡镇全资下属公司或其代理人作为入市实施主体。从德清县集体土地入市"一办法、两意见、五规定、十范本"的入市政策体系内容来看，无论是土地收益的分配，还是土地收益的管理，都赋予了集体经济组织较大的权限，这不但降低了入市改革的沟通磋商成本，也有效规范了土地收益分配行为，实现了民主决策、民主管理，充分调动了农民的主动性、积极性和责任心，确保了整项入市改革工作的信息透明度和公众参与度。

4. 土地收益分配要兼顾国家、集体和个人利益

从集体经营性建设用地入市改革推进实践中发现，土地增值收益调节金的收取、使用和入市收益分配是两个关键问题。在调节金的收取方面，德清县参照国有土地出让过程中提取的社会保障、教育、农业发展、生态补偿等七项公益基金以及政府投入的基础设施配套费用作为收取调节金的主要依据，并且考虑商业和工业用地规划用途和区位的差异差别化收取收益调节金。在调节金使用上，明确规定要用于农村基础设施建设、环境建设、土地前期开发等方面的支出，做到取之于农、用之于农。德清在土地增值收益调节金方面的做法也得到了相关部门的认可，国土资源部、财政部曾先后两次到德清实地调研，并邀请德清方面三次赴北京座谈（江宜航，2016）。在入市收益分配方面，德清坚持把厘清农村集体内部入市收益分配关系作为增加农民土地制度改革获得感的重要途径，着力处理好集体利益与个人利益、当前利益与长远利益的关系。德清坚持土地入市收益不直接分配，而是将这一集体资产从资源性资产转变为经营性资产，以折股量化的形式用于发展壮大集体经济，推动农村经济社会全面、协调、可持续发展。以该县可以入市的存量集体经营性建设用地计算，实施土地入市后可实现出让金26亿元，农民可获得的入市收益为20.8亿元（江宜航，2016）。

第三节 征地收益分配的"德州经济技术开发区模式"

2007年1月6日,在第六届中国改革人物颁奖晚会上,时任德州经济开发区管委会主任许传忠被授予第六届"中国改革十大杰出人物"称号。德州经济开发区失地农民安置模式被评为"中国改革十大创新案例"。从形式上看,本案例是一个土地征收补偿安置的典型案例,重点围绕的是对于失地农民的补偿安置问题,但其实质是征地收益在政府与失地农民之间如何分配的问题,是征地收益分配机制设计的问题。

一、基本情况

1. 德州经济技术开发区概况

公开资料显示,德州经济技术开发区是1998年启动建设的,2012年时获批为国家级经济技术开发区。代管赵虎、袁桥、抬头寺3个镇和宋官屯、长河2个街道,区域面积320平方公里,规划区150平方公里,建成区60平方公里。德州经济技术开发区是全国文明单位、国家火炬计划新能源产业基地、生物高技术产业基地、太阳能光伏发电集中应用示范区、太阳能光热综合利用示范区、科技兴贸创新基地、知识产权产业化试点基地,中国太阳城、中国压滤机之都,山东省科学发展示范区、对外开放先进区、节能环保产业基地。目前,城乡居民62504户、156260人,其中农业人口133330人,非农业人口22930人,常住人口约30万人。统计数据显示,2018年德州经济技术开发区实现地区生产总值277.6亿元,增长7.3%;一般公共预算收入为24.6亿元,增长10.4%;固定资产投资增长8%;社会消费品零售总额103亿元,增长9.7%;外贸进出口总额65.35亿元,增长27.4%;三次产业比例调整为1:60.8:38.2,三产比例同比提高0.3个百分点。限上贸易企业达到78家,居德州市全市首位。规模以上工业增加值增长8.1%,重点税源企业纳税37.55亿元,增长23.42%。区内企业实现新增直接融资26.1亿元,纳税超过500万元、超过100万元、超过50万元企业分别达到97家、289家、439家。新注册登记公司2745家,增长18.7%;新注册登记工商户 3230 家，增长 23.1%。城镇居民人均可支配收入 26562 元，增长 7.8%；农村居民人均可支配收入 14564 元，增长 8.8%；城乡居民人均收入倍差为 1.82，比 2017 年缩小了 0.02。

2. 德州开发区征地拆迁基本情况

1998 年 3 月德州经济开发区启动建设，2002 年提出要在全市率先进入全面小康社会的目标，大力实施村居改造工程，确定月 3~5 年时间在建成区内实现平房楼房化、农村城市化、农民市民化（李国健，2008）。随着开发区建设速度加快，城市面貌迅速成形，各种配套设施逐步完善。大量企业入驻开发区。2005 年，德州经济开发区城市综合环境进入全国 50 强，居第 43 位。1998~2007 年，德州开发面积从启动期的 1 平方公里扩大到 23 平方公里。随着城市化进程的加快，大量土地被征收，以德州经济开发区辖内的宋官屯镇为例，2007 年，该镇先后涉及征地的行政村共 22 个，原有的 2.9 万亩农地至 2007 年被征用共计 1.9 万亩，征地涉及农民 1.7 万人，村民的人均耕地由征地前的 1.68 亩下降至 2007 年的 0.56 亩。德州经济开发区中心位置的小申村、宋官屯村、西刘村、十二里庄村、李相村、东刘村、艾家坊村、苗庄村、付庄村和王庄村 10 个村集体所有的土地，除各村预留少量土地用作发展集体经济外，其余全部被征用。位于经济开发区边缘地带的其他 12 个村的集体土地也已经大部分被征用。辖内袁桥镇绝大部分村被划入城市规划区范围，截至 2018 年底，40 个村的土地不同程度被征占。大量土地被征用的同时，失地农民数量在持续增加，至 2006 年，区内人均耕地面积不足 0.3 亩的失地农民总数已经达到 8644 人，人均耕地不足 1 亩的人数达到 5616 人。据德州经济开发区网站消息，2003~2006 年，通过旧村改造，德州开发区建成区内搬进楼房居住的约为 7000 人。

3. 改革制度设计

德州经济技术开发区土地征收补偿安置模式被概括为"一个理念，四个机制"（许传忠，2004）。"一个理念"，即以人为本的理念，在土地征收补偿中切实维护农民利益。德州经济技术开发区在改革发展过程中坚持贯彻群众利益无小事的思想，明确提出不能以牺牲群众利益为代价搞开发区建设，注重从群众的衣食住行入手，积极开展工作，努力提高群众生活水平，通过机制设计让失地农民工作有干头、心里有盼头（王金虎、贾长群、陈鹏，2007）。将促进失地农民的可持续发展作为推进群众安置工作的基本原则，探索出台就业扶持、拆迁安置、基本生活保障等政策措施的同时，思考如何切实保障失地农民长远利益，切实做到让失地农民失地不失利、不失业、不失居、终身有保障。同时，提出立足本地经济社会发展实际，不盲目地追求政策一步到位，探索符合自身条件、与地方经济社会发展情况相适应的方法和路子，真正让失地农民享受到区域经济社会发展建设带来的成果，增强获得感，提高幸福感。"四个机制"中的第一个机制是建立土地补偿长效机制，确保失地农民永久受益。当前，对于农民来说，土地具有的生产资料和社会保障双重功能的属性并未根本改变，尤其对于被征地农民来说，土地补偿金是他们的保命钱。德州经济技术开发区为有效避免有限的补偿金短期内被不合理利用，积极探索运用市场机制经营土地补偿金的方法，使补偿金产生了增值功能，较好地解决了失地农民长期受益的问题。首先是确保土地补偿金足额到位，坚持"凡征必补，补必到位"，还出台了土地补偿金不到位的项目一律不予供地的明确规定（崔智敏，2007）。同时在尊重群众意愿的前提下，以开发式补偿方式替代传统的单一货币化补偿方式，土地补偿金不是全部直接分配给群众，而是留在村集体作为生产建设资金，集体统筹利用补偿金，从事开发性建设，实现土地补偿金的保值增值。第二个机制是建立就业扶持机制，增强失地农民可持续发展能力。失地农民虽然短期内因土地被征用获得了一定的经济补偿，但"坐吃山空"不具有可持续性，如果不赋予其"造血功能"，解决其长久就业问题，农民难以实现自身的可持续发展。为此，德州经济技术开发区从增强失地农民的就业能力入手，建立了人力资源服务中心，为失地农民就业搭建服务平台。制定出台了《关于做好失地农民就业安置工作的意见》，扶持失地农民就业。该意见规定，入区单位每征用5亩土地，最少要安置一名失地农民就业。同时规定，开发区市政公用事业、环卫、绿化、物业管理等公益性岗位集中用于安排区内失地农民（李国健，2008）。除此之外，从政策上鼓励失地农民自主创业，在信贷资金供给，工商、税收及各项行政事业性收费等方面，管委会出面协调给予最大限度的减免。甚至还专门成立了职业学校，根据用工单位需求，免费对失地农民进行多种形式的职业培训，提高其专业技能和劳动技能，增强就业本领。第三个机制是建立居住安置机制，提高失地农民生活质量。为彻底改变失地农民的居住环境，2002年德州经济开发区提出要在全市率先进入全面小康社会的目标，大力实施村居改造工程，确定用3~5年时间在建成区内实现平房楼房化、农村城市化、农民市民化（李国健，2008）。在规划中按照"科学规划、合理布局、综合开发、配套完善"的原则，把失地农民安置小区建设纳入开发区城市建设总体规划。德州经济开发区不仅规划做到了统一，拆迁居民的安置工作也统一进行，安置小区内水、电、暖、天然气、通信、有线电视、太阳能、绿化、车库等设施也统一进行安装配备。在建设过程中，资金筹措采取开发区财政、村集体适当补贴的方式，最大限度地降低失地农民生活成本。第四个机制是建立失地农民社会保障机制，彻底解除失地农民后顾之忧。德州经济技术开发区立足自身实际，以"循序渐进、不断提高、逐步到位"为原则推动构建失地农民社保体系。失地农民的生活保障方面实行基本生活保障制度，出台文件明确规定，对男满60岁、女满55岁的失地农民，由其所在的村委会为每人每月发放40斤面粉和50元生活补助费；男60岁以下、女55岁以下的失地农民由所在村委会给每人每月补助40斤面粉。补助所需资金从土地补偿金收益中列支。还规定，如遇特殊情况村委会无能力支付失地农民基本生活费用时，资金由开发区财政补助，以切实保障失地农民基本生活（杨志华、梁希东、姜涛，2015）。医疗保障方面则按照"农民自愿参加、多方筹资、以收定支、保障适度、农民得实惠"的原则推行农村合作医疗制度。开发区开展了新型农村合作医疗试点工作，并积极推动对失地农民试行城镇医疗保障制度，由开发区财政、村集体分别筹集一部分资金建立集体账户，从农户个人土地补偿金收益中列支一部分建立个人账户，共同构成失地农民的医保账户，使失地农民享受更高层次的医疗保障。在重点解决失地农民老有所养、病有所医问题的同时，按照城市居民标准积极探索建立包括养老、医疗、失业、最低生活保障等在内的失地农民社会保障体系，保障资金采取政府出一块、村集体补一块、失地农民个人缴一块的办法，共同出资、合理负担，把失地农民全部纳入城市社保体系（赵仁伟，2011）。

二、改革成效

德州经济技术开发区在征地拆迁安置和土地收益分配机制设计中坚持以人民利益为中心，实现了地利共享，取得了良好成效。

失地农民财产性收入持续增加。德州经济技术开发区建区20年来，实现了区内原住农民的就业转型，农民收入大幅度增加。农村居民人均可支配收入从1998年的2252元增加到2018年的14564元。得益于更为合理的收益分配机制，农民的财产性收益也不断增加。如经济技术开发区辖内的艾家坊村，利用土地补偿金和村集体经济收入，该村投资3000万元建设标准厂房5万平方米，先后吸引韩国京信食品有限公司、宁波双林集团有限公司等4家企业入园经营，每年仅租金收入就达到320多万元。租金收入中每年用于失地农民基本生活保障资金80万元，用于村公益福利事业40万元，剩余资金在征得群众同意的前提下继续作为生产建设资金用于扩大再生产，农民人均收益达到 2200 余元（李国健，2008）。

被拆迁村集体经济实力迅速增加。开发区内 22 个村，1998 年集体总资产 1628 万元，集体经济年收入 383 万元。到了 2005 年，22 个村的集体资产总额增长至 6.65 亿元，集体经济年收入增加至 2672 万元。8 年间集体资产增长了 40 倍（德州模式课题研究组，2008）。宋官屯街道艾家坊社区借助建设商贸市场、工业园、奶牛养殖场，社区年集体收入达 500 多万元。宋官屯街道的社区中，截至 2012 年，年集体收入过百万元的有 23 个，超过 500 万元的 4 个，超过千万元的 1 个（朱代军，2012）。开发区辖内的袁桥镇，通过实施村级集体经济壮大工程"袁桥镇 40 村抱团项目"，集体经济得到显著增强，2018 年底进行了首次分红，总金额为 2000 万元，村均达到 50 万元，其中最多的村达到 122 万元，最少的村也有 5 万元，一举消除了 27 个经济薄弱村和空壳村（经开区党工委组织人事部，2019）。

失地农民的社会保障水平不断提高。得益于集体经济收入的增加，让村集体有了更多的钱为百姓办事。在德州经济技术开发区宋官屯街道办事处小申社区，社区不但为群众解决了物业费和取暖费，还帮助群众免费办理房产证，并对群众免除开口费等各种费用。该社区 55 岁以上老人每人每月都能领到 500 元以上补贴，学生上下学有免费校车接送。在该办事处辖内的艾家坊、宋官屯等多个社区，群众每月都有相应的生活补贴，学生上下学都有免费校车接送（朱代军等，2012）。

失地农民的获得感增强。德州经济技术开发区通过把旧村庄置换成城市居民小区，实现了开发区建设与失地农民利益的互动双赢、共同发展。截至目前，投资 120 亿元的 11 个棚改工程进展顺利。根据规划，2020 年底前开发区现有城市规划区范围内的城中村、城边村群众将全部搬迁上楼，农民的生活居住条件显著改善，群众幸福指数持续提升，失地农民生活观念、生活方式、生活质量等都发生了巨大变化，"居家有楼、出行有车、务工有厂、经商有店"的现代化生活正在逐步变为现实。

三、基本经验

1. 尊重农民土地收益权利

土地是农民生存与发展的基础，对农村集体土地依法享有相关的权利是一个完善的农民人权体系的内在要求（程同顺、赵学强，2013）。改革开放后，党和政府一直致力于保障农民土地权利。党的十八届三中全会《决定》中对农村土地制度改革作出了总体部署，重点提出，要赋予农民更多的财产权利，保障农民公平分享土地增值收益。这可以理解为，贯彻落实共享发展理念，让广大农民群众公平分享土地增值收益，平等参与现代化进程，共同分享改革发展成果是新时代中国特色社会主义的必然要求。其实不仅仅是二地增值收益，近年来，其他土地收益权利如利用承包土地抵押担保贷款、土地流转增加土地财产性收益等各项权利都被纳入了土地权益保护的范畴。德州经济技术开发区在实施旧村改造的公共政策制定过程中，充分让失地农民参与，给农民更多的参与权和表达机会，农民不再只是被动的参与者，农民的满意度达到90%（李津逵，2006）。

2. 地利共享

从理论或实证角度分析政府对农民土地利益剥夺的研究文献可谓汗牛充栋，不断坐实政府对农民利益攫取的结论，长期以来二业发展是依靠农业的剪刀差贡献、城市发展是靠农民的土地收益差价贡献的认识俨然已经成为社会共识。学界和实践中大家都在议论如何保护农民的土地权益，避免政府对农民土地利益的攫取。虽然这种一边倒的论调有所偏颇，但大抵可以表明，在政府与失地农民的地利共享方面，政府依然有较大的提升空间。德州经济技术开发区的经验告诉我们，真正贯彻地利共享的理念，所需要的不仅仅是政府尽量少分取农民土地利益的决心，还需要依靠征地留用、壮大集体经济等一系列切实的制度设计来实现，让老百姓共享社会发展的成果，需要转化为农民收入提高、保障增加、生产生活更加便利等方面。当然，对于政府来说，首先要摆正自己的位置，在民生工程中不以获得过多的直接收益为目的。

3. 土地收益分配方式多样化

德州经济技术开发区在实践中摸索出一套征地补偿的"资产性"补偿模式，即"把土地补偿金变成不动产、依靠不动产收益安民富民"的集体经济发展的新路子。其实质是把"货币补偿"和"留地补偿"相结合。德州经济技术开发区除按照国家规定的货币补偿标准补偿失地农民外，还采取了预留集体非农建设用地的方式，使得农民有资格以土地入股参与开发区建设。与浙江、江苏和广东等地留地补偿政策相比，德州模式有自己的特点：一是与其他地区不同，在补偿费使用上德州采取了将土地补偿费和安置补助费全部留在村集体经济组织内发展集体经济，而不直接将征地补偿费分配到个人或农户的办法（张曙光，2007）。

二是村集体在取得留用土地后可以不立即办理转国地手续，其土地性质仍属于农村集体建设用地，这就降低了村集体资产建设的成本。三是在留地面积的确定上，没有采取广东等地按照征地比例确定的方式，也没有采取广西等地按人头留地的方式，而是从"使农民失地后的生活水平不降低并得到长期保障"的原则出发，根据预期失地农民可以从土地开发中所得到的物业收益反推出应该留有多少集体非农建设用地。除了将货币补偿与留地补偿相结合，德州还实行了将给予村集体补偿与旧村改造相结合的做法，对旧村改造中征收的集体所有宅基地，按一定比例返还经营性商品房予以补偿（张曙光，2007；德州模式课题研究组，2008）。

4. 动态收益分配（补偿）机制

当前，对于农民群体的收益分配的动态机制正在实践中被更多地采用。农民群体相对于其他社会群体平均文化水平不高，社会阅历较少，经济交往行为简单，投资和理财渠道也较为缺乏。如果对其土地收益一分了之，极易出现少数农民短期内大肆挥霍、涉赌涉毒而长久生计难以保障等问题。因此，对于征地拆迁补偿款、集体经济收益等，政府必须长远考虑，从顶层设计的角度，建立收益分配的动态机制。德州经济技术开发区的农民在失地后可以获得四种收益：一是土地补偿金收益；二是以各种社保福利形式实现的集体不动产财产性收益；三是就业劳动工资性收益或发展个体私营经济经营性收益；四是家庭房屋出租财产性收益，其中大部分收益会随着区域经济发展而持续稳定地增长（许传忠，2007）。可以说，这种做法提供了可供复制借鉴的模板，坚持"变补偿金为不动产，以不动产出租收益富民、安民"的原则（李津逯，2006），不将土地补偿款一次性补偿到个人，积极发挥村集体经济组织作用，保障集体经济保值增值的做法是一种典型的收益分配的动态机制，有效克服了上述问题，从根本上保障了失地农民可以获得长期而持久的收益。

第四节　土地收益分配的司法判例及其启示

相对于农村土地收益分配的各种理论上的探讨和建议，司法判例是农村土地收益分配的具体实践，虽然我国在司法上并没有判例法的传统，但无疑，已有的尤其是复杂案例的判决结果仍会对人们的行为发挥重要的引导作用，会影响到人们的预期，改变人们的行为。故本节对涉及农村土地收益分配的相关案例进行了案例描述和判决结果的法理剖析，以此探寻农村土地收益分配的"可为"与"不可为"之处，助益更多地梳理出我国农村土地收益分配制度安排的相关内容。

一、承包地分配案例及其经验

1. 基本案情

根据最高人民法院网站公告的《何某云、王某东、王某胜与王某荣、吉林省甲市乙区丙乡丁村村民委员会农村土地承包合同纠纷再审民事判决书》①（中华人民共和国最高人民法院民事判决书（2013）民提字第210号），"何某云等诉吉林省甲市乙区丙乡丁村村民委员会农村土地承包合同纠纷"一案的基本案情如下：

"王某学与王某荣系兄妹关系，1982年吉林省甲市乙区丙乡丁村进行第一轮土地承包，王某学与村民王某江、马某双三家共同签订了一份土地承包合同，共承包土地16.2亩，其中王某学家分得土地5.4亩，为5口人的，其中包括王某荣。第二轮土地承包是1997年1月10日，王某学与丁村村委会签订了30年不变的土地承包合同，王某学承包了4.82亩土地，由于王某荣于1992年以前已因结婚外嫁迁到甲市居住，为设区的市的居民，本次土地承包合同共有人中没有王某荣的名字。2005年5月22日乙区人民政府为王某学核发了《中华人民共和国农村土地承包经营权证》（以下简称《农村土地承包经营权证》）。承包方为王某学，承包土地面积为4.82亩，共有人有王某学、何某云、王某东、王某胜。

王某荣认为其应享有王某学为承包方土地的1/5承包经营权，遂于2007年3月7日以丁村村委会为被申请人，王某学为第三人，向吉林省甲市乙区土地承包合同仲裁委员会申请仲裁，要求确认其分得1.08亩土地承包经营权。2007年10月30日，吉林省甲市乙区土地承包合同仲裁委员会作出农仲裁字〔2007〕052号裁决书，确认王某荣享有0.964亩土地承包经营权。

王某学不服该裁决，遂于2007年11月9日以王某荣为被告诉至吉林省甲市乙区人民法院（以下简称一审法院）。

一审法院认为，《中华人民共和国农村土地承包法》（以下简称《农村土地

---

① 为保护隐私将原文件名中的具体信息隐去。基本案情中也做了相应处理。

承包法》）第二十六条规定，"承包期内发包方不得收回承包地，承包期内承包方全家迁入小城镇落户的，应当按照承包方的意愿，保留其土地承包经营权或者允许其依法进行土地承包经营权流转。承包期内，承包方全家迁入设区的市，转为非农业户口的，应当将承包的耕地和草地交回发包方，承包方不交回的，发包方可以收回承包的耕地和草地。承包期内，承包方交回承包地或者发包方依法收回承包地时，承包方对其在承包地上投入而提高土地生产能力的，有权获得相应的补偿。"王某荣于1992年从王某学家户口上迁入甲市新立派出所辖区。吉林省甲市是设区的市，故王某荣应当交回所承包的土地，丁村村委会也有权重新发包，故王某学与丁村村委会之间的土地承包合同合法有效。《最高人民法院关于审理涉及农村土地承包纠纷案件适用法律问题的解释》第一条第二款规定，"集体经济组织成员因未实际取得承包经营权提起民事诉讼的，人民法院应当告知其向有关行政主管部门申请解决"。王某荣在第二轮土地承包时未取得土地，与王某学无关，可找有关部门申请解决，故王某荣对王某学所承包的土地不享有承包经营权。为维护农村土地承包当事人的合法权益，促进农业、农村经济发展和农村社会稳定，该院依照《农村土地承包法》第二十六条、《最高人民法院关于审理涉及农村土地承包纠纷案件适用法律问题的解释》第一条第二款之规定，于2008年1月29日作出判决：①王某学与丁村村委会之间的土地承包合同合法有效。②王某荣对王某学承包的土地不享有1.08亩土地承包经营权。一审案件受理费50元由王某荣、丁村村委会各负担25元。

王某荣不服一审判决，向吉林省甲市中级人民法院（以下简称二审法院）提起上诉，理由是：①1982年丁村土地实行生产小组承包，1985年转为家庭承包，王某荣分得了土地。1992年王某荣的户口迁入甲市，其所分得的土地留给了王某学耕种。1997年第二轮土地承包时，丁村未对承包地作调整，继续延包；2005年，丁村根据王某学自报的承包地共有人名单颁发了《农村土地承包经营权证》，遗漏了王某荣。2007年10月30日乙区农村土地承包合同仲裁委员会裁决王某荣享有土地承包经营权。②一审判决认定事实不清，根据不足；适用法律错误，请求二审法院改判王某荣享有土地承包经营权。

二审法院认为，当事人再审争议的焦点问题是：①王某学与丁村村委会签订的土地承包合同是否有效；②王某荣是否实际取得了土地承包经营权，该案是否属于法院受案范围。由于王某学与丁村村委会在第二轮延长土地承包期签订的合同并不包括王某荣，因此在第二轮土地承包后，王某荣并未实际取得土地承包经营权。根据《最高人民法院关于审理涉及农村土地承包纠纷案件适用法律问题的解释》第一条第二款"集体经济组织成员因未实际取得承包经营权提起民事诉讼的，人民法院应当告知其向有关行政主管部门申请解决"的规定，王某荣在第二轮土地承包时因未实际取得土地承包经营权，应找有关行政主管部门解决，此案不属于人民法院受案范围。由于王某学诉请的确认其与丁村签订的土地承包合同有效，属于人民法院受案范围。对此项请求，原审认定事实清楚，适用法律正确，应予维持。王某学诉请的确认王某荣无土地承包经营权，不属于人民法院受案范围。原审对此项请求作出判决，适用法律错误，应予纠正。一审、二审案件受理费100元，由王某荣负担。

王某荣不服二审法院再审判决，向吉林高院申请再审。2009年12月25日，该院作出民事裁定，驳回了王某荣的再审申请。王某荣不服该裁定，再次向吉林高院申请再审。2010年12月21日，吉林高院作出民事裁定提审本案，同时中止原判决的执行。

吉林高院再审认为，在第一轮土地承包时，王某学家有资格承包土地的家庭成员为五口人。虽然1992年王某荣将户口迁入城市，转为非农业人口，但其承包的土地一直未被收回。在1997年第二轮土地承包时，王某学作为农户代表，与丁村村委会签订农村土地承包经营合同。丁村明确表示，进行第二轮土地承包时，该村的土地和人员均没有调整，只是重新对土地进行了丈量，是在第一轮土地承包的基础上进行的延续承包。因此，王某荣仍享有土地承包经营权。对王某学请求确认王某荣不再享有农村土地承包经营权的主张，吉林高院不予支持。一审、二审案件受理费100元，由何某云、王某东、王某胜负担。

何某云、王某东、王某胜不服吉林高院再审判决，向最高人民法院申请再审。

最高人民法院审理认为，吉林高院再审判决以二轮承包系延包为由，判决王某荣仍享有案涉土地承包经营权，适用法律错误，依法予以纠正。二审法院判决认为，王某学诉请确认王某荣无土地承包经营权，不属于人民法院受案范围，确认王某荣没有土地承包经营权的判项。二审法院的再审判决既没有解决王某学请求确认王某荣是否对其家庭承包的土地享有承包经营权的问题，又使《农村土地承包法》第五十二条赋予当事人的因不服土地承包合同仲裁委员会裁决而向人民法院起诉的权利落空。何某云、王某东、王某胜的再审请求部分有理，予以支持。一审、二审案件受理费共计100元，由王某荣负担。"

2. 经验价值

本案是农村土地承包经营权纠纷的一个典型案例，案件审理过程较为复杂，表面上看是土地承包经营权纠纷案件，但深入分析可知，农民对于土地承包经营权的争夺核心是对土地承包经营收益的争夺，因而其实质反映的是农村土地收益归属矛盾，具有较强的典型价值。本案例中既涉及集体经济组织成员身份的认定问题，又涉及"外嫁女"群体的土地承包经营权问题；既涉及农村集体土地承包经营合同的规范性问题，又涉及农村土地承包经营权主体身份的可诉性问题，而且案情审理经历了仲裁委员会仲裁、区法院一审、中院二审、省高院再审和最高法院再审等环节，较为复杂。但在广大农村地区，尤其是经济社会发展大幅提升了农村土地价值的背景下，很多地方出现了申请户籍"非转农"的情况，一大批因各种原因离开农村土地的人员又返回农村，要求对土地的承包经营权，围绕农村承包经营土地产生的纠纷逐年上升。通过本案的审理过程及各环节的判决结果可见，对于"外嫁女"的土地权益保护是有法律依据且能够给予保障的，无论是仲裁还是区法院、中院、高院乃至最高法，均没有质疑王某荣是否因外嫁而丧失土地承包经营权，而是根据法律规定，对其是否仍具有集体经济组织成员资格提出质疑并因而否定其对土地的承包经营权要求。在本案中，我们也看到，诸多的农村土地收益分配纠纷实际上都与土地承包经营合同的规范性不足有关，如果当地在第二轮土地延包的时候签订的土地承包经营合同明确地将王某荣排除在承包人之外，并告知其结果，或者采取其他处理方式，对王某荣的承包经营权丧失予以明确则不会引发这一纠纷。改革开放后，我国农村人口流动速度不断加快，非农就业转移人口数量庞大，众多农民以承包地撂荒、代耕等形式脱离开土地，其承包经营的集体土地存续形式、用途甚至权属都发生了变化，而且这部分"脱农"人群大部分都以各种形式在城市或乡镇扎下了根，有些人的收入等还相当可观。这种情况下，如何对农村集体经济组织的成员身份进行认定并保障其各项土地权益成为一个突出问题。从目前的法律体系来看，对于集体经济组织成员的身份如何认定，似乎有着明确的规定，如《中华人民共和国农村土地承包法》明确规定了农村承包经营土地的自愿退出问题，但在实践中，更多的情况没有纳入法律体系，而且在广大农村，在涉及土地利益分配的时候，法律与村规民约的冲突一直以来都存在，看起来清晰明了的问题，却很难落地，也很难获得群众理解认可。

二、女性土地权益保障案例及其经验

1. 基本案情

据 2016 年 12 月 6 日召开的 "北京市依法维护妇女儿童权益典型案例发布会" 发布的典型案例披露，"沈某诉村委会侵害其集体经济组织成员权益案" 的基本案情如下：

"沈某（女）原系甲村农业家庭户口，于 2008 年 2 月将其户口迁入乙村，户口性质仍为农业家庭户口。根据乙村的规定，每位村民可享有 1.6 亩承包土地，村民若不要求耕种土地的，则可享有相应的土地收益款（每年的数额不等），村民若要求耕种土地则不享有相应的土地收益款。沈某迁到乙村后，乙村村委会既没有给沈某分配土地，也没有给付沈某相应的土地收益款。同时，村委会给大部分村民办理了农村新型合作医疗并负担部分费用，但没有给沈某办理。2014 年 4 月，沈某将村委会起诉至法院，请求法院判令村委会支付其 2008～2013 年土地收益款 7520 元，并要求村委会为其办理农村新型合作医疗，诉讼费由村委会承担。

法院经审理认为，妇女在农村土地承包经营、集体经济组织收益分配、土地征收征用补偿费使用以及宅基地使用等方面，享有与男子平等的权利。现原告沈某要求被告乙村村委会支付 2008～2013 年土地收益款 7520 元，理由正当，证据充分，法院予以支持。被告称沈某在《保证书》中承诺放弃福利待遇，并以此为由不向原告支付土地收益，但又拒不申请笔迹鉴定，故其该项辩解意见没有事实依据，法院不予采信。原告要求被告办理农村新型合作医疗，既符合相关政策，又有事实依据，法院予以支持。一审判决后，双方均未上诉"（耿兴敏，2016）。

2. 经验价值

本案在案例披露中被定义为一起侵犯农村妇女土地权益的案件。其实，在广大农村地区，这种村规民约与法律规定出现冲突的情况时有发生，而且经常会出现法律法规 "不敌" 村规民约的尴尬局面，从而影响到妇女等弱势群体的土地权益、收益分配权益（翟晋晋，2016）。从制度性保护的角度来说，目前我国对于妇女土地权益的保护是较为完善的。如《中华人民共和国农村土地承包法》第六条规定，"农村土地承包，妇女与男子享有平等的权利。承包中应当保护妇女的合法权益，任何组织和个人不得剥夺、侵害妇女应当享有的土地承包经营权"。《土地承包法》第三十条规定，"承包期内，妇女结婚，在新居住地未取得承包地的，发包方不得收回其原承包地；妇女离婚或者丧偶，仍在原居住地生活或者不在原居住地生活但在新居住地未取得承包地的，发包方不得收回其原承包地"（全国人大常委会，2019）。2001年，中共中央办公厅、国务院办公厅发布《关于切实维护农村妇女土地承包权益的通知》，体现了男女平等、基本保障、不得歧视离异妇女和司法救济四个原则。2015年，中共中央、国务院颁布的《关于加大改革创新力度加快农业现代化建设的若干意见》中又特别强调，界定农村土地集体所有权、农户承包权、土地经营权之间的权利关系，保障好农村妇女的土地承包权益（闵杰、王茜、孙婧琦、郭砾，2018）。可见，在国家的法律体系相关规定中是充分保障妇女享有与男性平等的土地承包经营权、宅基地使用权、集体经济组织收益分配权和征地补偿费分配权的。在本案判决中，该妇女拿起了法律武器捍卫自己的权利并使得自己的权益得到了保障，而在实践中，更多的妇女土地权益未得到有效保护，主要原因不在于法律制度的缺失，而在于农村居民尤其是妇女群体缺乏法律意识、对农民群体的司法救助和监督不足等。更有甚者，有些案例中，即便有了明确的司法判决，妇女权益仍然得不到保障的情况仍然存在，原因在于法律规定与当地村规民约的冲突，"合理不合法"和"合法不合理"的尴尬局面经常出现。目前，如何调和法律规定和村规民约之间的关系仍是法学界和社会学界争论的焦点之一，而从实践的角度来看，无论是一味强调对法律权威的绝对尊重还是一味强调对乡野知识的绝对沿袭都是一种偏执。科学的观点是，正式制度和非正式制度要相容相洽，否则正式制度会流于形式，即法律制度要获得绝对权威，其建立的基础是充分考虑广大农村的实际，界定好法律治理和村民自治之间的界限。

三、农村集体土地收益分配案例及其经验

1. 基本案情

根据最高人民法院网站公告的《中华人民共和国最高人民法院行政裁定书〔2017〕最高法行申5067号》(中华人民共和国最高人民法院行政裁定书〔2017〕

最高法行申 5067 号）所示，"李某军等人诉西戈村委会"一案的基本案情如下：

"2009 年，李某军等人所在的西戈村部分土地被征收，在发放土地补偿费的过程中，西戈村委会确定的土地补偿款发放标准以 1977 年 9 月 3 日落户为界限，将之前落户的确定为老户，之后落户的确定为外来户，落户时间不同则征地补偿标准不同。补偿款于 2011～2012 年发放完毕。李某军等人认为，在土地补偿费的分配上没有得到公正待遇，并于 2015 年 7 月 7 日提起本案行政诉讼，请求撤销分配方案，获得平等补偿权利。

抚顺市中级人民法院〔2015〕抚中行初字第 00099 号行政裁定认为，行政诉讼的被告应当是行政机关以及法律、法规或者规章授权行使行政职权的其他组织，李某军等人所诉的西戈村委会，是基层群众性自治组织，不能成为行政诉讼的被告，而且李某军等人的起诉也已超过法定的起诉期限。依照《最高人民法院关于适用〈中华人民共和国行政诉讼法〉若干问题的解释》第三条第（一）项、第（十）项的规定，裁定驳回李某军等人的起诉。李某军等人不服，提起上诉。

辽宁省高级人民法院〔2016〕辽行终 185 号裁定认为，二审询问笔录中，李某军等人明确其诉讼请求有三个：①请求判令顺城区政府给付征地安置补助费；②请求确认河北乡政府截留征地补偿款行为违法；③请求撤销西戈村委会制定的征地补偿分配方案。关于第一项诉讼请求，经审查，本案征用的集体土地系全体村民集体所有的土地，不含李某军等人的承包土地及宅基地，故即使要求给付征地安置补助费，也应当由被征用土地的权利人即西戈村委会作为原告提起诉讼。根据《最高人民法院关于审理涉及农村集体土地行政案件若干问题的规定》第三条第一款的规定，西戈村有 1000 多名村民，李某军等人没有超过半数，而且没有以集体经济组织的名义起诉，故李某军等人对该项诉请不具备原告资格，依法应当驳回其起诉。关于第二项诉讼请求，李某军等人虽然主张河北乡政府实施截留征地补偿款的行为，但未能提供有效证据予以证明。根据《中华人民共和国行政诉讼法》第四十九条第（三）项的规定，当事人提起行政诉讼应当有具体的诉讼请求和事实根据，因李某军等人的该项诉请没有事实根据，故依法也应当驳回其起诉。关于第三项诉讼请求，根据《中华人民共和国行政诉讼法》第二条的规定，征地补偿分配方案是西戈村委会作为基层群众性自治组织对本村取得的征地补偿款制定的具体分配办法，是《中华人民共和国村民委员会组织法》第二十四条规定的需经村民会议讨论决定的涉及村民利益的事项。因西戈村委会不是行政机关，征地补偿分配方案也不是行政行为，故李某军等人的该项诉请不属于行政诉讼受案范围，依法亦应驳回其起诉。依照《中华人民共和国行政诉讼法》第八十九条第一款第（一）项的规定，裁定驳回上诉，维持一审裁定。

李某军等94人遂向最高人民法院申请再审。最高院经审查认为，《中华人民共和国行政诉讼法》第四十九条第（四）项规定，提起行政诉讼应当属于人民法院的受案范围。《最高人民法院关于审理涉及农村土地承包纠纷案件适用法律问题的解释》第一条第（四）项规定，承包地征收补偿款分配纠纷，属于涉及农村土地承包的民事纠纷，人民法院应当依法作为民事案件予以受理。农村集体土地征收补偿款的分配行为，属于村委会行使自治权的行为，不属于行政行为。当事人就征收补偿款分配纠纷提起行政诉讼的，不属于行政诉讼的受案范围。本案中，李某军等人对西戈村委会制定的土地征收补偿款分配方案不服提起诉讼，不属于行政诉讼的受案范围。一审、二审裁定驳回李某军等人对西戈村委会的起诉并无不当。《中华人民共和国行政诉讼法》第四十九条第（三）项规定，提起行政诉讼应当要有具体的诉讼请求和事实根据。本案中，李某军等人以顺城区政府、河北乡政府为被告，请求撤销征收补偿款分配方案获得平等补偿权利，但是，李某军等人并未提供证据初步证明，顺城区政府、河北乡政府参与实施本案被诉征收补偿款分配方案的制定，因此对顺城区政府、河北乡政府的起诉缺乏事实根据，一审、二审裁定驳回李某军等人的起诉亦无不当。李某军等人主张，土地征收补偿费用分配方案不公，严重侵害其合法权益。但是，分配方案的公正合法性属于案件实体审理范围，本案一审、二审系裁定驳回起诉，并未涉及案件的实体审理问题，以此为由申请再审，理由不能成立。李某军等人还主张，顺城区政府未发放安置补助费、土地补偿款被层层截留。经审理查明，李某军等人一审诉讼请求是撤销分配方案获得公平补偿权利，请求发放安置补助费以及是否存在补偿款被截留问题，并不在其一审诉讼请求的范围，以此为由申请再审，本院亦不予支持。

综上，最高院认为李某军等94人的再审申请不符合《中华人民共和国行政诉讼法》第九十一条第（一）、（三）、（四）项规定的情形。依照《最高人民法院关于执行〈中华人民共和国行政诉讼法〉若干问题的解释》第七十四条的规定，裁定驳回再审申请人李某军等94人的再审申请。"

2. 经验价值

本案由于涉及当事人的多次法律行为，情节较为复杂，但从农村土地收益分配的视角观察，具有较强的典型意义，其中涉及的多次司法判决结果对厘清农村土地收益分配的权利关系和收益归属具有重要价值。第一，抚顺市中级人民法院和辽宁省高院的行政裁定都指出，李某军等人所诉西戈村委会，是基层群众性自治组织，不能成为行政诉讼的被告。然而在实践中，类似于制定公布本村的收益分配方案等事项都是由村委会来实施的，村民认为分配不公要寻找诉讼对象时自然会针对村委会，这种法理规定和情理认知之间的差异如何处理是影响民众对法律认识的一个重要问题。此外，政府和司法部门应在农村进行普法宣传，让农民知晓明确的诉讼对象等，这样有利于减少矛盾，减少不必要的司法成本。第二，从最高法的审判意见可知，农村集体经济组织所有但由农民家庭正在承包经营土地的收益分配纠纷属于人民法院的受理范围，而农村集体所有集体使用土地的收益分配纠纷属于村委会行使自治权的行为，不属于行政行为，也不属于法院受理的范围。这也引起了法理界和司法工作者对于农村集体土地征收补偿款的分配行为是否具有可诉性的讨论，学者们主张，应本着具体情况具体对待的原则处理此类案件，可梳理出法律、政策已有规定的相关情形，对于在规定范围内人员所产生的补偿费用分配纠纷等，即使存在一定的成员资格争议，人民法院也应予以受理（江苏省淮安市中级人民法院研究室，2008），而法律工作者倾向于认为该类案件不具有可诉性，法院对此类案件不应受理（阮继文，2012）。在实践中，鉴于此类案件的复杂性，法院多援引《最高人民法院关于审理涉及农村土地承包纠纷案件适用法律问题的解释》的相关规定，选择不予受理案件。且根据《中华人民共和国村民委员会组织法》的相关规定，当村民认为自身权利因村委会作出的规定而受到侵犯时，可以向当地政府申诉，由政府作出行政处理决定。即从表面来看，此类案件处理程序是清晰的，而且给诉讼人提供了明确的救济渠道，但是实践中，此类案件仍然容易引发上访甚至暴力冲突，表明在司法权与诉权、司法权与村民自治权、司法权与其他矛盾纠纷解决机制之间仍有待进一步厘清界限，并借助于普法教育等形式传递给群众明确的信息。

第九章

我国农村土地收益分配制度改革原则与政策建议

在农村土地承包经营统分结合的双层经营体制下，农民因将土地收益数量与劳动贡献紧密结合起来而获得了超强激励，极大地促进了农业生产力的发展，并奠定了我国30余年经济高速发展的稳固基础，这已成为社会共识，毋庸赘述。按照新制度经济学家的看法，制度也是一种要素，在参与生产时其同样存在所谓边际效用递减规律，在缺乏有效制度的领域或地区或者一国处于新旧体制转轨时期，制度的效率是最高的，而当制度体系完善之后制度效率则逐渐递减（黄少安，2000）。农村土地收益分配制度既为农村土地制度体系的制度子集自然也有效率递减或所谓制度红利下降的问题。近些年来，生产力的发展使我们越来越认识到彼时收益与激励的良好匹配关系在此时已经不再紧密，土地收益分配关系已经逐渐成为农业生产力进一步发展的限制，实践迫使我们深入思考农村土地收益分配制度改革问题。当前，中国特色社会主义发展进入了新时代，农村社会发展出现了新特点，对土地收益分配关系提出了新要求，也要求我们站在社会环境和人地关系发生重大变化的背景下系统思考如何推动生产关系调整以适应生产力发展的需要。

围绕农村土地收益分配制度改革，学术界和实践工作者采用理论分析和实证分析等方法，从经济学、管理学、法学、社会学、政治学、历史学等角度，提出了加强土地立法、缩小征地范围、规范政府行为、保障农民权益、理顺土地主体利益关系等多项改革措施，充实了社会主义分配理论内容，丰富了土地收益分配的工具篮子，具有重要的学理价值和实践价值。但这些研究以及提出的政策建议主要针对土地转用过程中的增值收益分配，与本书广义角度的农村土地收益分配存有一定差异，广义上的农村土地收益分配的横向不公、纵向不公问题，土地收益分配导致的低效率问题等仍没有得到应有关照，故本章在中国特色农地权利制度体系框架下，在充分吸收借鉴前人研究成果基础上，结合前文的机理揭示、博弈分析、问题剖析、案例启示等部分得出的结论，并对不同年龄阶段的农民、土地经营大户、被拆迁户、村干部和基层政府管理者等相关主体进行了多次走访座谈，也深入了解了农村土地流转平台的建设运转情况，综合进行理论思考和实践调查经验总结，初步形成了农村土地收益分配制度改革的思路，从广义农村土地收益分配角度提出针对性的对策建议。

第一节　我国农村土地收益分配制度改革的原则

一、公平正义原则

分配正义是人类在分配物质财富、政治权利、义务、幸福、发展机会等社会资源的活动中致力于实现的最高价值目标，它意指社会资源在社会成员中间的分配应该最大限度地体现公正性（向玉乔，2013）。在分配正义研究领域，罗尔斯是当之无愧的巨擘，其分配正义原则被收益分配的研究者们广为借鉴使用，学者们将罗尔斯经济分配正义思想归纳为"从经济上讲，分配正义是指在经济活动之前，每个公民都有同等的机会支配社会稀缺资源；在经济活动中，竞争过程应该是平等的；在经济活动之后，所有人的贡献都有同等的效用"（何建华，2006），即从起点、过程和终点三个节点来看，均需保证分配的公平。朱靖娟和李放（2013）由此认为，关注未来我国经济领域的分配，在分配起点时，应当践行公平机会原则，保障机会的实质平等；在分配过程中，应当履行应得原则，重点保障最少受惠者的最大利益及代际分配正义；在分配终点时，对分配过程中造成的不平等实行利益补偿，保障公平的最终实现。自改革开放以来，我国的土地制度改革始终奉行利益共享原则，这种改革模式对中国农村经济长期稳定发展发挥了巨大作用，对于农村社会的稳定和整个社会的和谐也具有重要意义，因而，新一轮的农村土地制度改革仍然应在保持利益共享的基础上进行（贺雪峰、魏继华，2012；刘建、吴理财，2018）。在中央提出的"创新、协调、绿色、开放、共享"五大发展理念的指引下，利益共享成为社会的高度共识，因而具体到农村土地收益的分配，也应将公平正义作为首要原则，在分配起点时，保障农村土地收益利益相关者有获得诸类土地收益的平等机会及支撑其获得这种机会相应的资源与能力；在分配过程中，保障国家、集体、企业和农民各类主体利益，并最大限度地保障农民群体应得的土地利益，不仅考虑当下，更要着眼于长远生计保障，不仅保障当代人的权益，也要顾及后代人的权益，不仅要满足农民中大多数人的需要，也要关注女性等特殊群体的诉求；在分配终点时，建立相关制度并完善制度实施机制，对分配过程中产生的偏差与不公进行纠偏，依靠法规和制度规范建立分配公平的长效保障机制。

二、保障效率原则

农村土地收益分配的效率必须得到保障，如此才能实现分配制度的可持续，分配的公平才能得到根本实现，低水平的公平是不可持续的。要实现收益分配的效率，农村土地收益必须要向土地使用者倾斜，向高素质劳动者倾斜，向土地的高价值用途倾斜，向高效生产方式倾斜。农村土地收益分配也应被看作一种投入，须讲求投入回报，其分配方向要体现经济性。要通过不断深化以产权制度、经营制度为核心的农村土地制度改革，在"三权分置"的土地权利格局下让土地实际经营者获得最大份额的收益；培育新型农业经营主体和新型农民，改变土地经营的细碎化和务农人口的老龄化状况，逐渐把土地集中到新型农业经营主体手中，让新型主体和新型农民可以获得更多收益；在确保土地红线不突破、粮食安全有保障的情况下积极发展土地的高价值用途，理顺农产品市场价格关系，以价格机制引导土地资源向高价值用途配置，让生产高附加值农产品的土地获得更高回报；要通过土地收益的增加引导更多现代农业技术得到推广应用。

三、动态平衡原则

生产关系须不断调整以适应生产力的发展是马克思主义的基本原理，按照制度经济学的制度变迁理论，当制度环境发生变化，出现制度非均衡时，制度变迁必然发生。因此，农村土地收益的分配关系必须随农村生产力的发展变化不断调整，以维持一种动态平衡。经过30多年的改革和发展，现阶段我国农业和农村发展的微观基础和宏观环境都发生了深刻变化，为了进一步推动农业发展、农村繁荣，从而为经济社会发展和国家工业化、城镇化的顺利推进创造条件，必须完善制度、创新机制，进一步优化调整农村土地收益分配关系，以适应农业、农村与农民的变化（孔祥智、刘同山，2013）。随着我国工业化、信息化、城镇化和农业现代化的持续推进，农业生产方式变化、农民生活方式改变和农村社会的变革必将更快发生，这就要求农村土地收益的分配在中国特色社会主义经济制度框架内更加灵活，更有弹性，制度供给不断增加以适应制度需求，实现制度均衡。

第二节　我国农村土地收益分配制度改革的政策建议

一、优化权利配置结构，厘清农地主体收益分配权利关系

1. 筑牢农村土地收益分配的农地产权基础

《中共中央关于完善社会主义市场经济体制若干问题的决定》第一次提出产权是所有制的核心和主要内容，中共十八届三中全会《中共中央关于全面深化改革若干重大问题的决定》再次明确提出，要完善产权保护制度，产权是所有制的核心。产权是所有制的核心，那么，产权结构便是决定利益分配格局的根本因素。

如上所述，当前的土地利益分配格局虽然在不断优化调整，但仍存在诸多的矛盾和问题，困扰着农业、农村发展及和谐农村社会建设。更为重要的是，土地分配格局固化带来的问题如果不能及时解决，恐将引发更为严重的土地资源低效利用和社会治理风险。应该说，优化调整土地利益分配格局的政策选项众多，但无疑，产权关系的变革是最为根本性的，因此，新一轮农村土地确权、登记、颁证至关重要。

关于我国农村土地确权的基本共识是：确权的根本目的是在土地产权公有的前提下通过对农村土地产权束其他权利的配置建立行为主体和激励之间的系统联系，释放要素活力。此轮农村土地确权在政策操作上的核心特征是落实所有权、明晰承包权、放活经营权，核心是放活经营权。那么，探讨农村土地确权的科学路径就要围绕如何能够更好地实现确权政策目标来思考。

（1）确权的实施理念。农业部于2017年3月2日发布的《农业部关于加快推进农村承包地确权登记颁证工作的通知》明确要求，各地要根据农村承包地确权登记颁证工作进展阶段，抓好关键节点，加快工作进度，确保2018年底前完成任务，这使得下一步的确权工作更为急迫。本书认为，科学合理的土地确权理

念应为：尊重实际、尊重农民、兼顾长短、综合推进。尊重实际即尊重广大农村土地关系现状尤其是正视其中积累的矛盾和问题，解决或缓解问题是根本，而不能以一个新问题掩盖老问题，造成矛盾重重累积，终成痼疾。尊重农民即尊重农民的根本利益、合法权益和合理诉求，尊重农民在生产一线的草根经验和创新改良，确权不可强制，不可硬推。兼顾长短即兼顾土地确权的短期利益和长期利益，兼顾确权的短期影响和长期影响，不可顾此失彼，目光短浅。综合推进即农地确权乃系统工程，政策效果取决于农业补贴制度改革、土地产权平台建设、土地金融制度完善等诸多因素，多项改革综合推进至关重要。

（2）确权的路径选择。对于农村土地确权操作的最佳方案，学界和基层工作者一直争论纷纷，主要可分野出按照现状直接确权（于建嵘、石凤友，2012）、打破现状按人口重新确权（朱宁宁，2015）和基于现状微调后确权（郎秀云，2015）三种政策取向。在土地确权实践中，主流方案是第一种方案。不过，一些实证研究表明，多数农户倾向于微调后再确权的做法（何虹、许玲，2013）。本书赞同第三种主张，即基于现状微调后再进行确权。原因有三点：第一个原因与一些研究者观点相同，认为直接确权有失公平且累积了土地占有使用矛盾。第二个原因是不能认定土地调整与农业投入、土地流转之间有系统性联系，故对政策效果影响有限，诸多研究可以佐证这种观点（Feder，1992；Kung，1995；龚启圣、刘守英，1998；胡振华、余庙喜，2015）。有研究认为，"不可预见的、不定期调整的土地权利不仅减弱了农民进行中长期投入的激励，限制了农地改良的进行，而且极大地阻碍了潜在的土地流转和农地市场的发育（叶剑平等，2006）。"从实践中来看，这是缺乏事实根据的：首先，农民的土地调整不是不可预见的，几乎所有的土地调整都是有周期的，如5年；其次，我们的调研表明在大规模使用化学肥料的情况下农业投入并不受土地调整太大影响，而且在土地细碎化的现状下，除了公共性的政府土地改良项目外农户个体并没有大规模的改良活动；最后，实践中真正影响土地流转的原因是土地需求不足而非土地调整，因而也不能断言土地调整影响了土地流转。第三个原因是土地调整是广大农村的惯常做法，符合农民义理观念，虽然稳定农地承包关系的政策已经实施多年，但实践中村庄内部的土地调整一直都存在，说明这种调整仍然有其自在价值。

（3）确权的模式选择。党和国家一系列文件对农村土地确权做出了细致部署，对确权模式的指导精神是原则上确地到户，但并没有否定确权确股不确地等其他模式，只是要求从严掌握范围。在各地确权实践中，确权确地、确权确股不确地、虚拟确权等模式都曾出现，但无疑，操作相对简便易行的确权确地是最主要的确权模式。这种模式虽然受到政府的推崇，也被多数学者认可（何晓星，2009），但在强化对既有农户承包权保护的同时，也引发了农户争夺承包权、承包权与所有权、承包权与经营权之间的矛盾，不利于土地规模经营，易引发乡村治理危机（郎秀云，2015）。可以认为，土地确权模式是土地生产关系和区域经济发展动态匹配的结果，因而是不唯一、不稳定的，只要符合"三个有利于"标准：有利于农村土地集体所有制下的承包经营权放活，有利于农民积极性发挥和权益保障，有利于农村要素的活力激发和农业效率提高，在风险可控的情形下，各种确权模式均可以尝试。但从实践操作的角度来看，鉴于政府主导型确权模式没有充分关照农户的地权诉求导致了确权中违规问题多发（于传岗，2015），确权应以法律框架下的农民主导型为佳，这也符合我国农村土地制度改革"农民首创—地方探索—中央认可—局部试点—全面推开"的改革经验。

（4）确权的核心、关键和保障条件。土地确权要达到的是一个复合目标，这些目标与其具体机制可描述如下：明晰土地权利，维护农民权益（确权—明晰承包权—维护农民权益）；促进土地金融发展，推动农村金融深化；促进农民增收，提高农民生活质量（确权—明晰承包权—赋予抵押担保权能—土地金融—民增收）；促进土地流转，实现规模经营（确权—明晰承包权—放活经营权—流转—规模经营）；推动农地入市，统筹城乡土地市场（确权—明晰承包权—赋予入市权能—城乡统一土地市场）。由以上分析可知，农村土地确权政策效力发挥的核心是明晰土地承包权，明确农民对集体所有的土地拥有明晰的承包权是其他惠农目标达到的法理基础；而确权政策效力发挥的关键是赋权：赋予农村集体土地抵押担保权能、经营权转让权能和集体建设用地入市权能，缺少前述诸项权能，土地承包权对农民的价值功效大打折扣。此外，明晰了承包权、放活了经营权等权能，确权政策发挥效力只是具备了合法性和可能性。目前存在的问题是，土地确权引发新的冲突，土地流转尤其是传统农区的土地流转达不到预期效果，土地金融业务开展仍然不畅，集体建设用地入市任重道远。因此，确权政策效力发挥尚需一些保障条件：第一，人大立法和释法持续跟进。土地确权的具体操作、土地流转的指导规范、涉地金融机构的设立与业务开展、集体土地入市收益的分配准则等均需要对《土地管理法》《土地承包法》《农村土地承包经营权流转管理办法》《关于开展农村承包土地的经营权和农民住房财产权抵押贷款试点的指导意见》等相关法律法规做出进一步解释，增强指导性。2017年10月30日至11月4日举行的第十二届全国人民代表大会常委会第三十次会议上，《中华人民共和国农村土地承包法修正案（草案）》首次提请审议，法律的修改是对农村土地关系新变化的一种反映，更多地考虑了农村实际，尊重农民意愿，但更多的落地细则仍需出台完善。第二，建立土地流转和抵押土地估值处置平台。土地流转和土地金融均要解决供需双方间的信息不对称问题，因此需要专业平台生产销售信息，并且，如果缺少信誉度高的规范平台，土地流转、抵押土地处置市场无法发育且运行趋于无效。第三，完善确权操作机制和土地金融机构利益保障机制。"三权分置"的确权框架业已建立，必须完善机制，解决农地细碎化经营现状下难以分户谈判、逐块流转实现规模经营的问题以及抵押物难处置，金融机构贷款激励不足的问题。

2. 清晰界定国家、集体、承包者和经营者的土地收益权边界

"三权分置"的制度框架下，农村土地权利被分离为土地所有权、土地承包权和土地经营权，三权分置并行。土地所有权与使用权的可分离性也决定了可以有不同的主体享有土地收益（黄俊阳，2008）。由此，作为农村土地权利核心权利的土地收益权在法理上可分为集体经济组织的土地所有者收益权、农民个体的土地承包者收益权和经营者个体的经营者收益权。此外，国家也有权以税收的形式从集体土地所有者那里分取一部分土地收益，因此，农村土地的收益权利划分还要加入国家收益权。如此一来，农村土地资产在开发经营和利用过程中所形成的土地资产价值量要在国家、所有者、承包者和经营者之间进行分配。"三权分置"之前，国家对农民集体土地收益权利的侵犯、集体对农民土地收益权利的侵犯一直是农村土地问题研究领域的热点问题，也是法学界研究的热点和难点问题。"三权分置"之后，只是对农村土地的权利进行了更为细致的分割，由于仍未厘清土地收益在不同主体之间分配的依据、标准和边界等问题，仍然无法有效解决不同权利主体之间的权益侵犯问题。由此可见，土地收益各权利主体参与土地收益分配的合理依据是什么，所有者、承包者和经营者之间进行分配的标准是什么，土地收益归属界定的边界或者说具体条目如何分配是必须要回答的问题。

（1）国家的农村土地收益权应予保障。对于国家参与农村集体土地收益分配，学界和媒体多持反对态度，也常有学者以"诺思悖论"来批驳政府对农民的掠夺。其实"诺思悖论"所表达的不仅仅在于政府对个人权利的侵犯，还有政府对个人权利的保障和维护，而维护保障权利的成本也非常高昂，需要受保护人为此付费或部分付费。随着国家废除农业税和取消"三提五统"，农业用地领域似乎无须再讨论此问题，国家是否应该以及以何种形式和比例参与农村集体土地收益分配主要集中在农村土地转用和流转过程中。长期以来，我国地方政府的土地财政饱受诟病，然而，我们不能以这种阶段性的政府运行的病态来否定国家参与农村集体土地收益分配的合理性和必要性。在讨论农村土地转用收益分配问题时，"涨价归公"和"涨价归农"两种观点互相攻击，但每一种观点的片面性都显而易见，越来越多的研究者倾向于第三种也被认为是前两者折中的观点"公私兼顾"，其实也是理论界和实践层面对国家的农村土地收益权的认可。那么，国家在土地收益中分得多大份额较为合理呢？由于当前国家参与收益分配主要是以土地出让金和税费两种形式，二者之和被学者们估计约占土地收益的60%~70%，甚至更高，其中主要是土地出让金。由农村集体经营性建设用地的国家分配比例可见一斑，2016年由财政部和国土资源部联合发布的《农村集体经营性建设用地土地增值收益调节金征收使用管理暂行办法》明确规定，农村集体经营性建设用地入市收益要向国家缴纳调节金，分别按入市或再转让的20%~50%征收。从最早探索集体建设用地入市的广东等地的经验来看，政府在土地收益中的占比也基本在40%~50%。总体来看，国家土地收益占比由于统计地区经济发展水平差异、区域政策差异、统计技术差异等的存在，大家莫衷一是。不过，对于国家垄断一级土地市场获取出让金的做法学者们反对观点占据主流。而且现有的土地收益分配并没有形成一套可以在全国范围推广的分配标准，因客观条件差异，政府参与分配的比例在不同试点地区也无法做到相同，人为框定一个分配比例尚缺乏统一的经验基础，科学性不足。然而，以土地增值税、使用权变更登记费、个人所得税等税费的形式取代土地出让金、调节金等形式是市场经济条件下的必然要求，收取税费的额度要参考当地人均生活水平，确保被征地农民生活水平不降低。税率的制定应在广泛征求人民群众意见、考虑各方利益平衡的基础上确定（司野，2017）。

（2）农民集体土地收益权必须落实。农民集体土地收益权是成员集体将作为生产要素的集体土地，直接或间接投入生产经营活动，并依据该要素的所有者身份获取要素收益的一项重要的财产权（杨青贵，2016）。在法学意义上，从我国"农民集体"内涵变迁的历史与现实来看，农村集体经济组织和集体成员两者都应当成为集体土地收益权主体，参与集体土地收益分配，本章此处所言参与收益分配的主体指农村集体经济组织，而集体成员即农户则在承包者收益权和经营者收益权部分另行讨论。从我国农村发展的实践来看，当前农村集体经济组织空壳化，公共品供给严重不足的问题突出，农村基本经营制度定型后，地权配置不断强化个体农户的承包经营权，集体所有权不断虚化并在所有权价值化功能丧失后彻底空壳化，由于同期国家无力或没有及时提供农村公共品，导致农村公共品如基础设施、社会保障等供给严重不足（徐勇，2013；孔祥智、刘同山，

2013；贺雪峰，2015；邓大才，2017），因而必须落实集体的土地收益权，让集体获得农村土地收益。结合历史与现实来看，具体来说，农民集体要以下方式参与农村土地收益的分配：一是农业用地承包费和集体土地使用费。虽然不少学者站在减轻农民负担、增加农民财产性收入的角度不主张向集体成员及其家庭收取其承包地的集体土地使用费，而且，《关于做好当前减轻农民负担工作的意见》《关于做好当前减轻农民负担工作的意见》《关于2005年深化农村税费改革试点工作的通知》等一系列文件中也都禁止收取土地承包费或宅基地有偿使用费，但站在集体经济发展、集体权益维护并最终维护农民利益的视角主张合理收取或以其他形式保障集体土地所有权收益实现的观点也一直存在（黄俊阳，2008；桂华，2017）。土地承包费和建设用地使用费是土地所有者合法性基础最为坚实，也最为稳定的收益来源，从充实集体财力、增强集体服务能力、调节土地使用、提高土地使用效率等角度来看，实有必要，且《物权法》取消了禁止收取土地承包费的规定，为此提供了法律基础。二是土地转用的土地补偿费包括集体经营性建设用地入市的土地补偿费。国务院发布的《中华人民共和国土地管理法实施条例》（2014年修订）第二十六条规定："土地补偿费归农村集体经济组织所有；地上附着物及青苗补偿费归地上附着物及青苗的所有者所有。征收土地的安置补助费必须专款专用，不得挪作他用。需要安置的人员由农村集体经济组织安置的，安置补助费支付给农村集体经济组织，由农村集体经济组织管理和使用；由其他单位安置的，安置补助费支付给安置单位；不需要统一安置的，安置补助费发放给被安置人员个人或者征得被安置人员同意后用于支付被安置人员的保险费用（黄俊阳，2008）。"我国的司法判例实践中往往也不支持土地补偿费归农民所有。《关于农村土地征收、集体经营性建设用地入市、宅基地制度改革试点工作的意见》明确提出，要求农村集体经营性建设用地入市，农村集体经济组织取得出让收益，政府应确定合理比例收取土地增值收益调节金。可见，土地补偿费归农村集体经济组织所有是界定明确的，然而由于未明确界定土地所有权补偿和土地承包经营权补偿，且补偿标准过低，导致现实中保护农民利益的呼声绑架了法律规定，《国务院关于深化改革严格土地管理的决定》《国土资源部关于完善征地补偿安置制度的指导意见》等一些规范性文件也作出与《条例》意见相违的规定，地方实践中也按照将土地补偿费主要用于被征地农户实施。因此，应该分别明确将土地转用补偿分为土地所有权补偿和土地承包经营权补偿，在"三权分置"的框架下，因为权利可能分属于不同主体，还需进一步区分为土地所有权补偿、土地承包权补偿和土地经营权补偿，分别给予合理补偿。土地所有权补偿收入归集体所有，再由集体依照制度予以分配。对于集体经济组织提留和成员分配比例，各地存在较大差异，但基本上是农户占大头，集体收益占比较小。如农地转用增值收益分配中，安置补助费、地上附着物及青苗费是直接支付给被征地人的，本应支付给集体的土地补偿费从多地的经验看往往80%以上支付给农户，集体得到不足20%。合理的做法应当是在明确区分集体土地所有权收益和农户土地承包权收益的基础上结合国家地方政策及当地经济社会发展实际分别予以测算，承包权收益赋予农户，所有权收益部分统一列入集体公积公益金进行管理。

（3）承包者收益权合理保障。"三权分置"之后，农村土地的承包者和经营者在法理上分离开来成为两个主体，土地的承包经营权分离为承包权和经营权，附设在土地承包权这一成员权之上的承包者的收益权也成为一项独立的权利，是指农村集体经济组织成员享有依法承包由本集体经济组织发包的农村土地的权利并因其承包的一定量土地而衍生出来的对其承包土地产生的收益受偿的权利。是从于土地承包权是一项新设权利，是从"三权分置"之前的农村土地承包经营权中分离出来的，究竟该权利是不是一项独立权利，法学界和经济学界仍在持续争论中，其法学定性仍未明确，法律地位尚不明晰，该权利如何取得、如何行使、如何实现均在探索中（朱广新，2015；潘俊，2015；王小映，2016；肖鹏，2017），对其上的承包收益权更是缺乏解释。农业部部长韩长赋在解读《关于完善农村土地所有权承包权经营权分置办法的意见》时指出：明确严格保护承包权，强调维护好承包农户使用、流转承包地的各项权益，任何组织和个人都不能取代农民家庭的土地承包地位，任何组织和个人都不得强迫或者限制其流转土地。同时根据形势发展需要，又赋予承包农户在抵押担保等方面更充分的土地权能。无论土地承包经营权如何流转，土地承包权都属于农户家庭（韩长赋，2016）。由此可以推出，农村土地承包权收益主要包括以下方面：一是农户承包并自己经营土地所获得的收益，在此情况下，土地承包权收益和土地经营权收益是合二为一的。二是土地流转的收益即农户承包土地后流转给其他经营者经营获得的流转费用。三是在承包地被依法征用时获得的补偿。对于承包者收益权，本书主张合理保障，而不可过于强化，所有者和经营者对承包者收益权的侵犯的确值得防范，但从农村土地集体所有权虚化的现状和承包者收益权过于强化可能影响土地流转和规模经营来考虑，承包者收益权不应被过度强化。而且，从要素贡献和参与价值创造的角度来看，承包权尤其是农村土地继承者的承包权的贡献要弱于所有权和经营权。当然，主张合理保障并非可以弱化，只有作为承包权人的农民的个体利益得到保障，农民集体的利益才能得到真正落实，农民才有动力推动土地流转与规模经营实现，才符合农村土地制度深化改革的初衷和目的。

（4）农村土地经营者收益权充分保障。农村土地经营权系来源于我国农村土地流转中承包人和经营人分离的实践探索并得到政策确认但现行法中尚无明确依据的一个规范性政策用语，是指农村集体经济组织成员依法承包本集体经济组织的一定量土地用于农业生产经营并获得相应收益或其他经营主体通过与承包农户签订土地流转合同流转一定量土地用于生产经营并获得相应收益的权利。同承包权相同，土地经营权亦属于三权分置农地权利框架下新创设的土地权利，其到底应定性为权利用益物权还是债权，甚或是一种以农地为客体的不动产用益物权，法学界同样在激烈争论（陈小君，2014；高海，2016；蔡立东、姜楠，2017；丁文，2018）。根据《关于完善农村土地所有权承包权经营权分置办法的意见》等规定，农村土地经营权的权能包括："经过承包农户同意，经营主体可以依法依规改善土壤、提升地力、建设农业生产附属配套设施；还可以经承包农户同意，向农民集体备案后再流转给其他主体，或者依法依规设定抵押；流转土地被征收时，可以按照合同获得地上的附着物和青苗的补偿费"（韩长赋，2016）。结合当前农村生产经营活动实践和《物权法》《农村土地承包法》等法规政策对经营权权能的界定，可知经营权收益主要包括如下方面：一是土地用于农业生产经营所获直接收益；二是粮食、良种、农机等各种惠农补贴收益；三是依法以流入土地到金融机构设定抵押获得资金用于生产经营所获新增收益；四是经原土地承包农户同意，并向农村集体经济组织正式备案后，再流转给其他经营主体获得的流转收益；五是流入的集体土地被征收时，按照流转合同获得征地方给予地上的附着物和青苗的补偿费。经营者是农村土地收益的直接创造者，经营者的积极性和效率决定了国家、所有者、承包者收益权的实现水平。"三权分置"改革的核心在于放活经营权，而只有经营者的收益权得到充分保障，经营者的积极性才可能充分激发。因此，经营者收益权必须通过加强立法规制、强化政府监管、规范土地流转等手段予以充分保障。

二、体制机制创新，发展壮大农村集体经济

从我国农村土地收益分配中存在的各种问题来看，一个重要原因是作为农村土地收益分配体系运转枢纽和核心主体的我国农村集体经济组织日渐衰微，趋于空壳化、虚无化，导致乡村衰败，严重动摇了农民收益可持续增长的基础。从本

书研究的博弈分析中也可以看出，农村集体经济组织作为联结微观农户和政府、微观农户和企业、微观农户和市场之间的一个重要载体，地位不可或缺。而且，越来越多的实践困境和理论研究结论都表明，适度的集中化、一定的组织化是我国农业和农村未来发展的必然趋势。因此，通过体制机制创新，发展壮大农村集体经济，具化农村集体经济组织载体，重塑农村集体经济组织，是我国农村土地收益分配制度改革的关键环节。

在中国特色社会主义进入新时代的背景下，我们要发展的农村集体经济从集体内部看，其主要特征是：明晰的产权制度、有效的实现方式、灵活的组织经营形式和高效的治理模式；从外部环境看，还应有完备的政策支持体系。明晰的产权制度即包括集体所有、管理层、村民或职工个人所有，法人机构所有在内的混合所有制；有效的实现方式包括股份合作制、股份制、发展基金等；灵活的组织经营形式内涵为：组织形式是村级资产管理公司，经营方式要由目前的土地、物业租赁等低级形式向农业产业化服务、高端服务业转型；高效的治理模式指"党支部（政治组织）—村委会（自治组织）—集体资产公司（经济组织）"三位一体的新型乡村治理模式；完备的政策支持体系主要指集体经济立法等。

1. 重塑农村集体经济组织

发展壮大农村集体经济，首要的是推动组织变革，重塑农村集体经济组织这个农村土地收益分配的核心主体。事实证明，我国目前的农村集体经济发展模式是有重大缺陷的，集体主体不明，集体经济组织虚化，集体服务能力丧失，集体经济瓦解。迫切需要通过深化农村集体产权制度改革予以突破。改革开放以来，农村集体经济发展问题始终是学界研究的热点问题，文献汗牛充栋，学者们的观点为本书研究提供了重要借鉴。在此基础上，结合田野调查和农业部门访谈，本书提出，在借鉴我国国有资产管理的经验的同时，也要吸取国有资产管理的教训，创新集体经济发展的组织形式，建立混合所有制的"村级集体资产管理公司"。具体举措如下：

首先，农村集体经济组织载体必须具化。在《土地承包法》等相关法律法规中，对我国农村土地的所有者定义是明确的，就是农民集体，对集体的定义也是明确的，乡镇农民集体、村农民集体和村民小组三个层次。而究竟"集体"是谁，大家的认识并不统一，但从农村发展实践和我们调查的情况来看，农民们普遍认可的集体是村集体而不是乡镇一级集体或村民小组一级集体。再具体到哪个组织代表集体对农村集体土地行使发包等权利，虽然法律法规规定农村集体土地由农村集体经济组织作为主体来行使权利，但实践中多数地区的农村集体经济组织发展不完善，缺乏有效规范的组织形式和实现方式，物质基础上是空壳的，所以一般情况下，对土地的相关权利是由村委会具体行使的。根据《村委会组织法》，村民委员会是我国农村实行的村民自治制度的主要组织载体，是村民自我管理、自我教育、自我服务的基层群众性自治组织，实行民主选举、民主决策、民主管理、民主监督（陈江虹，2006；徐伟、陈泳滨，2009）。村委会作为村民自治机构，主要职能是农村社会的治理，社会职能而不是经济职能是它的核心职能，而且村委会也有着自己的利益诉求，它是否适合替代农村集体经济组织，学者们和实践部门向来争论激烈，但在农村集体经济组织没有得到充分、规范发展的情况下，由村委会越俎代庖行使职能也是无奈之举。因此，从推动农村集体经济可持续发展、实现农村社会治理现代化的角度讲，有必要创新农村集体经济组织的组织形式，丰富其实现形式，具化农村集体经济组织的载体，并把经济职能从村委会的职能中剥离出来，由农村集体经济组织这个经济主体专职实现集体经济发展职能，不断发展壮大农村集体经济。

其次，建立"村级集体资产管理公司"作为农村集体经济组织的有效实现形式。从理论上来说，农村集体经济的实现形式有很多，包括乡镇（街）集体经济经营实体（如公司、联合社等）村经济合作社、村股份经济合作社、自然村组经济实体以及新型联合组织如农民专业合作社、专业农场（庄）、其他合伙农村企业等。实践中，我国集体经济的实现形式经历了统一劳动经营和政社合一的集体经济、家庭经营基础上统分结合的集体经济和以家庭承包权为基础的合作经营的集体经济三个阶段（徐勇、赵德健，2015），新形势下也涌现出如山东东平县土地股份合作这样的多种农村集体经济有效实现形式。从收益的角度来看，这种集体经济实现形式的阶段性变化体现的正是如何不断地优化农民的土地权利以及劳动付出与土地收益之间的系统关联，逐步建立它们之间的线性关系。

本书所倡导建立的"村级集体资产管理公司"具体构想如下：①"村级集体资产管理公司"的性质是农村集体经济组织，是农村集体资产产权的所有者，代表农民集体利益，承担农村农业发展的经济职能。②"村级集体资产管理公司"主要的资产是农民集体所有的各类土地（耕地、宅基地、集体公益设施建设用地、集体经营性建设用地、荒山、荒沟、荒丘、荒滩等集体未开发地），包括各类集体经营性资产如集体企业、集体所有对外租赁的楼宇等，还包括集体注册持有的商标、品牌等无形资产，以及社会主体以技术、资金、人力资本等入股形成的资产。③"村级集体资产管理公司"的所有制形式是混合所有制，其大股东为农民集体，股东还包括本集体的村民个人以及本集体之外的自然人和法人。④"村级集体资产管理公司"只是农村集体经济的实现形式之一，而且其建立具有时间阶段性，在现有条件下需渐进分步实施，最终的村级集体资产管理公司也要根据区域发展市场化程度分类建立：传统型纯农业经济、亦城亦乡的工农结合型经济可建立包括集体股、管理层和员工或村民个人股在内的混合所有制基础上的股份合作制集体资产管理公司；城市社区集体经济可建立包括集体股、管理层和员工个人股、法人股在内的混合所有制基础上的股份制集体资产管理公司，或设立发展基金。⑤"村级集体资产管理公司"的组织形式是公司法人，按照现代企业制度运作。⑥"村级集体资产管理公司"组织原则是：维护原有财产主体的利益，不"归大堆"；尊重大股东以外股东的意愿和选择，进入退出不搞强迫命令；坚持"民办、民管、民受益"，不搞行政干预；定位于搞好农业生产服务和农民生活服务，实现集体资产保值增值，发展壮大集体经济，不以盈利为主要目的。需要指出的是，之所以建立村级集体资产管理公司，是因为从实践中来看，村级集体是相对于乡镇级和村民小组级而言农村集体经济发展最适宜的层级。之所以建立现代公司的规范形式并采取混合所有制的形式是借鉴我国国企改革和国有资产管理的改革逻辑和基本经验，有效解决产权不清、职责不明、管理混乱和缺乏活力等问题。

在具体实施时，站在国家治理体系和治理能力现代化的高度，因为纯而又纯的集体所有制下的资产管理公司无法克服目前国有资产管理体制下的各种弊端，也须走混合所有制的路子。因而，顶层制度设计上借鉴当前国有资产管理体制改革的思路，农村集体资产管理公司定位是股份合作的混合所有制经济组织，其本质是一种合作经济，既包括生产资料集体所有制下的集体股和集体发展基金，又包括私有制下的个人股如管理层股权、员工持股、募集社会股；管理人员包括村两委成员、职业经理人、村民代表、所在乡镇政府委派人员和第三方专业机构人员。在成员组成上村委会和资产管理公司的组成人员可交叉，但职能和账目分开。

2. 创新农村经营体制机制

如前文所述，当前我国农村土地收益分配的利益相关者众多，农户、村集体、基层政府、中央政府、开发商、中介组织等代表着不同的利益诉求，彼此纠缠，分割农村土地利益。这种混乱的农村土地收益分配主体结构不利于土地收益分配关系理顺，引发土地收益分配的失衡，或者即便短期内达到均衡也是一种低效率的均衡。这种失衡已经导致越来越尖锐的土地利益冲突，引发严重的农村社会稳定问题。因而需要创新农村经营制度，减少农村土地收益分配主体的数量，优化农村土地收益分配的主体结构。

我国实行的是"农村土地集体所有,以农民家庭承包经营为基础、统分结合的双层经营体制"这一基本经营制度,它是我国亿万农民在农村改革开放过程中的实践经验总结,是我国农业农村发展的历史选择,是党的农村政策的基石。这一制度的正确性和作用已被历史证实,无须讨论。但在这一基本经营制度之外,我们国家从来没有否认其他经营制度的存在,而且始终在推动完善农村基本经营制度,创新农业经营方式,积极培育新型经营主体,加快新型农业社会化服务体系建设。尤其是近年来,在促进土地向农业大户、家庭农场和新型经营主体流转,培育新型经营主体方面,党和国家出台多个文件,改革政策频频发力。从农村土地收益分配的角度来看,这些举措有利于减少土地收益分配的利益主体,有利于改变利益分配主体的力量均衡,有利于理顺收益分配关系。因而,对于农村基本经营制度,我们要坚持不断完善,在此基础上,逐步推动农村经营体制由统分结合、以分为主向统分结合、扬统抑分转变;在保障农民私人财产权益的前提下,引导逐渐向统一经营规模经营转变,以发挥集体经济规模化和专业化分工的优势。

推动土地向新型经营主体流转集中。研究表明,影响农村土地流转的因素主要有思想观念与土地情结、非农就业与非农收入的比重、社会保障程度、政府作用以及政府政策作用等(杨宏力、李宏盼,2019)。要打破这些限制因素的束缚,进一步推动土地的适度集中经营,从而减少土地经营者数量。奥尔森的集体行动理论指出,大集团未必力量大,小利益集团在与其他团体的竞争中反而表现出较强的博弈合力(奥尔森,1995)。也有观点认为,我国农民权益得不到充分维护的一个重要原因是农民的人数太多,利益多元导致力量分散,无法推出群体利益的代理人,无法形成对外的合力。从实践中观察,该理论观点至少部分地可以解释我国农民的维权困境。在农村土地收益分配中,对农村土地利益关系最直接、依赖性最强的农户反而成了最为弱势的一方。土地向新型经营主体流转集中的收益分配意义不仅在于减少了直接参与分配的农户的数量,同时适度规模的土地也增强了新型经营主体的议价能力,更强的经济实力增加了他们与村集体、基层政府等主体博弈的筹码,使得他们在收益分割时的行动成为"可置信的威胁"。

3. 实施集体土地整理工程

从目前农村尤其是不发达地区农村的情况来看,农村土地收益低、农业经营者的投资回报率不高、集体土地收益项目少是一个突出问题,集中表现为农村耕地的粗放生产和建设用地的大面积闲置和浪费性使用,并导致农民收入可持续增长乏力和集体经济的空壳化。主要原因在于，实行家庭承包经营责任制后，农村土地"分"的功能较为彻底而"统"的功能严重不足，土地细碎化经营产生的规模不经济以及由此引发的土地大面积流转和规模经营困难，以及农村集体建设用地缺乏科学的统一发展和建设规划，导致建设用地大量空置和开发利用不足，无法为集体创造价值。因此，必须实施土地整理工程，释放农村土地蕴藏的经济价值，为农民和集体带来收益，夯实土地收益分配物质基础。

第一，改变农业生产用地细碎化经营状态，逐步向集中统一经营过渡。可以考虑分步实施的战略：第一步，通过土地承包经营权的置换实现农村土地在原承包户手中的相对集中耕作，提高生产的便利化程度和现代农业技术的应用程度，提高农业生产率，增加农民收益；第二步，通过二地流转推动土地向农业大户、新型经营主体手中集中，进一步实现农业生产经营的规模化程度和农业生产的现代化程度；第三步，实施土地股份合作，在自愿、有偿的原则下，对部分土地进行土地股份合作制改造，原承包户土地量化入股村级集体资产管理公司，由村级集体资产管理公司统一经营，土地收益按股分红给入股农户。当然，并非对所有的农业土地都强制推行土地股份合作制，如果强制加入，就丧失了合作的原则和精神，因此，土地整理后部分不愿入股农户的承包地仍由农户自主承包经营。

第二，集体建设用地根据其用途进行分类处置。宅基地做好村庄建设规划，严格坚持"墙外无地（宅）、一户一宅"，"一户一宅"以外的宅基地使用权收归村级集体资产管理公司，建立集体建设用地储备，用于本集体成员新增住宅用地需求；遏制"空心村"现象，对各种原因引起的宅基地闲置收取闲置费；无子女集体成员去世腾退的宅基地收归村级集体资产管理公司纳入集体建设用地储备，集体成员自愿退出的宅基地由村级集体资产管理公司给付补偿费后纳入集体建设用地储备；集体成员新增住宅用地需求优先供应腾退出的老宅基址，缓解"空心村"问题；新增宅基地需求实行有偿供给，充实村级集体资产管理公司财力。集体公益性建设用地严格控制规模，尽量减少土地占用。集体经营性建设用地入市收益、租赁收益等各种收益由村级集体资产管理公司统一掌握，统筹使用。

第三，集体所有的荒山、荒坡、荒滩等未开发土地直接纳入村级集体资产管理公司资产盘子，进行综合开发，挖掘其经济价值，或直接打包租赁给企业等市场主体进行商业开发，实现其市场价值。

综上所述，发展壮大集体经济、夯实土地收益分配物质基础最现实的选择就是充分发挥集体的土地要素优势，充分挖掘土地的经济价值。尤其对于广大不发达、欠发达地区的农村集体来说，做好土地整理就解决了集体经济发展的内生动力问题，也解决了集体经济发展的"第一桶金"问题。

4. 建立高效乡村治理体系

搭建"党支部（政治组织）—村委会（自治组织）—集体资产公司（经济组织）""三位一体"的现代乡村治理模式和治理架构，实现党政、党企、政企分开，彻底解决集体经济组织法律地位不明、村庄治理体系政经不分的弊端，为农村土地收益分配提供组织保障。明确党对集体的治理组织是党支部，承担党建职能；村庄的社会治理组织是村民委员会，承担社会管理职能；农村集体经济组织是集体资产管理公司，承担经济发展职能。集体资产管理公司作为集体经济组织的唯一代表，对支部委员会和村民委员会负责，具有法人资格，独立开展业务，企业化运作。村庄目前已有集体经济组织的，改造规范；没有集体经济组织的，重新组建。在乡村振兴战略的统筹下，逐步形成支部管党、村委搞治理、公司抓经济的格局。

发展农村集体经济，除了上述方面，在思想方面还要正确理解马克思主义的集体所有制内涵，其精髓和内核在于合作，在中国特色社会主义进入新时代的背景下，通过实施乡村振兴战略全面建成小康社会，单靠市场作用发挥，难以克服小农经济弊端，必须适度引导和调控。要处理好尊重农民生产资料的私人产权和发展集体经济的关系，发展壮大集体经济不能靠剥夺农民私有产权，要集体与个人共同发展。收益分配要坚持按劳分配与按要素贡献分配相结合。

三、建立土地收益调节机制，设立农村土地收益调节基金

如前文所述，由于历史遗留问题、自然资源禀赋差异、制度改革的协调性、保障体系建设的滞后性等原因，我国农村土地收益分配存在显著的区域差异、城乡差异、主体差异、性别差异、代际差异等，引发一系列问题，最终要通过深层次改革解决这些问题，而通过探索建立土地收益分配调节机制，可有效降低这些问题带来的不利影响。

土地收益调节基金是土地收益分配调节机制的重要组成部分。学界关于建立土地收益调节基金的研究有很多，主要集中在农地征收后政府获取的土地出让金如何高效使用或建立失地农民的长远保障方面，与本书所研究的"农村土地收益调节基金"在内涵、设立、目的、功能等方面有较大差异。也有些研究在基金的设计方案中提及土地收益的区域平衡（陈霄，2013），但内容只限于宏观的发达

省份对欠发达省份在建设资金的转移支付方面，没有全面分析农村土地收益的系统平衡。另有一些研究在村庄微观层次探讨了农村人口土地调节基金制度的方案设计（赵献恩，2002），对本书研究村级层次的方案构想提供了参考思路，但这些研究对村级以上层次的设计没有涉及，有着显著的缺陷。

本书借鉴价格调节基金、国有土地收益基金和农村集体经营性建设用地入市或再转让土地增值收益调节金建立的理念与思路，结合我国农业农村发展现状和农村土地收益分配实际，主张探索建立"农村土地收益调节基金"，该基金构想如下：①基金设立的目的是解决或缓解农村土地收益分配不合理引起的区域间、群体间、组织间、代际间等存在的收益分配不公平、不平衡问题。②基金分为中央、省、市、县（区）、乡镇、村六级，村以上各级由各级政府财政部门管理，村级由村级集体资产管理公司管理。③各级基金的资金来源为各级政府获得的相应的农村土地征收产生的土地出让金、土地流转收取的费用等和各级对应的政府拨款，村级基金资金来源为本集体内部土地使用产生的收益中集体所有的部分。④基金主要用途是农地征收补偿、失地农民社保、失地农民就业培训等惠农转移支付，以及因土地引起的收入差距过大调节等。

以村级基金为例，目前村集体内部在农村土地收益分配中存在的主要问题是土地收益分配的纵向不公及横向不公问题。如前文所述，在当前的制度安排下，"死人与活人争地""婚出人口与婚入人口争地"以及大学毕业生等户籍迁出者仍然占有土地而无地农民工只能选择外出务工等不合理的现象大量存在。"死人与活人争地"属于土地收益分配的纵向不公或代际不公：只因"来得晚"，众多农村孩子生来便丧失了获得土地收益的权利；"'嫁入女'与'嫁出女'争地"等属于土地收益分配的横向不公：一方面是人有迁徙自由，另一方面人动地不动又使得这种迁徙成本高昂或无法将土地要素收益作最优的配置。可考虑在不实质性突破当前农村土地制度约束框架下设立村级土地收益调节基金，从而有效解决该问题。村级土地收益调节基金与其他各级基金相比，由于存在土地在集体内部进行调整的可能性，故村级基金设计不仅存在其他各级基金所进行的资金的调节，还涉及土地指标的调节，它主要包括"资金池"和"指标池"两项具体设计。"指标池"即集体内部土地承包面积指标，主要是集体所有农户承包经营的农业用地和宅基地指标，去世村民、户籍迁出村民等与土地已经脱离实际联系群体的承包地或自愿退出承包关系者的土地即回收至"指标池"，并优先按照时间先后拨付给新生儿或婚入人口等户籍迁入者承包，剩余的可由村级集体资产管理公司统一处置如有偿承包给农业大户等新型经营主体获取收益等。"资金池"即土地收益资金，是村级集体资产管理公司凭借其所有的集体土地获得的各种土地收益，主要是集体土地租赁给经营主体收取的土地承包费、收取的宅基地闲置费、土地征收中分配给集体的征地补偿费、政府的土地收益调节专项转移支付以及其他区域拨付的补偿费，以便土地指标不够分配时向相关对象按周期发放适量补偿金。基金的发放时间由本集体内部决定，具体发放标准由村级集体资产管理公司根据本地农业生产率情况按照本集体人均承包地面积估算。此外，每一级"土地收益调节基金"不是封闭运行而是互联互通的，A地人口户籍迁移至B地后，其土地指标虽被A地回收，但若在B地未及时获得等量土地则A地需同时向B地的"土地收益调节基金"拨付相应土地收益以作为补偿，直至迁出者获得土地或自愿无偿退出土地。这样一来，土地收益随人而流动，可以有效化解土地收益分配不公的问题。考虑到村庄人口短时期内总量变化不大的现实情况和农民多数在附近区域寻找婚配对象的婚俗，"土地收益调节基金"具有一定的可行性。

第十章

农村土地收益分配机制创新的配套改革

实践中，各级政府出台诸多缓解农村土地收益分配矛盾的措施均收效甚微，改革系统性不足殊为关键。从来不存在单一的、割裂的改革，农村土地收益分配制度改革也要统筹考虑。土地收益分配与产权安排、市场发展、法制建设、社会意识、治理观念、户籍政策等因素关联密切，彼此牵连，因此农村土地收益分配制度改革应跳出"三农"来看，要将其放在中国特色社会主义发展进入新时代的背景下，站在乡村振兴战略的高度看待，在社会系统的视角下审视农村土地收益分配关系。

第一节 农村集体产权制度改革

在权利制度体系中，产权一直是最为核心、最为深刻的制度安排，对于农民集体资产收益权的保障来说，产权改革具有根本意义。2014 年 10 月，中央审议通过了有关农民股份合作改革试点方案。随后，10 月 18 日，农业部副部长陈晓华在专访中详细解读了改革试点的目的、原则和主要内容。12 月，有关农民股份合作和农村集体资产股份权能改革试点方案获中央审议通过（高云才，2014），农村集体资产产权制度改革试点工作逐步开始推行。2016 年 12 月 26 日，《中共中央 国务院关于稳步推进农村集体产权制度改革的意见》正式发布。2017 年，党的十九大提出"深化农村集体产权制度改革，保障农民财产权益，壮大集体经济"。农村集体产权制度改革全面推开。

农村集体产权制度改革的主要内容是土地等资源性资产、集体经营性资产和集体非经营性资产。以土地为核心内容的资源性资产的确权登记颁证等工作如何开展，前文已经具体阐述，因而此处主要讨论集体经营性资产和集体非经营性资产的产权改革问题。政策已经明确，对于经营性资产，重点是明晰集体产权归属，将资产折股量化到集体经济组织成员，探索发展农民股份合作。对于非经营性资产，重点是探索集体统一运营管理的有效机制，更好地为集体经济组织成员及社区居民提供公益性服务。鼓励在试点中从实际出发，探索发展股份合作的不同形式和途径（师高康，2014）。

在农村集体产权制度改革背景下，基层政府在积极推动消除"空壳村"，也就是说，先要解决集体资产有无的问题。从实践来看，很多地区依靠转移支付等做法消除"空壳村"仍然是治标不治本，没有从根本上解决集体经济发展的内生动力缺乏问题。造成"空壳村"产生的"统"与"分"关系不协调、地理位置不好、生态环境恶化、社区崩溃、人才过度流失和城市化进程缓慢（李宝书，1991；彭智勇，2007）等因素仍然没有消除或根本改观。那种制订计划五年甚至三年消除"空壳村"、实现集体经济发展壮大的运动式做法不但不切实际，也更加容易引发群众对党和政府政策权威的质疑，导致负面情绪滋生蔓延。"空壳村"的形成非一朝一夕，既有经济体制问题，也有运行机制问题，其消除也不可能一蹴而就，要客观看待和处理问题，尊重经济社会发展规律。《中共中央 国务院关于稳步推进农村集体产权制度改革的意见》在改革的基本原则中明确提出要分类有序推进改革。要"根据集体资产的不同类型和不同地区条件确定改革任务，坚持分类实施、稳慎开展、有序推进，坚持先行试点、先易后难，不搞齐步走、不搞一刀切；坚持问题导向，确定改革的突破口和优先序，明确改革路径和方式，着力在关键环节和重点领域取得突破"（曲广峰，2019）。作为集体产权制度改革的一部分，消除"空壳村"行动宜以重建农村集体经济组织为前提，以农民和农村集体经济组织为主体，以市场化配置要素为主要方式，以产业发展为主要手段，政府积极引导推动，逐步改变导致"空壳村"产生的条件，分阶段有序消除"空壳村"。

解决了集体资产有无的问题之后，便是集体资产主体的确定即农村集体经济组织成员及其成员权的界定问题，这一问题在下文户籍制度改革部分将另行分析。有了集体资产，确定了集体经济组织的成员身份，如何对集体资产收益进行分配便成为核心问题。目前来看，农民的集体资产收益权得不到有效保障是一个较为突出的问题。关于集体有哪些资产，其收益情况如何，收益按照什么原则在集体成员之间分配，集体积累和成员分配比例如何合理确定等问题，农民和集体经济组织或其代理人村委会之间存在严重的信息不对称。另外，尤其在一些面临拆迁补偿的城乡接合部地区，受利益驱使，政府、开发商、集体经济组织和农户之间进行收益分割博弈，集体收益分配权的确定又存在一定的混乱。需坚持集体收益分配权的取得依据为具有集体成员资格，集体组织对于集体收益分配享有自主权。集体成员会议应由集体成员绝对多数通过集体收益分配决议。集体收益分配决议可由集体成员会议授权村委会、村民小组委员会或其他组织、个人负责执行（商艳冬，2012）。

第二节　建立公共资源出让收益合理共享机制（征地制度改革）

建立农民参与的利益共享机制在党和国家的一系列政策文件中得到了突出强调，这是对农民维护权益呼声的回应，也是国民共享改革成果建设和谐社会的必然要求。这一精神出台的深刻背景是我国当前的二地制度安排（农村土地承包经营和土地征收制度）下越来越激烈的社会冲突。因此，本章认为，建立公共资源出让收益合理共享机制应把征地制度改革作为突破口，理顺土地利益相关者的责权利关系，并逐步建立完善水资源、矿藏等公共资源的出让收益合理共享机制。

我国大规模的土地征用始于 2001 年，此后虽不同年份有所波动但基本保持在 1000 平方公里之上的高位。从 21 世纪初开始，征地问题也逐渐成为学界研究的热点问题。征地补偿问题（汪晖，2002；黄祖辉、汪晖，2002）、征地的制度效应问题（楼培敏，2005；林乐芬、金媛，2012；刘祥琪、陈钊、田秀娟，2012）、征地制度的评价问题（杨翠迎，2004；吴晓洁、黄贤金、张晓玲，2006；王修达，2008）、征地制度改革问题（钱忠好、旦屹、曲福田，2007；靳相木，2008；廖长林、高洁，2008；晋洪涛、史清华，2010；桂华，2019）等都成为学者们讨论的议题。也有学者关注到被征地农民等利益相关者的行为等问题（陈艳华、林依标、黄贤金，2011；刘祥琪、陈钊、赵阳，2012）。学者们虽观点各异，但普遍认同现行的征地制度短期内仍会继续实施，而且其在运行中存在一些问题，引发了一些矛盾，迫切需要改革。而至于征地制度改革的方向，学界的建议和实践工作者的呼声已经得到政策回应，近年来中央和国家下发的一些政策文件和制度规范中已经有了明确要求，如缩小征地范围、保障农民利益等。这些要求从农民土地收益分配的角度来看，有利于扩大农民群体的获利空间，保障农民参与土地收益分配的长期化和稳定性。

土地要素是农民手中最为重要的要素，因此，土地出让收益公平分配是征地制度改革的核心内容，也是农村土地收益分配制度改革的重要内容。长期以来，土地出让收益"取之于农，用之于城"的分配方式（谭术魁、陈宇、张孜仪，2012）饱受诟病。作为一种公共收益，土地出让收益的分配应该以包括失地农民在内的全体社会成员共享为主。个人收入分配的平等机会和全体社会成员公共福利的增长，是土地出让收益分配规则的核心目标，通过政府有效调节促使出让收益流向公共服务和民生项目等公益性支出是出让收益共享的有效途径（唐鹏、石晓平，2012；龙开胜、石晓平，2018）。同时，要进一步完善土地产权制度、土地市场交易制度和土地有偿使用制度等，保障自然资源国家所有权收益的实现和共享（郭军武，2018）。

第三节　建立政府与市场关系的协调机制（社会主义市场经济制度）

当前我国经济体制改革的核心问题是处理好政府和市场的关系，其实是处理好政府与市场主体的关系。市场主体的发展欲望或经营者的创业激情是政府服务的方向。更好地发挥政府的作用就是要围绕市场主体的发展欲望、市场主体的创新聚集各种要素，有效发挥政府的积极作用，为市场主体发展提供服务，简化行政审批，加强市场监管，营造良好的发展环境（王志刚、马中东、杨宏力，2013）。改革开放以来，我国农业的市场化程度大大提高，农民的市场主体地位越来越得到凸显，但与其他领域比较，农业和农村的市场化程度仍然相对较低，在广大农村地区，长期以来除了农民自身，最为活跃的主体便是政府，农村地区市场主体的数量偏少，要素的流动性偏弱。站在产业的角度来看，农业始终处于其他产业发展的附属位置，未能很好地融入现代市场体系，构成工业化、城镇化的一部分。这一定程度上是由于政府对农业和农村的过多"保护"，农业很弱、农民很苦、农村很穷已经成为社会对于农业和农民的刻板看法，这一看法反过来促使政府对农业和农村投以更多关注，而越是这样，越不利于农业和农村市场化程度的提高。在广大农村地区的经济活动中，不与政府发生关系的场合似乎很少，政府要么是经济活动的引导者，要么是经济活动的监督者，甚至有时直接扮演牵头人的角色。脱离开政府，农民似乎没有与其他市场主体直接发生关系的能力。这也导致另一种怪相，即政府管得越多，给自身带来的麻烦越多，近年来不少非法上访事件中上访农民要挟当地政府便是例证。

政府与市场的关系有待理顺还表现在政府对农业和农村发展的一些禁锢太多，干预了劳动力、土地、资金等要素的正常流动，而要素自由流动是市场经济的根本要义。中国农村本来就存在要素不足的缺陷，加之在改革前政府实施城乡二元的制度安排，以及改革后几十年市场机制的作用，使农村要素朝边际报酬高的城市形成"乡—城"单向流动，目前的农村要素条件就更是捉襟见肘（庄晋财，2018）。在这种情况下，地方政府引导要素合理流动，通过制度安排改变要素配置状况，避免资源浪费和无序发展无可厚非，而假规划之名干预要素流动则不可取，政府的过度干预会束缚市场主体的手脚，反而进一步导致农村的要素短缺。因而，政府可以改变要素流动的基础性条件，但不能直接作用于要素流动本身，该市场发力的必须交给市场解决。

第四节　农村人口转移制度化（户籍制度综合改革）

2014年7月24日，《关于进一步推进户籍制度改革的意见》（以下简称《意见》）颁布，我国户籍制度改革进入全面实施阶段。加快户籍制度改革，是涉及亿万农业转移人口的一项重大举措，《意见》高屋建瓴地提出了户籍制度改革的指导思路。《意见》明确表示，此次户籍制度改革的目的是：促进有能力在城镇稳定就业和生活的常住人口有序地实现市民化，并且要稳步推进城镇基本公共服务对常住人口的全覆盖（邹伟、白阳，2014），从而统筹推进工业化、信息化、城镇化和农业现代化同步发展，推动大中小城市和小城镇协调发展、产业和城镇融合发展。户籍制度改革的深入推进有利于理顺农村土地收益分配关系。我国户籍制度的建立的原因无须赘述，户籍制度的建立和不断完善对我国社会变革带来的巨大影响也有目共睹。另外，户籍制度的存在、变迁所依存的环境也发生了重大变化，虽然改革户籍制度的呼声甚高，甚至有人也呼吁取消户籍制度的限制，给人们以自由迁徙的权利。但是，户籍制度的存在目前仍对我国社会发展发挥着重要作用，取消户籍制度显然不是一蹴而就的事情，不断优化改革是目前最为现实的选择。其实，现实中已经有些地方取消了落户的种种限制，所谓的一线城市也纷纷降低了落户的标准。之所以一举一动牵动着人们的神经，无非是户籍制度建立伊始便和物质利益紧紧联系在一起，户籍本身只是一种个人信息载体，附加其上的权利与福利才是关键，户籍已然成为调节利益配置的一种工具，在农村社会也不例外。因而，理顺农村土地收益分配关系，户籍制度改革必须与之配套。

具体而言，要剥离农村土地承包经营权、集体收益分配权与户籍的关系。目前，绝大部分农村地区仍然将户籍作为确定集体经济组织成员身份的依据，进而将集体收益的分配等与之相连，是不合理的。如前文所述，我国农村土地收益分配中的很多问题均与这种依据户籍进行权益联结的做法有关。合理的做法是依据农村集体经济组织成员的主要收入来源、长久居住地、对集体事务的参与度、对集体经济发展所承担的责任与义务等来确认集体经济组织成员身份并给以其获得集体收益的权利。要坚持集体成员死亡、嫁出、迁入城镇落户、加入另一集体组织的均丧失原集体成员资格，非农业户籍持有者不能享有集体收益分配权（商艳冬，2012）。如农村地区考入大中专院校并在城市稳定就业的人员，早期要求入学迁移户籍的人群，其户籍已经迁出集体经济组织多年，在"生不增死不减"的农村土地承包规则下，诸多人仍然享受着承包经营集体土地权利，他们的收入来源与土地无关，定居在城市，基本甚至完全不参与集体事务，更谈不上对集体的贡献和责任，已经完全脱离农村社会，继续享有承包经营集体土地的权利显然不再合理。近年来，大中专院校已经不再要求农村地区的学生入学时必须随迁户籍，绝大部分的农村学生也选择将户籍留在原籍，但即便是这部分学生，在毕业后进入城市定居，他们所处的环境与那些早期将户籍迁出的农村学生并无分别，同样不依赖农村土地收益生活，不从事农业生产经营，完全脱离了农村，因而，这些学生的户籍虽然留在农村，却已经不具有继续享有农村土地权利的合理性。相反，对于那些因入赘等各种原因而获得集体同意，迁居在某集体，以农业生产经营收入为主要来源，长期在该集体居住，实际参与集体事务，承担集体事务责任的人群，无论其户籍是否迁入该集体，应该给予其在该集体享有集体土地承包经营、获得集体收益分配的权利。同时，对于去世的集体经济组织成员，随着其去世户籍注销，其所有的权利义务自然灭失，其原承包经营的集体土地应由集体经济组织收回重新发包，而不是依据"生不增死不减"继续由其亲属耕种并获得收益。因此，需辩证地看待户籍与收益分配之间的关系，这种关系，对于在世的集体经济组织成员应坚持剥离，而对于去世的集体经济组织成员应坚持联系。在实际操作中，应坚持合法与合理之间的协调，避免出现合法不合理或合理不合法的情形。

第五节　建立经济社会协调发展机制
（社保制度改革）

　　降低农村土地的社会保障功能有利于农村土地收益分配问题的解决，这要求推动社保制度改革，为理顺收益分配关系提供配套。具体来说，土地是农民的最后保障，转移人口失去这一最后保障之后的替代机制如何建立；如何建立保障失地农民权益的长效机制；农村转移人口进入城市能进能退的通道如何打通，而与这种能进能退相匹配的社保机制应如何构建。这些都是社保制度改革应该考虑的问题，只有解决了这些问题，转移农民才能免除后顾之忧，大量的人口转移和土地集约利用才有现实基础。

　　随着经济社会发展，农民的收入结构也在快速发生变化，越来越多农民的主要收益渠道已经不是农业生产经营，但总体而言，尤其是远离城市的纯农区，农业生产经营收益仍然是农民收入的主要来源。对于那些毗邻城乡的农村居民来说，虽然其收入来源已经改变，但其承包经营的集体土地为其提供的最终保障功能依然没有变化。农民深知土地对于他们而言所具有的终极保障功能，"手中有地，心中不慌"，所以不难理解，当农民承包经营的土地被征收时他们的焦虑与不安。因此，处理农村越来越多的土地收益分配纠纷，迫切需要推动社会保障制度改革，建立失地农民或脱农人群的社会保障机制。目前，在我国的社会保障体系中，对农民群体而言，最为重要的无非是养老和医疗保险。2016 年 1 月，国务院发布《关于整合城乡居民基本医疗保险制度的意见》，其中明确提出要整合城镇居民基本医疗保险和新型农村合作医疗两项制度，建立统一的城乡居民基本医疗保险制度。同时，积极推进医药卫生体制改革，实现城乡居民公平享有基本医疗保险权益，促进社会公平正义，增进人民福祉（高俊，2019）。2017 年 10 月 18 日，习近平同志在十九大报告中指出，要加强社会保障体系建设，"全面建成覆盖全民、城乡统筹、权责清晰、保障适度、可持续的多层次社会保障体系"。全面实施全民参保计划，完善城镇职工基本养老保险和城乡居民基本养老保险制度，尽快实现养老保险全国统筹（孙兆阳，2018）。这些社保体系建设的顶层设计为我国社保体系改革建设指引了方向，对促进城乡经济社会协调发展、全面建成小康社会具有重要意义，但对农民群体尤其是失地农民群体而言，这种宏观政策框架毕竟不是具体的制度安排和机制设计，仍然没有解决他们关注的失去土地这一终极保障之后他们如何找到另外一个替代性的稳定保障这一核心问题。因而，问题并不是用基本养老保险和基本医疗保险来替代土地保障功能这么简单，甚至在解决了保险费用缴纳的问题之后仍然不足以消除农民失去土地的不安。对于失地农民或者是自愿退出集体经济组织的农民来说，在他们离开土地之后，不能完全切断他们与土地之间的关联，仍然需要建立一种原来承包经营的集体土地和他们的保障之间的系统联系，比如社保制度对于这类人群出台相应规定，明确用途变更甚至存续形态变更后的原承包经营集体土地的收益与原土地承包经营者社保缴费之间的权利责任等。

第六节　建立土地价值实现机制
（农地权利交易平台与市场）

农业用地经营权、宅基地使用权分类建立农村土地权利流转市场，集体经营性建设用地直接入市，能够提升收益分配的效率和农村土地使用的效率。一直以来，农村土地利用效率低下饱受诟病，而缺乏相应平台是重要原因，因此土地权利流转平台建设在当时印发的中央文件①中被提到了一个新的高度，各地也在积极搭建农村综合产权交易平台，推动建立健全县级有流转市场、乡镇有服务中心、村级有服务站点的土地流转服务体系，为流转双方搭建信息服务平台，提供信息发布、政策咨询、价格评估、规范化流转合同、交易鉴证、纠纷调解等全方位服务。这有利于推动农村资产资本化、农村资源市场化、农民增收多元化，保障农村产权合法权益和农民财产收益，对落实乡村振兴战略意义重大。

但从当前农村产权交易市场建设的过程来看，还存在一些问题亟待解决：一是农村产权交易处置缺乏规范，表现为农村产权法律保护不到位、农村产权确权颁证不彻底和农村产权交易市场不健全。二是农村产权交易行为缺乏标准，表现为交易项目受限、交易品种单一和交易配套滞后。三是农村产权抵押处置缺乏困

---

① 中共中央办公厅、国务院办公厅 2014 年 11 月印发的《关于引导农村土地经营权有序流转发展农业适度规模经营的意见》（中办发〔2014〕61 号）、国务院办公厅 2014 年 12 月印发的《关于引导农村产权流转交易市场健康发展的意见》（国办发〔2014〕71 号），农业部 2016 年 6 月印发的《农村土地经营权流转交易市场运行规范（试行）》。

难，表现为农村产权的抵押担保权能不完善和农村产权交易二级市场尚未建立，交易违约后处置困难（徐超，2019）。因此，应坚持做好顶层设计，从国家层面制定出台相关建设标准和管理制度，完善农村产权交易体系建设，建立市县乡三位一体的农村产权交易平台。同时制定农村产权交易规范，明确产权交易程序，不断完善农村产权交易运行管理，增加产权交易类型，丰富农村产权交易内涵。此外，还可以考虑拓展现行担保公司业务范围或设立专业化的农村产权流转担保公司，并建立农村产权抵押贷款风险担保基金，推动涉农产权交易和抵押担保。为提高基层金融机构农村产权抵押贷款投放的积极性，也要结合我国金融机构业务实际，积极探索完善农村产权处置措施和渠道。需要指出的是，在最新的改革方案中，被征农村土地、集体经营性建设用地和宅基地"三块地"的改革是分类实施的。其中，集体经营性建设用地直接入市与国有土地同权同价应该是最无争议的，农业用地将承包权和经营权分离、经营权可以流转的方案也获得一致认可。本书赞同改革方案关于农业用地和集体经营性建设用地的相关设计，也认可为节约土地和提高土地利用效率，宅基地将有偿取得、有偿使月与可有偿退出这些共识，然而对于宅基地制度改革需要补充的是：随着大批无地农村人口进入婚育期，宅基地使用权的流转成为土地权利流转的重要内容的趋势客观显现，然而有关各方对宅基地的相关权利关系尚未理顺，因而也没有建立相应的流转市场，应适应实践需要，不但要尽快建立宅基地使用权流转市场，而且要在法律上明确，宅基地一旦有偿流转，即意味着原使用权人对宅基地使用权的永久性丧失，以解决"房地分离"的两张皮问题。

第七节　建立农村土地矛盾司法协调机制（司法制度改革）

从规章制度来看，对于农村土地矛盾和纠纷，我国相关法律提供了相应处理依据，如《中华人民共和国土地管理法》第十六条规定："土地所有权和使用权争议，由当事人协商解决，协商不成的，由人民政府处理。单位之间的争议，由县级以上人民政府处理；个人之间、个人与单位之间的争议，由乡级人民政府或者县级以上人民政府处理。当事人对有关人民政府的处理决定不服的，可以自接到处理决定通知之日起三十日内，向人民法院起诉。在土地所有权和使用权争议解决前，任何一方不得改变土地利用现状"（丁文，2015；刘琴、周真刚，2018）。《中华人民共和国农村土地承包法（2018 修正）》第五十五条规定："因土地承包经营发生纠纷的，双方当事人可以通过协商解决，也可以请求村民委员会、乡（镇）人民政府等调解解决。当事人不愿协商、调解或者协商、调解不成的，可以向农村土地承包仲裁机构申请仲裁，也可以直接向人民法院起诉"（丁文，2015）。

　　然而在实践中，由于农地相关纠纷往往存在农村土地纠纷案件的案由难以准确界定，法规不明晰、适用法律难，当事人法律意识缺乏、诉讼程序难，标的物特殊、权益实现难等问题，相关案件往往得不到妥善解决，而且容易导致上诉农民与司法机关之间关系紧张。鉴于此，2005 年 7 月 29 日，最高人民法院发布了《最高人民法院关于审理涉及农村土地承包纠纷案件适用法律问题的解释》（以下简称《解释》），予以规范。然而问题并未因此得到很好的解决，从法律条文上来看，对于哪些案件是可诉的哪些是不可诉的，给出了明确边界，如《解释》第一条明确规定："下列涉及农村土地承包民事纠纷，人民法院应当依法受理：（一）承包合同纠纷；（二）承包经营权侵权纠纷；（三）承包经营权流转纠纷；（四）承包地征收补偿费用分配纠纷；（五）承包经营权继承纠纷。"但同时，《解释》中也明确列出了不予受理的范围，如仍然在第一条中也明确规定："集体经济组织成员就用于分配的土地补偿费数额提起民事诉讼的，人民法院不予受理。"第二条中规定："当事人未达成书面仲裁协议，一方当事人向农村土地承包仲裁机构申请仲裁，另一方当事人提起诉讼的，人民法院应予受理，并书面通知仲裁机构。但另一方当事人接受仲裁管辖后又起诉的，人民法院不予受理。"如上述情况，看起来更易于操作的规定在实践中实际上使得农地纠纷诉讼主体的行为面临了更大的变数，增加了农民通过法律途径解决问题的难度。而且，有些涉及农地的法律之间存在冲突，如最高人民法院《关于审理农业承包合同纠纷若干问题的规定（试行）》第二十五条与《农村土地承包法》第四十八条、《土地管理法》与《村民委员会组织法》规定的民主议定原则及相应的强制性条款矛盾（杨芳，2005）；《土地管理法》第三十七条第一款规定：农户连续两年弃耕抛荒，应收回发包耕地，这与《农村土地承包法》的相关规定明显冲突，法官适用法律难度大（华律网，2019）。鉴于此，为引导更多的土地纠纷涉案农民寻求正规渠道解决问题，也降低处理类似案件时的社会司法成本，应该进一步推进司法制度改革，统一相关法律条文中的相关规定，同时建立司法协调机制，使得农村土地纠纷案件一旦进入某一处置渠道便进入程序，而不是以不受理不可诉等理由重新推到社会。

第八节　创新农业投融资机制（金融制度改革）

为进一步激发市场主体活力和发展潜力，稳定有效投资，加强薄弱环节建设，增加公共产品有效供给，促进调结构、补短板、惠民生，合理引导社会资本进入农业已成为社会共识。《中共中央关于全面深化改革若干重大问题的决定》《关于创新重点领域投融资机制鼓励社会投资的指导意见》《关于鼓励和引导社会资本参与重大水利工程建设运营的实施意见》等相关政策文件对此也有比较明确的意见。那么，如何保证社会资本合理、有序、高效地进入农业？

之所以要引导社会资本进入农业，可从三个方面来理解：第一，可以缓解农业的快速发展缺乏资本支撑的困局。虽然经过几十年的发展，我国农业取得了较大的成就，但从农业基础设施、农业生产的保障水平等方面来看，我国的农业基础仍然薄弱。农业资本投入严重不足仍是农业现代化面临的最主要约束。第二，可以激发社会资本进入农业的积极性。追逐利益是资本的本性，高收益的领域也是资本最集中的领域。传统农业生产投入—产出比不高，与金融、房地产等行业相比比较利益较低，往往吸引不到资本。第三，可以扩大社会资本的投入领域。我国目前仍存在较为严重的金融压抑，社会资本投入渠道尚不通畅。引导社会资本进入农业领域，可以有效推动上述问题的解决。

要保证社会资本合理、有序、高效地进入农业，必须解决以下六个问题：第一，农业生产比较利益低的问题。正如前文所述，社会资本缺乏进入农业的积极性正是因为农业领域比较利益不高，解决路径在于通过产业融合提高农产品的附加值和农业的价值创造能力。这种产业融合体现在如下方面：生产是农业的基础环节，但农业的价值在第一产业内部得不到很好的实现，农业的价值往往在第二产业尤其是第三产业才能得到较好的实现，如通过精深加工提高农产品附加值或将农业与休闲旅游、自助采摘、创意农业结合起来；通过将农业与文化、环保等产业的融合打造高端农业即生态农业、品牌农业、精致农业也是农业的发展方向，有助于农业比较利益的提高。第二，社会资本"入农不务农"的问题。前些年不少地方都出现过社会资本打着农业项目的旗号圈地且私自改变用途的现象，经过相关部门整顿，这种现象有了较大改观，但仍存在一些问题。在我国，土地问题频发且耕地保护任务艰巨，如何保证社会资本真正进入农业领域事关引资入农的成败。应更加严格地执行关于涉农土地使用及资本使用的相关政策，更加严厉地打击以农业项目为幌子套取国家补贴资金浪费农业资源的行为，坚决制止私自改变农业土地用途的行为，确保社会资本为农所用。第三，设立资本准入门槛的问题。在国际国内经济形势低迷，其他行业平均利润率不断下降和国家支农政策的刺激下，农业逐渐成为社会资本投入的新渠道。一些大的企业如联想等已经设立农业板块，更多的企业在酝酿中，而在城市周边一些大大小小的农业示范园、农业观光园、生态园等正迎来一波建设热潮。虽然社会资本进入农业是我们极力倡导的，但要力避盲目性，通过制定相关标准设立准入门槛，确保社会资本有序进入。第四，社会资本入农服务配套的问题。在生产社会化的背景下，社会资本进入农业需要一系列条件的支撑。要大力发展农业信息、农产品物流、农产品贸易等中介组织；大力发展农机、种养殖等专业合作社；积极进行农民培训，培养大批有知识、有技术的高水平职业农业工人；加大资本投入，建立先进的幼苗培育、幼雏孵化基地，引进、培育优良品种，提高种苗、种畜的供给能力；鼓励现有金融机构开展、扩大农业支持业务，设立新的农业金融支持机构，降低农业风险。第五，创新社会资本进入形式的问题。社会资本进入农业的形式和渠道可以而且应当多样化。目前已经出现的形式有大企业集团多元化经营设立农业板块、社会资本直接成立农业种养殖或农产品加工企业、"公司+农户"、"公司+合作社"、家庭农场等形式。可以鼓励发展"公司+村集体经济组织"等新型社会资本入农形式，扩大社会资本的进入渠道。应加强政策引导，推动社会资本以平台商的形式实现对农业资源的整合。第六，社会资本进入领域界限框定的问题。农业是一个大的产业，涵盖领域比较宽泛，农业对社会资本开放是否意味着所有的领域均开放，所有的领域又是否适合全部开放是必须预先考虑的问题。在思考社会资本可入领域问题时，有几个原则应该考虑：保障粮食安全原则，中国是人口大国，粮食安全问题必须居安思危、未雨绸缪；文化传承原则，社会资本进入农业要以有利于当地的民俗保护和农业文化遗产的继承发扬为前提，不可只顾眼前不顾长远；公共利益和企业利益兼顾原则，生态、防洪、供水、供电等公共利益要得到优先保障，否则便背离了引导社会资本进入的初衷，但社会资本利益也要得到保障，不然无法调动其积极性，社会资本进入农业也就缺乏了长期保障。

第九节　建立主体支撑机制

优化农村土地收益分配制度，必须厚植制度变迁的土壤，因此，要从资源配置主体、微观生产经营主体、宏观治理主体诸方面的转变入手，为土地收益分配制度优化提供主体支撑。其基本逻辑是实现三个主体转换：实现农业发展由单一市场化配置资源向市场与组织共同配置资源转变；实现微观生产经营主体由个体农户向多元生产经营主体转变；实现宏观治理主体由"政府+村委会"向多元的新型乡村治理模式转变。

资源配置主体转变。中华人民共和国成立以来，我国农业发展的资源配置主体具有鲜明的"组织导向"向"市场导向"转变特征，即农业发展的主导力量由政府主导向市场主导转变，农业发展的资源配置由主要依靠政府计划完成向市场化过渡。中华人民共和国成立初期在经历了一个短暂时期的小农经济后，我国农业即开始了合作化运动，通过合作化道路把小农经济改造为社会主义集体经济。党的十一届三中全会后农业发展又逐步向市场化转变。时至今日，农业的市场化道路取得了举世瞩目的成就，但过度市场化导致的农地细碎化经营降低了农业现代化水平、农地所有权虚置致使集体经济空壳化、个体小农组织化程度低阻碍农业效率提升等问题逐渐显现且日趋严重。农业发展的宏微观环境变化要求农业发展摒弃过度市场化的导向，转向"市场组织双重导向"，更好地发挥市场的灵活性优势与组织的规模化优势。

微观生产经营主体转变。现代农业低碳、高效、节能、生态等特点要求农业生产土地规模化，设备高科技化、大型化、智能化、专业化，人员高知识化，管理经营组织化，服务专业化。在小农户仍将在一定时期内继续存在的中国特殊国情、农情下，既要提高小农户的组织化程度和知识化水平，又要积极推动小农户向家庭农场转型，同时，鼓励土地规模流转，催生大型专业农业公司。发展新型生产型组织的同时，着力提升农业服务能力，基于大数据大力发展农产品物流体系、大型农机具租赁体系、专业化农业技术供应体系及农业金融体系。

宏观治理主体转变。必须理顺农村社会宏观治理主体之间的关系，给每个主体以清晰定位。当前我国农村的治理基本是"政府+村委"的模式，基层政府不但直接指导村庄党支部书记的配备，对村庄党支部有着绝对影响，在村委会的选举中也发挥着指导作用，甚至一些农业开发项目的部署等村庄运行的具体问题基层也难以脱身。作为村民直接选举产生的承担村庄社会治理职能的村委会，一方面难以摆脱基层政府的影子，另一方面与集体经济组织合二为一、社会治理和发展经济的职能定位纠缠不清。集体经济组织因缺乏适当的载体，发展集体经济的组织作用发挥欠佳。因此，必须明确农村社会治理的党建主体、社会治理主体和经济发展主体，形成多主体联合共治的村庄治理格局。

［1］ 保保．农地征收过程中增值收益分配的研究 ［D］．西南财经大学硕士学位论文，2014.

［2］ 鲍建平．义乌"集地券"管理制度的探索与实践 ［J］．中国土地，2018（3）：41-43.

［3］ 薄禄伟．农地征收中利益分配的博弈分析 ［D］．西南大学硕士学位论文，2010.

［4］ 蔡昉，王德文．中国农村改革与变迁：30 年历程和经验分析 ［M］．上海：上海人民出版社，2008.

［5］ 蔡继明．必须给被征地农民以合理补偿 ［J］．中国审计，2004（8）：18.

［6］ 蔡锦云．土地非农化过程中集体土地所有权的界定 ［J］．上海经济研究，2005（6）：74-80.

［7］ 蔡立东，姜楠．农地三权分置的法实现 ［J］．中国社会科学，2017（5）：102-122.

［8］ 藏波，杨庆媛，周滔．农村土地收益权证券化的农户意愿及其影响因素——基于重庆市 11 个典型村的调研 ［J］．中国人口·资源与环境，2013，23（6）：51-58.

［9］ 曹海欣．韩国土地征用补偿制度研究 ［J］．中国土地，2015（5）：39-40.

［10］ 曹阳，王春超，李鲲鹏等．农户、地方政府和中央政府决策中的三重博弈——以农村土地流转为例 ［J］．产经评论，2011（1）：80-88.

［11］ 柴强．各国（地区）制度与政策 ［M］．北京：北京经济学院出版社，1993：107.

［12］ 陈和午．土地征用补偿制度的国际比较及借鉴 ［J］．世界农业，2004（8）：13-15.

［13］ 陈宏辉．企业的利益相关者理论与实证研究 ［D］．浙江大学硕士学位

论文，2003.

[14] 陈江虹．我国村庄治理的社会组织基础探析 [J]．理论导刊，2006（10）：76-77.

[15] 陈金田．"三权分置"下农村土地集体所有权的新"窘"以及因"异"制"窘"的思路取向——以福建省沙县、浙江省德清县为例 [J]．三峡大学学报（人文社会科学版），2017，39（6）：63-68.

[16] 陈婧．农村土地市场亟待激活 [N]．中国经济时报，2013-09-09.

[17] 陈美球，廖彩荣，刘桃菊．乡村振兴、集体经济组织与土地使用制度创新——基于江西黄溪村的实践分析 [J]．南京农业大学学报（社会科学版），2018（2）：27-34.

[18] 陈明亮，叶银龙，金晓芳等．推进农民住房财产权抵押贷款的实践和前景——基于浙江丽水1800户农村居民调查 [J]．浙江金融，2017（9）：67-72.

[19] 陈明，武小龙，刘祖云．权属意识、地方性知识与土地确权实践——贵州省丘陵山区农村土地承包经营权确权的实证研究 [J]．农业经济问题，2014，35（2）：65-74.

[20] 陈盼．集体经营性建设用地入市改革的初步成效、潜在风险以及完善路径研究——以浙江省德清县为例 [D]．浙江工商大学硕士学位论文，2017.

[21] 陈泉生．论土地征用之补偿 [J]．法律科学（西北政法学院学报），1994（5）：56-61.

[22] 陈锡文．资源配置与中国农村发展 [J]．中国农村经济，2004（1）：2-7.

[23] 陈霄．城镇土地金融框架构建：基于土地权利束分离的讨论 [J]．商业研究，2013，55（4）：52-56.

[24] 陈小君．我国农村土地法律制度变革的思路与框架——十八届三中全会《决定》相关内容解读 [J]．法学研究，2014（4）：3-25.

[25] 陈晓枫，翁斯柳．"三权"分置改革下农民财产性收入的特点和发展趋势 [J]．政治经济学评论，2018（2）.

[26] 陈艳华，林依标，黄贤金．被征地农户意愿受偿价格影响因素及其差异性的实证分析——基于福建省16个县1436户入户调查数据 [J]．中国农村经济，2011（4）：26-37.

[27] 陈莹，谭术魁，张安录．公益性、非公益性土地征收补偿的差异性研究——基于湖北省4市54村543户农户问卷和83个征收案例的实证 [J]．管理

世界，2009（10）：72-79.

　　[28] 陈泳. 难题与破解：农村土地"三权分置"的实现路径探析 [J]. 福建论坛（人文社会科学版），2017（10）：24-29.

　　[29] 陈志勇，陈莉莉. "土地财政"：缘由与出路 [J]. 财政研究，2010（1）：29-34.

　　[30] 程宇. 嵌入性政治下的地权配置——基于南县农地产权改革的观察 [J]. 公共管理学报，2016（1）：92-104.

　　[31] 迟福林. 走入21世纪的中国农村土地制度改革 [M]. 北京：中国经济出版社，2000.

　　[32] 崔智敏. 土地流转中的失地农民问题及其对策 [J]. 特区经济，2007（5）：174-175.

　　[33] 戴建春. 土地收益平等是农村土地公平的根基 [J]. 改革与战略，2012，28（2）：85-88.

　　[34] 戴维斯，诺思. 制度创新的理论 [A] //财产权利与制度变迁 [M]. 上海：上海三联书店，1994.

　　[35] 单平基. 《民法典物权编（草案）》之土地承包经营权的评析和完善 [J]. 山东社会科学，2019（2）：16-24.

　　[36] 党国英. 土地制度对农民的剥夺 [J]. 中国改革，2005（7）：33-37.

　　[37] 党国英. 土地制度改革为什么要加深市场化？[EB/OL]. https：//baijiahao. baidu. com/s？id＝1627694577777009332&wfr＝spider&for＝pc，2019-03-11/2019-03-11.

　　[38] 邓宏乾，彭银. 土地流转、收益分配与农地制度结构性变革 [J]. 江汉论坛，2016（10）：5-10.

　　[39] 邓宏乾. 土地增值收益分配机制：创新与改革 [J]. 华中师范大学学报（人文社会科学版），2008，47（5）：42-49.

　　[40] 底亚玲，郝晋珉，朱道林. 基于产权的土地征收增值收益分配探讨 [J]. 农村经济，2006（12）：34-36.

　　[41] 丁兰. 土地征收过程中的利益分配研究 [D]. 华中农业大学硕士学位论文，2008.

　　[42] 丁涛. "三权分置"下农村土地经营权流转的博弈分析 [J]. 生产力研究，2019（6）：68-71.

　　[43] 丁文. 论"三权分置"中的土地经营权 [J]. 清华法学，2018（1）.

[44] 董祚继.“三权分置”——农村宅基地制度的重大创新 [J].中国土地,2018 (3).

[45] 杜姣.农地调整的治理内涵——基于山东 S 镇的考察 [J].南京农业大学学报 (社会科学版),2017,17 (4):110-118.

[46] 杜莉.我国农村宅基地使用权抵押法律问题研究 [D].东北农业大学硕士学位论文,2018.

[47] 樊帆.影响集体经营性建设用地流转收益分配方式的主要因素——基于微观主体农户的调查 [J].理论与改革,2015 (5):92-95.

[48] 范辉,董捷.征地中土地增值来源及其分配的产权经济学分析 [J].国土资源科技管理,2006,23 (3):62-66.

[49] 方小姣.法国的土地产权与土地征收补偿制度 [D].山东大学硕士学位论文,2013.

[50] 冯果,陈国进.集体建设用地使用权流转之客体研究 [J].武汉大学学报 (哲学社会科学版),2013,66 (6):21-26.

[51] 伏绍宏,洪运,唐欣欣.集体经营性建设用地入市收益分配机制:现实考量与路径选择——以郫都区为例 [J].农村经济,2017 (10):37-43.

[52] 福卡智库.解密中国财富“剪刀差”[EB/OL].http://www.sohu.com/a/157213090_689926,2017-07-14/2017-07-14.

[53] 付江涛,纪月清,胡浩.新一轮承包地确权登记颁证是否促进了农户的土地流转——来自江苏省 3 县 (市、区) 的经验证据 [J].南京农业大学学报 (社会科学版),2016 (1):105-113.

[54] 高海.论农用地“三权分置”中经营权的法律性质 [J].法学家,2016 (4):42-52.

[55] 高洁,廖长林.英、美、法土地发展权制度对我国土地管理制度改革的启示 [J].经济社会体制比较,2011 (4):206-213.

[56] 高俊.城乡居民基本医疗保险制度并轨的政策议程分析——基于多源流模型的视角 [J].当代经济,2019 (3):155-157.

[57] 高雅.我国农村土地增值收益分配问题研究 [D].西南财经大学博士学位论文,2008.

[58] 高云才.农民将获得更多财产权利 [N].人民日报,2014-10-19.

[59] 葛丰.农民利益严重受损,土地价格剪刀差理应消除 [EB/OL].http://business.sohu.com/20060321/n242385627.shtml.2006-03-21.

［60］耿兴敏. 北京市召开依法维护妇女儿童权益典型案例发布会 ［EB/OL］.
http：//www.cnwomen.com.cn/2016-12/06/content_134701.htm，2016-12-06.

［61］耿卓. 农地三权分置改革中土地经营权的法理反思与制度回应 ［J］.
法学家，2017（5）：13-24.

［62］龚佳颖，钟杨. 公共服务满意度及其影响因素研究——基于 2015 年上
海 17 个区县调查的实证分析 ［J］. 行政论坛，2017（1）：85-91.

［63］龚启圣，刘守英. 农民对土地产权的意愿及其对新政策的反应 ［J］.
中国农村观察，1998（2）：20-27.

［64］管洪彦，孔祥智. 农村土地"三权分置"的政策内涵与表达思路 ［J］.
江汉论坛，2017（4）：29-35.

［65］管洪彦. 农民集体成员权研究 ［M］. 北京：中国政法大学出版
社，2013.

［66］桂华. 论土地开发模式与"人的城镇化"——兼评征地制度改革问题
［J］. 华中农业大学学报（社会科学版），2019，139（1）：161-167，176.

［67］桂华. 农村土地制度与村民自治的关联分析——兼论村级治理的经济
基础 ［J］. 政治学研究，2017（1）：99-110.

［68］郭春丽，易信. 土地制度改革红利释放趋势和情景预测 ［J］. 经济与
管理研究，2017，38（1）：37-44.

［69］郭军武. 自然资源国家所有权收益共享的基本路径与制度保障 ［J］.
管理世界，2018（2）：176-177.

［70］郭涛，赵德起. 农地"三权分置"促进农民增收的理论与实践研究
［J］. 新疆农垦经济，2017（8）：13-18.

［71］郭熙保，王万珺. 土地发展权、农地征用及征地补偿制度 ［J］. 河南
社会科学，2006（4）：18-21.

［72］国家发展和改革委员会发展战略和规划司. 义乌市改革完善农村宅基
地制度的做法及成效 ［EB/OL］. http：//ghs.ndrc.gov.cn/.

［73］国务院办公厅. 国务院办公厅关于完善支持政策促进农民持续增收的
若干意见 ［EB/OL］. http：//www.gov.cn/zhengce/content/2016 - 12/06/con
tent_ 5143969.htm.

［74］国务院扶贫开发领导小组办公室. 国土资源部关于用好用活增减挂钩
政策积极支持扶贫开发及易地扶贫搬迁工作的通知 ［EB/OL］. http：//www.
cpad.gov.cn/art/2016/2/17/art_1744_61.html.

[75] 韩长斌. 农村土地实行"三权分置"有序流转土地经营权 [J]. 农民文摘, 2014 (11): 6-8.

[76] 韩长赋. 坚持所有权 稳定承包权 放活经营权 为现代农业发展奠定制度基础——韩长赋在国新办发布会上就《关于完善农村土地所有权承包权经营权分置办法的意见》答记者问 [J]. 农村经营管理, 2016 (12): 7-11.

[77] 韩长赋. 全面深化农村改革: 农业农村现代化的强大动力 [J]. 智慧中国, 2018 (7): 18-21.

[78] 韩冬, 韩立达, 何理等. 基于土地发展权和合作博弈的农村土地增值收益量化分配比例研究——来自川渝地区的样本分析 [J]. 中国土地科学, 2017, 31 (11): 62-72.

[79] 韩松. 论农村集体经营性建设用地使用权 [J]. 苏州大学学报 (哲学社会科学版), 2014 (3): 70-75.

[80] 何安华, 孔祥智. 中国城镇化进程中的地价"剪刀差"成因及测算 (2002—2012 年) [J]. 河北学刊, 2015 (1): 117-123.

[81] 何虹, 许玲. 农村土地承包经营权确权登记制度的法律完善——基于苏南农村视角 [J]. 农村经济, 2013 (6): 44-49.

[82] 何建华. 分配正义的历史内涵及其与经济效率的关系考察 [J]. 毛泽东邓小平理论研究, 2006 (9): 64-67.

[83] 何利良. 加快农村土地流转, 增加农民财产性收入 [J]. 中国管理信息化, 2016 (21): 196-199.

[84] 何晓星. 双重合约下的农地使用制度——论中国农地的"确权确地"和"确权不确地"制度 [J]. 管理世界, 2009 (8): 53-64.

[85] 何晓星, 王守军. 论中国土地资本化中的利益分配问题 [J]. 上海交通大学学报 (哲学社会科学版), 2004, 12 (4): 11-16.

[86] 何永坤. 完善农村集体收益分配制度之思考 [J]. 农村经营管理, 2013 (3): 38-40.

[87] 何勇. 三权分置, 农民增收农业升级 [N]. 人民日报, 2015-01-04.

[88] 贺雪峰. 地权的逻辑 [J]. 决策, 2014 (1): 96.

[89] 侯德斌. 农民集体成员权利研究 [D]. 吉林大学博士学位论文, 2011.

[90] 侯培, 杨庆媛, 宁涛等. 地票收益分配满意度影响因素——基于重庆市 7 区县的实证调研 [J]. 国土资源科技管理, 2013, 30 (5): 82-88.

[91] 胡春秀. 从日本土地征收制度的发展看中国大陆土地征收立法的完善

[J]. 云南大学学报（法学版），2010，23（5）：82.

[92] 胡存智，宫玉泉.《换地权益书》的理论与实践初探 [J]. 中国土地科学，1999（5）：19-22.

[93] 胡方勇. 完善我国农村金融体系的经济学研究 [J]. 金融与经济，2009（9）：71-74.

[94] 胡兰玲. 土地发展权论 [J]. 河北法学，2002，20（2）：143-146.

[95] 胡燕. 农村产权制度改革中村规民约的效力与适用——以成都某村土地确权中的"流转收益分配"约定为例 [J]. 农村经济，2009（5）：30-33.

[96] 法院如何处理农村土地纠纷 [EB/OL]. https：//www. 66law. cn/laws/418921. aspx

[97] 华生. 土地涨价归谁？[N]. 经济观察报，2014-09-03.

[98] 黄季焜，王晓兵，智华勇等. 粮食直补和农资综合补贴对农业生产的影响 [J]. 农业技术经济，2011（1）：4-12.

[99] 黄季焜，冀县卿. 农地使用权确权与农户对农地的长期投资 [J]. 管理世界，2012（9）：76-81.

[100] 黄俊阳. 农民集体的土地收益权保护 [J]. 学术论坛，2008（2）：157-160.

[101] 黄琦，李沁昕，王宏志，周勇. 土地征收动态博弈获利模式及地域差异研究 [J]. 华中师范大学学报（自然科学版），2014（48）：612.

[102] 黄少安. 关于制度变迁的三个假说及其验证 [J]. 中国社会科学，2000（4）：37-49.

[103] 黄世冬. 征交地双方博弈视角下的土地征收补偿制度创新研究 [D]. 福建农林大学硕士学位论文，2014.

[104] 黄小彪. 农村土地股份合作制——保障农民对土地收益权的一项制度探索 [C]"财富的生产和分配：中外理论与政策"理论研讨会暨中国经济规律研究会年会，2012.

[105] 黄小虎. 征地制度改革与发展方式转变 [J]. 开放导报，2011（6）：12-16.

[106] 黄延信，余葵，王刚等. 明晰集体收益分配权 让村民长期得实惠 [J]. 农村经营管理，2013（6）：32-33.

[107] 黄祖辉，汪晖. 非公共利益性质的征地行为与土地发展权补偿 [J]. 经济研究，2002（5）：66-71.

［108］贾宪威．征地补偿费的经济分析［J］．四川农业大学学报，1995（3）：394-395.

［109］江苏省淮安市中级人民法院研究室．集体土地征收补偿费用分配纠纷实务问题［J］．人民司法，2008（13）：28-33.

［110］江宜航．德清集体经营性建设用地入市的改革路径［N］．中国经济时报，2016-05-20（12）.

［111］江宜航．德清农村集体经营性建设用地入市改革取得阶段性成效［N］．中国经济时报，2016-01-29（01）.

［112］江宜航，赵旭．"农地入市"改革的德清密码［N］．中国经济时报，2017-08-07.

［113］姜永秀．提高农民组织化程度增加农民收入［J］．农学学报，2005（11）：7-8.

［114］蒋炳镇．集体建设用地有偿使用与使用权流转收益分配制度研究［J］．南方农村，2012，28（11）：9-17.

［115］蒋省三，刘守英．让农民以土地权利参与工业化——解读南海模式［J］．政策，2003（7）：54-56.

［116］蒋晓玲，李惠英，张建．农村土地使用权流转法律问题研究［M］．北京：法律出版社，2011.

［117］焦必方．战后日本农村经济发展研究［M］．上海：上海财经大学出版社，1999.

［118］解直凤．集体经营性建设用地入市试点增值收益分配研究［J］．山东科技大学学报（社会科学版），2017（6）：60-68.

［119］金华市自然资源与规划局．义乌市"集地券"管理制度的探索与实践［EB/OL］．http：//www.jhdlr.gov.cn/xwdt/zxdt/201712/t20171227_1830415_1.html.

［120］晋洪涛，史清华等．谈判权、程序公平与征地制度改革［J］．中国农村经济，2010（12）：4-16.

［121］靳相木．解析征地制度改革的主流思路［J］．中国农村经济，2008（2）.

［122］康贞花．韩国土地征收补偿法律制度及其对中国的启示［J］．延边大学学报（社会科学版），2011，44（3）：85-89.

［123］柯小兵，何高潮．从三层博弈关系看土地征收制度改革——基于某大

学城征地案例的分析［J］．中国土地科学，2006，20（3）：4-8.

［124］孔祥智，顾洪明，韩纪江．我国失地农民状况及受偿意愿调查报告［J］．经济理论与经济管理，2006（7）：59-64.

［125］孔祥智，刘同山．论我国农村基本经营制度：历史、挑战与选择［J］．政治经济学评论，2013（4）：80-135.

［126］孔自林．农村土地入市改革试点向纵深推进［N］．中国商报，2017-09-22（A01）.

［127］匡家在．地方政府行为的制度分析：基于土地出让收益分配制度变迁的研究［J］．中央财经大学学报，2009（4）：10-15.

［128］兰虹，冯涛．路径依赖的作用：家庭联产承包责任制的建立与演进［J］．当代经济科学，2002，24（2）：8-17.

［129］兰勇，熊彬雁，易朝辉．家庭农场土地经营权流转的动力机制［J］．农业现代化研究，2018，39（4）：610-616.

［130］郎秀云．确权确地之下的新人地矛盾——兼与于建嵘、贺雪峰教授商榷［J］．社会科学文摘，2016，1（1）：44-48.

［131］雷原．家庭土地承包制研究［M］．兰州：兰州大学出版社，1999.

［132］李宝书．浅谈“空壳村”的成因及其治理对策［J］．东南学术，1991（4）：58-60.

［133］李灿．农地规模流转中的利益相关者绩效考量：冲突、平衡与共生［J］．江西财经大学学报，2017（3）：74-81.

［134］李长健，张伟．农民土地权益的利益结构与利益机制研究——基于农村社区的发展［J］．华中农业大学学报（社会科学版），2016（1）：1-7.

［135］李春艳．夯实农村土地制度改革的法律保障——《土地管理法》十四年后启动大修［J］．农村经营管理，2019（1）：28-29.

［136］李繁荣．我国征地过程中的土地收益分配制度分析［J］．高等财经教育研究，2006，9（2）：93-96.

［137］李国健．被征地农民的补偿安置研究［D］．山东农业大学博士学位论文，2008.

［138］李红卫．城市土地使用与管理——以广州为例的研究［M］．广州：广东人民出版社，2002.

［139］李继刚．发展家庭农场的国际扫描与镜鉴［J］．山东农业大学学报（社会科学版），2018，20（1）：34-40.

[140] 李津逵．"发扬民主"与"为民做主"——评德州经济开发区旧村改造中的农民参与案例 [J]．城市发展研究，2006，13（5）：55-59．

[141] 李菁，颜丹丽．集体成员权和土地承包收益权的冲突与协调：稳定地权与不稳定地权的对比——以西水村第八村民小组两次征地补偿费分配为例 [J]．中国农村观察，2011（2）：26-35．

[142] 李炯，邱源惠．征地"农转非"人员安置问题探析——以杭州市为例 [J]．中国农村经济，2002（6）：63-66．

[143] 李君如．人权蓝皮书：中国人权事业发展报告 No.3（2013）[M]．社会科学文献出版社，2013．

[144] 李立等．土地资源约束下的新城区发展 [M]．北京：经济科技出版社，2007．

[145] 李萌，黄丽军，毛德华．论集体土地征收制度改革和失地农民权益的保护 [J]．现代商贸工业，2011，23（19）：47-48．

[146] 李敏，冯月，唐鹏．农村宅基地退出农户满意度影响因素研究——基于四川省典型地区的调研数据 [J]．西部论坛，2019（5）：45-54．

[147] 李宁，何兴邦，王舒娟．地权结构细分视角下中国农地产权制度变迁与改革：一个分析框架的构建 [J]．中国农村观察，2017（2）：2-14．

[148] 李宁，张然，仇童伟等．农地产权变迁中的结构细分与"三权分置"改革 [J]．经济学家，2017（1）：62-69．

[149] 李平菊，寇浩宁．"三权分置"下的征地补偿费分配问题研究 [J]．中州学刊，2017（9）：85-89．

[150] 李世平．土地发展权浅说 [J]．国土资源科技管理，2002，19（2）：15-17．

[151] 李涛，徐瑾．双轨制、财政分权与土地收益分配制度优化 [J]．财经问题研究，2013（12）：83-88．

[152] 李元珍，杜园园．新集体主义：土地增值收益分配的新机制——以成都市大英村调查为基础 [J]．贵州社会科学，2013（4）：113-118．

[153] 李中华，李强．日本农业六次产业化的实践经验与启示 [J]．中国农民合作社，2015（6）：40-42．

[154] 聊城市人民政府．聊城市人民政府关于贯彻实施《山东省城市房屋拆迁管理条例》规范城市房屋拆迁工作的通知 [EB/OL]．http：//www.law110.com/law/other2/shangdong/shandonglawlaw11020060138.html．

[155] 廖长林，高洁．残缺的农民集体土地产权与征地制度改革［J］．管理世界，2008（7）．

[156] 廖洪乐．农村土地承包及集体经济收益分配中的性别视角——以陕西省西安市为例［C］//乡镇论坛杂志社建设社会主义新农村论坛·农民土地权益与农村基层民主建设国际研讨会，2006.

[157] 廖明辉．中外征地补偿制度比较分析——兼议我国征地补偿制度的完善［J］．学习与实践，2008（10）：103-106.

[158] 林乐芬，金媛．征地补偿政策效应影响因素分析——基于江苏省镇江市40个村1703户农户调查数据［J］．中国农村经济，2012（6）：20-30.

[159] 林少芳，祝天智．农民权益保障视野下农地三权分置改革研究［J］．江南论坛，2017（3）：4-6.

[160] 林毅夫．中国的奇迹：发展战略与经济改革［M］．上海：上海人民出版社，1999.

[161] 刘灿，韩文龙．农村集体经济组织创新与农民增收问题的思考——基于成都市温江区天乡路社区股份经济合作社的调研［J］．河北经贸大学学报，2013，34（6）：64-69.

[162] 刘朝旭，雷国平．重庆地票制度施行中存在的问题与对策［J］．西部论坛，2011，21（1）：32-36.

[163] 刘承韪．产权与政治：中国农村土地制度变迁研究［M］．北京：法律出版社，2012.

[164] 刘光杰．关于现阶段我国农村人民公社级差土地收益分配的几个问题［J］．武汉大学学报（人文科学版），1962（2）：15-26.

[165] 刘国臻．论我国土地征收收益分配制度改革［J］．法学论坛，2012，27（1）：44-50.

[166] 刘国臻．论英国土地发展权制度及其对我国的启示［J］．法学评论，2008（4）：141-146.

[167] 刘恒科．"三权分置"下农地经营收益分配的法治保障［J］．农业经济，2017（8）：73-75.

[168] 刘纪远，张增祥，庄大方．二十世纪九十年代我国土地利用变化时空特征及其成因分析［J］．中国科学院院刊，2003，18（1）：35-37.

[169] 刘建，吴理财．情景化博弈：农村土地流转的行动策略与分利秩序——基于赣南G村的案例分析［J］．江西财经大学学报，2018（4）：96-104.

［170］刘俊杰.农村集体经营性建设用地入市的德清经验［N］.中国城乡金融报，2019-03-13（B03）.

［171］刘灵辉，刘燕.家庭农场土地适度规模集中实现过程中的博弈研究［J］.中国人口·资源与环境，2018，28（9）：150-157.

［172］刘民培，卢建峰.国外土地征收补偿制度的比较及对中国的借鉴［J］.世界农业，2010（11）：41-44.

［173］刘明慧，路鹏.地方土地财政收益分配：基本逻辑与转型路径［J］.财经问题研究，2014（2）：73-80.

［174］刘琴，周真刚.农村法治的实践之困——对一起土地确权案的思考［J］.云南民族大学学报（哲学社会科学版），2018（3）：143-147.

［175］刘尚希，樊轶侠.公共资源产权收益形成与分配机制研究［J］.中央财经大学学报，2015（3）.

［176］刘守英，高圣平，王瑞民.农地三权分置下的土地权利体系重构［J］.北京大学学报（哲学社会科学版），2017，54（5）：134-145.

［177］刘守英，路乾.产权安排与保护：现代秩序的基础［J］.学术月刊，2017（5）：40-47.

［178］刘书畅，叶艳妹，靳相木.家庭承包地"三权"分置的制度逻辑探究——基于制度需求与供给的视角［J］.中国土地科学，2018，32（4）：30-35.

［179］刘祥琪，陈钊，田秀娟等.征地的货币补偿及其影响因素分析——基于17个省份的土地权益调查［J］.中国农村经济，2012（12）：32-40.

［180］刘祥琪，陈钊，赵阳.程序公正先于货币补偿：农民征地满意度的决定［J］.管理世界，2012（2）：44-51.

［181］刘小玲.我国土地市场化过程中的三方博弈分析［J］.财贸经济，2005（11）：64-68.

［182］刘永湘，杨继瑞，杨明洪.农村土地所有权价格与征地制度改革［J］.中国软科学，2004（4）：50-53.

［183］刘永湘，杨明洪.中国农民集体所有土地发展权的压抑与抗争［J］.中国农村经济，2003（6）：16-24.

［184］刘玉川.财政支农与我国农民收入关系实证研究［J］.财会研究，2010（22）：9-11.

［185］刘正山.喜忧并存的"全面产权观"——与周诚教授商讨征地补偿问题［J］.南方国土资源，2006（3）：16-17.

［186］柳新元．制度安排的实施机制与制度安排的绩效［J］．经济评论，2002（4）：48-50.

［187］龙开胜，石晓平．土地出让配置效率与收益分配公平的理论逻辑及改革路径［J］．社会科学文摘，2018（12）：52-54.

［188］楼培敏．中国城市化过程中被征地农民生活状况实证研究——以上海浦东、浙江温州和四川广元为例［J］．中国农村经济，2005（12）：35-45.

［189］楼志明，朱瑾．义乌农村宅基地改革向纵深推进［N］．金华日报，2017-07-10.

［190］吕红平．提高组织化程度是增加农民收入的关键环节［J］．河北大学学报（哲学社会科学版），2002，27（2）：29-30.

［191］吕军书，贾威．"三权分置"制度下农村土地流转失约风险的防范机制研究［J］．理论与改革，2017（6）：181-188.

［192］吕亚荣．对于农地转非自然增值分配若干问题的基本认识［N］．中国经济时报，2007-02-01.

［193］侣连涛，丁文．土地征收制度改革中农民土地权益保护研究——基于9省920个被征地农户样本的分析［J］．中国农村研究，2018（1）：118-142.

［194］罗斌．基于资源观的德清旅游发展战略研究［J］．商业经济，2016（8）：71-72.

［195］罗丹，严瑞珍，陈洁．不同农村土地非农化模式的利益分配机制比较研究［J］．管理世界，2004（9）：87-96.

［196］罗建军．提高农民组织化程度 增加农民收入［J］．山西农业大学学报（社会科学版），2004，3（4）：314-316.

［197］罗嗣泽．关于我国农村土地所有制问题［J］．贵州社会科学，1984（1）：35-39.

［198］罗孝玲，周红星，洪波．基于演化博弈的农村土地征收补偿分析［J］．湖北农业科学，2015（9）：2297-2301.

［199］罗遥，李陈，程久苗，齐杰．城乡一体化背景下集体建设用地流转问题分析与对策研究——以芜湖市为例［J］．国土资源情报，2014（2）：27-31.

［200］马韶青．土地发展权制度的国际比较与借鉴［J］．大连大学学报，2013（1）：53-57.

［201］马贤磊．现阶段农地产权制度对农户土壤保护性投资影响的实证分析——以丘陵地区水稻生产为例［J］．中国农村经济，2009（10）：31-41.

［202］曼瑟尔·奥尔森．集体行动的逻辑［M］．上海：上海三联书店，上海人民出版社，1995．

［203］闵杰，王茜，孙婧琦，郭砾．40年来农村妇女土地权益保障与乡村振兴［N］．中国妇女报，2018-12-11．

［204］莫春．被征农用地增值收益测算及分配研究——以成都市为例［D］．四川农业大学硕士学位论文，2015．

［205］穆瑞丽．农村集体土地收益功能分析与平等分配机制构建［J］．经济论坛，2016（1）：81-85．

［206］聂英，聂鑫宇．农村土地流转增值收益分配的博弈分析［J］．农业技术经济，2018（3）．

［207］农业部负责人解读完善农村土地所有权承包权经营权分置办法［EB/OL］．http：//news．163．com/16/1104/08/C511JQBC00014JB5．html．

［208］农业部．土地承包经营权确权登记颁证试点情况发布会［EB/OL］．http：//www．mlr．gov．cn/xwdt/bmdt/201503/t20150302_1344123．htm．

［209］欧海若，吴次芳．韩国的土地征收制度及其借鉴［J］．国土经济，1999（4）：43-45．

［210］潘俊．农村土地承包权和经营权分离的实现路径［J］．南京农业大学学报（社会科学版），2015（4）：98-105．

［211］潘俊．农村土地"三权分置"：权利内容与风险防范［J］．中州学刊，2014（11）：67-73．

［212］彭建超．农地整理后的增值收益分配问题探讨［J］．国土资源，2005（12）：32-34．

［213］彭开丽，张安录．农地城市流转中土地增值收益分配不公平的度量——方法与案例［J］．价值工程，2012，31（31）：1-4．

［214］彭三．基于不确定利率及土地发展权的农用土地征地补偿方案［J］．广西社会科学，2006（11）：63-67．

［215］彭魏倬加，李中．农村土地确权与农村金融发展关系——基于湖南县域的实证研究［J］．经济地理，2016，36（7）：160-166．

［216］彭文英，洪亚敏，王文，尹晓婷．集体建设用地流转收益及分配探析［J］．经济与管理研究，2008（5）：55-60．

［217］彭智勇．空壳村：特征、成因及治理［J］．理论探索，2007（5）：118-119．

［218］钱龙，洪名勇．农地产权是"有意的制度模糊"吗——兼论土地确权的路径选择［J］．经济学家，2015（8）：24-29.

［219］钱忠好，肖屹，曲福田．农民土地产权认知、土地征用意愿与征地制度改革——基于江西省鹰潭市的实证研究［J］．中国农村经济，2007（1）：28-35.

［220］乔新生．平衡利益保护权利要法律先行［N］．法制日报，2011-12-30.

［221］曲广峰．推进农村集体产权制度改革需要把握的几个问题［J］．今日财富：中国知识产权，2019（8）：14.

［222］权衡．收入分配理论的"术语革命"［N］．解放日报，2018-07-17.

［223］全国人大常委会．全国人民代表大会常务委员会关于修改《中华人民共和国农村土地承包法》的决定［R］．中华人民共和国全国人民代表大会常务委员会公报，2019-01-15.

［224］任辉，吴群．农地非农化过程中土地收益分配分析［J］．国土资源科技管理，2011，28（3）：41-45.

［225］阮继文．农村集体土地征收补偿费用分配纠纷不可诉性探析［EB/OL］．http：//jaxfy.chinacourt.gov.cn/article/detail/2012/07/id/536310.shtml.

［226］森王宇，王文玉．贫困与饥荒：论权利与剥夺［M］．北京：商务印书馆，2009.

［227］山东省国土资源厅．山东省人民政府关于调整山东省征地区片综合地价标准的批复［EB/OL］．http：//www.sddlr.gov.cn/channels/ch000240713d5/201308/a780a517-0049-4aac-8f8d-2ec2652d7c8e.htm.

［228］山东省人民政府．山东省土地征收管理办法［J］．山东省人民政府公报，2010（17）：2-4.

［229］山东省政府新闻办公室．山东省农村土地承包经营权确权登记颁证工作发布会［EB/OL］．http：//www.scio.gov.cn/xwfbh/gssxwfbh/xwfbh/shan dong/Document/1493572/1493572.htm.

［230］商艳冬．集体收益分配权研究［C］//2012年第三届全国民商法学博士生学术论坛，2012-04-07.

［231］邵海鹏．集体经营性建设用地入市农村"土改"才能真正破题［EB/OL］．http：//finance.sina.com.cn/roll/2019-01-08/doc-ihqfskcn4969170.shtml，2019-01-08/2019-01-08.

［232］申亮，梁欢，王强．农村集体收益分配权研究［J］．安徽农业科学，2013（22）：298-300，302.

［233］沈飞，朱道林．政府和农村集体土地收益分配关系实证研究——以我国土地征用—出让过程为例［J］．中国国土资源经济，2004，17（8）：17-19.

［234］沈开举．行政补偿法研究［M］．北京：法律出版社，2004：163-172.

［235］沈守愚．论设立农地发展权的理论基础和重要意义［J］．中国土地科学，1998（1）：17-19.

［236］师高康．使农民真正成为集体的主人［J］．农村工作通讯，2014（20）：1.

［237］施端银，张玲萍．统筹城乡发展视域下农民住房财产权制度改革的实践与思考——以浙江省温州市为例［J］．江苏农业科学，2018，46（5）：320-324.

［238］史清华，晋洪涛，卓建伟．征地一定降低农民收入吗：上海7村调查——兼论现行征地制度的缺陷与改革［J］．管理世界，2011（3）：77-82.

［239］世界之窗．日本农业税收的优惠政策［J］．上海农村经济，2011（9）：48.

［240］舒帮荣，陈利洪，李永乐等．集体经营性建设用地流转收益分配合理性影响因素研究——基于村级背景和农户认知的多层次分析［J］．国土与自然资源研究，2018，173（2）：38-44.

［241］司野．集体土地入市，增值收益该如何分配［J］．人民论坛，2017（14）：80-81.

［242］宋洪远，贾璇．亲历者宋洪远，取消农业税，受益的不只是农民［J］．中国经济周刊，2018，750（50）：140-142.

［243］宋洪远，赵海，徐雪高．从积贫积弱到全面小康——百年中国农业农村发展回顾与展望［J］．经济研究参考，2012（28）：5-21.

［244］宋真真，高明芳，史向群等．农村土地流转现状及对策分析［J］．安徽农业科学，2012（33）：389-391.

［245］孙芳芳．试论当前我国农村土地确权的几个重要问题［J］．地球，2015（8）.

［246］孙弘．中国土地发展权研究：土地开发与资源保护的新视角［M］．北京：中国人民大学出版社，2004：46.

［247］孙宪忠．推进农地三权分置经营模式的立法研究［J］．中国社会科学，2016（7）：145-163.

［248］孙兆阳．劳动力流动与就业结构性矛盾［J］．学习与探索，2018，281（12）：56-62.

［249］谭术魁，陈宇，张孜仪．土地出让收入的公共性质及其实现［J］．管理世界，2012（7）：178-179.

［250］谭术魁，涂姗．征地冲突中利益相关者的博弈分析——以地方政府与失地农民为例［J］．中国土地科学，2009，23（11）：27-31.

［251］唐健，谭荣．农村集体建设用地价值"释放"的新思路——基于成都和无锡农村集体建设用地流转模式的比较［J］．华中农业大学学报（社会科学版），2013（3）：10-15.

［252］唐烈英，唐立文．中美两国土地征收补偿比较与借鉴［J］．中州学刊，2014，213（9）：68-74.

［253］唐鹏，石晓平．地方土地财政策略对财政支出结构的影响研究［C］．2012年中国土地科学论坛—社会管理创新与土地资源管理方式转变论文集，2012.

［254］唐仁健．国外农业税收制度及其对我国的启示——农村税费改革下一步怎么走［J］．农业经济问题，2002（10）：2-6.

［255］唐欣瑜，梁亚荣．我国农民集体土地收益分配权制度研究［J］．农村经济，2014（6）：36-40.

［256］唐欣瑜，唐俐．我国农民集体土地收益分配权探究［J］．农业经济，2015（2）：107-109.

［257］唐欣瑜．我国农村集体土地收益权主体制度研究［J］．西北大学学报（哲学社会科学版），2014，44（2）：52-58.

［258］唐勇．集体经营性建设用地入市改革：实践与未来［J］．治理研究，2018（3）：122-128.

［259］唐朱昌，吕彬彬．财政支农政策与农民收入增长：总量与结构分析［J］．江淮论坛，2007，222（2）.

［260］陶镕．集体建设用地使用权流转收益分配之法律探讨［J］．湖南社会科学，2013（1）：69-72.

［261］童建军，曲福田，陈江龙．市场经济条件下我国土地收益分配机制的改革：目标与原则［J］．南京农业大学学报，2003，26（4）：106-110.

［262］万朝林．失地农民权益流失与保障［J］．经济体制改革，2003（6）：74-77.

［263］汪晖．城乡结合部的土地征用：征用权与征地补偿［J］．中国农村经济，2002（2）：40-46.

［264］汪险生，郭忠兴．虚置还是稳固：农村土地集体所有制的嬗变——基于权利分置的视角［J］．经济学家，2017（5）：58-67．

［265］王阿燕．集体经营性建设用地流转收益分配机制研究［D］．首都经济贸易大学硕士学位论文，2016．

［266］王东京．对解决农村土地征收补偿收益分配纠纷的法律思考［J］．法制与社会，2013，16（26）：91-97．

［267］王芳，陈硕，王瑾．农业税减免、农业发展与地方政府行为——县级证据［J］．金融研究，2018（4）：104-120．

［268］王金虎，贾长群，陈鹏．建立保障失地农民利益的长效机制——山东德州经济开发区探索四位一体安置失地农民纪实［N］．经济日报，2007-03-15．

［269］王静．美国土地征收补偿的计算［J］．国家行政学院学报，2008（6）：97-99．

［270］王力中．德清实践"升级"为国家办法［N］．湖州日报，2016-06-07．

［271］王利明．物权法论（修订本）［M］．北京：政法大学出版社，2003．

［272］王利明，周友军．论我国农村土地权利制度的完善［J］．中国法学，2012（1）：45-54．

［273］王连合．农村集体土地确权无法解决的现实问题［J］．青岛农业大学学报（社会科学版），2015，27（2）：54-59．

［274］王玲．论我国失地农民权益缺失与保障［D］．山东大学硕士学位论文，2008．

［275］王茂福，杨哲．土地收益权界定的商榷：基于征地补偿的一个案例剖析［J］．农村经济，2014（12）：32-36．

［276］王琴．中部欠发达地区农民土地权益保障的现状与对策思考［J］．山东行政学院学报，2011（1）：27-32．

［277］王琼．我国城镇居民收入分配影响因素的实证研究——基于我国30个省域的面板数据分析［J］．中国证券期货，2013（3）：145-146．

［278］王然．义乌颁发全国首张"集地券"证书可进行流转交易［EB/OL］．http://biz.zjol.com.cn/system/2017/01/09/021417163.shtml，2017-01-09/2017-01-09．

［279］王荣宇，谭荣．德国土地税收制度及其改革探索的启示：基于土地收益共享的视角［J］．中国土地科学，2015，29（12）：81-87．

［280］王文，洪亚敏，彭文英．中国农村集体建设用地流转收益关系及分配

政策研究［M］. 北京：经济科学出版社，2013.

［281］王小鲁. 土地收益分配制度的改革势在必行［J］. 农村工作通讯，2012（17）：35-35.

［282］王小映. 土地股份合作制的经济学分析［J］. 中国农村观察，2003（6）：31-39.

［283］王修达. 征地补偿安置中的寡与不均［J］. 中国农村经济，2008（2）：18-28.

［284］王淏鸿. 阿玛蒂亚·森的权利贫困理论研究［D］. 云南大学硕士学位论文，2016.

［285］王永慧，严金明. 农地发展权界定、细分与量化研究——以北京市海淀区北部地区为例［J］. 中国土地科学，2007（2）：25-30.

［286］王兆林，杨庆媛，王娜. 重庆宅基地退出中农民土地收益保护研究——基于比较收益的视角［J］. 中国土地科学，2016，30（8）：47-55.

［287］王志刚，马中东，杨宏力. 市场主体是县域经济发展的决定性因素［EB/OL］. 中国县域社会经济网，http：//www.3le.net.cn/xyshjj/news/zjsj/index.html.

［288］王志坚，张望江. "集地券"项目落地一年多义乌农民究竟得到了多少"红利"？［EB/OL］. https：//zj.zjol.com.cn/news/762372.html，2017-09-26.

［289］温涛，何茜，王煜宇. 改革开放40年中国农民收入增长的总体格局与未来展望［J］. 西南大学学报（社会科学版），2018，44（4）：43-55，193-194.

［290］文兰娇，张安录. 发达地区农村土地流转的收益分配格局与扭曲程度——基于上海市农户问卷的实地调查［J］. 中国农业资源与区划，2019，40（1）：166-174.

［291］文雯，周宝同. 农村土地经营模式中农民土地收益权的保障问题分析——以广西壮族自治区防城港市为例［C］//中国土地学会学术年会，2012.

［292］吴飞. 农村集体建设用地入市土地收益权实现研究［J］. 哈尔滨学院学报，2017（3）：40-44.

［293］吴九兴，杨钢桥，汪文雄. 农村土地整治项目收益分配与投资博弈分析——以农村居民点用地整治为例［J］. 西北农林科技大学学报（社会科学版），2012，12（5）：38-44.

［294］吴晓洁，黄贤金，张晓玲等. 征地制度运行成本分析——以通启高速公路征地案例为例［J］. 中国农村经济，2006（2）.

[295] 吴晓敏．集体经营性建设用地入市流转收益分配制度研究［D］．西南政法大学硕士学位论文，2018.

[296] 吴晓燕，周京奎，王伟．土地隐形流转、福利损失与市场模式选择——一个不对称信息框架下的博弈分析［J］．广东财经大学学报，2011，26（1）：19-25.

[297] 吴一恒，徐砾，马贤磊．农地"三权分置"制度实施潜在风险与完善措施——基于产权配置与产权公共域视角［J］．中国农村经济，2018（8）：46-63.

[298] 吴园庭雁．农村土地流转主体博弈及制度选择——以农地转化非农地为例［J］．经济师，2015（10）：78-80.

[299] 夏永祥．工业化与城市化：成本分摊与收益分配［J］．江海学刊，2006（5）：84-89.

[300] 向玉乔．社会制度实现分配正义的基本原则及价值维度［J］．中国社会科学，2013（3）：106-124.

[301] 晓叶．宅基地"三权分置"的政策效应［J］．中国土地，2018（3）：1.

[302] 肖鹏．土地承包权初探［J］．中国农业大学学报（社会科学版），2017（1）：1-8.

[303] 肖卫东，梁春梅．农村土地"三权分置"的内涵、基本要义及权利关系［J］．中国农村经济，2016（11）：17-29.

[304] 肖轶，魏朝富，尹珂．农地非农化中不同利益主体博弈行为分析［J］．中国人口·资源与环境，2011（3）：89-93.

[305] 谢文宝，陈彤，刘国勇．三权分置下土地流转对农民增收的实证研究——基于新疆宏微观数据的分析［J］．新疆社科论坛，2017（4）：68-72.

[306] 新华社．中共中央关于全面深化改革若干重大问题的决定［EB/OL］．http：//cpc.people.com.cn/n/2013/1115/c64094-23559163.html.

[307] 新华社．中共中央 国务院关于实施乡村振兴战略的意见，http：//www.gov.cn/zhengce/2018-02/04/content_5263807.htm.

[308] 徐超．莒南县反映农村产权交易市场建设存在的困难问题及建议［EB/OL］．http：//www.jnw.cc/news/newsshow-47856.html.

[309] 徐建牛，李敢．农地入市何以可能？——双重影响视角下农地入市案例研究［J］．公共管理学报，2019（3）：108-117.

[310] 徐斯伊白．农村土地流转中相关主体行为的博弈分析［J］．广东土地

科学, 2016 (6)：10-13.

[311] 徐伟, 陈泳滨. 论超生子女是否享有农村土地征收补偿费用资格 [J]. 贵州警官职业学院学报, 2009, 21 (5)：107-112.

[312] 许传忠. 创新安置模式 建立长效机制 积极探索失地农民安置的有效路子 [J]. 山东经济战略研究, 2004 (10)：7-9.

[313] 许传忠. 农民以土地参与城市化的德州实践 [R]. "21 世纪全球脑库论坛", 2007-11-30.

[314] 许坚. 论我国两种性质的征地补偿标准 [J]. 中国土地科学, 1996 (s1)：66-69.

[315] 严栋. 征地补偿与土地发展权分配 [D]. 浙江大学硕士学位论文, 2008.

[316] 严金海. 农村宅基地整治中的土地利益冲突与产权制度创新研究——基于福建省厦门市的调查 [J]. 农业经济问题, 2011 (7)：48-55, 113.

[317] 杨翠迎. 被征地农民养老保障制度的分析与评价——以浙江省 10 个市为例 [J]. 中国农村经济, 2004 (5)：61-68.

[318] 杨芳. 关于涉农土地纠纷案件的调研报告 [J]. 法律适用, 2005 (8)：35-39.

[319] 杨宏力, 李宏盼. 农村土地流转的内涵、效应、现实困境及破解路径 [J]. 聊城大学学报 (社会科学版), 2019, 191 (3)：118-126.

[320] 杨宏力, 李宏盼. 三权分置影响农村土地收益分配的机理研究——基于收益权的视角 [J]. 中国农业资源与区划, 2013.

[321] 杨宏力. 农村土地收益分配制度的经济学分析 [J]. 山东社会科学, 2015 (7)：138-143.

[322] 杨宏力. 土地确权的内涵、效应、羁绊与模式选择：一个综述 [J]. 聊城大学学报 (社会科学版), 2017 (4)：121-128.

[323] 杨宏力. 新一轮农村土地确权存在的问题及政策优化——基于山东省五市七镇的经验研究 [J]. 山东大学学报 (哲学社会科学版), 2018 (3)：116-127.

[324] 杨华. 农村征地拆迁中的利益博弈：空间、主体与策略——基于荆门市城郊农村的调查 [J]. 西南大学学报 (社会科学版), 2014 (5)：39-49.

[325] 杨丽霞, 李灿灿, 苑韶峰, 申屠楚宁. 德清县集体经营性建设用地市场改革绩效评价研究 [J]. 山西农业大学学报 (社会科学版), 2018, 17 (6)：

36-44.

[326] 杨丽霞，苑韶峰，李胜男．共享发展视野下农村宅基地入市增值收益的均衡分配 [J]．理论探索，2018（1）：92-97.

[327] 杨青贵．集体土地收益权实现的现实困境与制度促进 [J]．重庆大学学报（社会科学版），2016，22（5）：114-121.

[328] 杨文静．国外土地征用补偿制度的比较及借鉴 [J]．图书情报导刊，2006，16（9）：150-152.

[329] 杨希玲．河南省农村土地流转现状分析和对策探讨 [J]．湖北农业科学，2012（11）：235-237.

[330] 杨学城，罗伊·普罗斯特曼．关于农村土地承包30年不变政策实施过程的评估 [J]．中国农村经济，2001（1）：55-66.

[331] 杨雪冬．究竟用什么标准衡量一种制度的有效性 [N]．北京日报，2014-03-10.

[332] 杨一介．农村地权制度中的农民集体成员权 [J]．云南大学学报（法学版），2008，21（5）：119-123.

[333] 杨玉珍．传统农区三权分置政策执行的风险及影响因素 [J]．中州学刊，2016（12）：36-41.

[334] 杨志华，梁希东，姜涛．迈出新型农村建设坚实的一步 [N]．农民日报，2015-03-20.

[335] 姚东．代际公共品视域下的农村土地产权收益与投资 [J]．甘肃社会科学，2014（3）：179-182.

[336] 姚洋．农地制度与农业绩效的实证研究 [J]．中国农村观察，1998（6）：3-12.

[337] 姚洋．中国农地制度：一个分析框架 [J]．中国社会科学，2000（2）：54-65.

[338] 叶剑平，丰雷，蒋妍，郎昱，罗伊·普罗斯特曼．2016年中国农村土地使用权调查研究——17省份调查结果及政策建议 [J]．管理世界，2018（3）：98-108.

[339] 叶剑平，蒋妍，罗伊·普罗斯特曼等．2005年中国农村土地使用权调查研究——17省调查结果及政策建议 [J]．管理世界，2006（7）：83-92.

[340] 叶剑平，罗伊·普罗斯特曼，徐孝白等．中国农村土地农户30年使用权调查研究——17省调查结果及政策建议 [J]．管理世界，2000（2）：163-

172.

[341] 伊庆山．"三权分置"背景下农地权利体系的重构、制度优势及风险规避 [J]．西北农林科技大学学报（社会科学版），2017，17（4）：32-39.

[342] 义乌市人民政府．2018 年义乌市国民经济和社会发展统计公报 [EB/OL]．http：//www. yw. gov. cn/11330782002609848G/a/07/03_1/2019/gb/201911/t20191113_4306078_2. html.

[343] 义乌市人民政府．义乌市"集地券"管理细则（试行）[EB/OL]．http：//www. yw. gov. cn/11330782002609848G/bmxxgk/11330782745817525W/11/07/01/201812/t20181210_3551470_2. html.

[344] 尹世杰，许祖珉．我国农村人民公社级差地租的发展趋势 [J]．江汉论坛，1962（2）：13-14.

[345] 于传岗．确权颁证产权创新视角下农村集体土地违规问题研究——以平顶山市为例 [J]．西北农林科技大学学报（社会科学版），2015（2）：22-30.

[346] 余敬，梁亚荣．社会转型视域下农村集体公益用地功能变迁与现实回应 [J]．南京农业大学学报（社会科学版），2018，18（2）：109-116，161.

[347] 余丽，李风，冯建民．探索农村宅基地未来的"义乌智慧"[N]．浙江日报，2017-08-30.

[348] 苑韶峰，王之戈，杨丽霞，楼赛君．集体经营性建设用地入市的农户福利效应分析——以德清县东衡村、砂村为例 [J]．中国国土资源经济，2019，32（6）：59-65.

[349] 苑韶峰．中外土地征用补偿制度的比较与借鉴 [J]．价格理论与实践，2006（10）：53-54.

[350] 约翰·穆勒．政治经济学原理及其在社会哲学上的若干应用 [M]．赵荣潜，桑炳彦，朱泱，胡企林译，北京：商务印书馆，1991.

[351] 臧俊梅，王万茂，陈茵茵．农地非农化中土地增值分配与失地农民权益保障研究——基于农地发展权视角的分析 [J]．农业经济问题，2008（2）：80-85.

[352] 臧俊梅，张文方，李明月等．土地发展权制度国际比较及对我国的借鉴 [J]．农村经济，2010（1）：125-129.

[353] 曾利．论农地流转中的农民权益保护 [J]．中国证券期货，2013（4）：261-262.

[354] 翟晋晋．我国农村妇女土地权益保障问题研究 [C]//"农村精准扶贫的法治保障"——第九届中部崛起法治论坛，2016.

［355］张翠娥，万江红．农村土地流转中人情与利益的博弈——对两个不同社会经济发展水平农村社区流转的比较［J］．湖北社会科学，2005（6）：69-74.

［356］张凡，孙淑云．集体成员权视角下的农地产权构造［J］．农村经济，2012（11）：28-32.

［357］张浩博，陈池波．集体土地确权对农村土地流转效应的影响——基于A县的案例分析［J］．农林经济管理学报，2013，12（2）：166-169.

［358］张红宇，张海阳，李伟毅等．当前农民增收形势分析与对策思路［J］．农业经济问题，2013（4）：9-14.

［359］张珂垒，蒋和平．日本构建发展现代农业政策体系及其对我国的启示［J］．科技与经济，2008（6）：40-43.

［360］张丽，王永慧．征地收益分配制度的国内外比较研究［J］．兰州学刊，2007（12）.

［361］张龙耀，王梦珺，刘俊杰．农地产权制度改革对农村金融市场的影响——机制与微观证据［J］．中国农村经济，2015（12）：14-30.

［362］张琦，毕如田，陈利根．欠发达地区农村土地流转三方行为选择的博弈——基于承包方、农户及中介组织的分析［J］．农学学报，2019，9（1）：82-88.

［363］张曙光．城市化背景下土地产权的实施和保护［J］．管理世界，2007（12）：31-47.

［364］张树敏．部分亚洲国家征地补偿制度及其对中国的启示［J］．世界农业，2012（7）：3-6.

［365］张松梅．农村集体经营性建设用地流转收益分配问题研究综述［J］．特区经济，2017（2）：81-84.

［366］张文．农村宅基地流转的困境与出路［J］．哈尔滨师范大学社会科学学报，2017，8（1）：56-60.

［367］张小铁．市场经济与征地制度［J］．中国土地科学，1996（1）：17-20.

［368］张燕纯，韩书成，李丹等．农村土地"三权分置"的新制度经济学分析［J］．中国农业资源与区划，2018，39（1）：17-22.

［369］张应良．"三权分置"与"长久不变"的政策协同困境与破解［J］．改革，2017（10）：127-131.

［370］张勇．改革农村土地征收制度，完善增值收益分配机制［J］．内蒙古师范大学学报（哲学社会科学版），2012（1）：95-98.

［371］张友安，陈莹．土地发展权的配置与流转［J］．中国土地科学，2005，19（5）：10-14.

［372］张友安．土地发展权的配置与流转研究［D］．华中科技大学博士学位论文，2006.

［373］张玉梅．我国农村集体土地使用权流转问题研究［D］．山东师范大学硕士学位论文，2013.

［374］张云华．农村集体土地收益分配中存在的问题及建议［J］．农村工作通讯，2013（11）：46-48.

［375］赵德起，姚明明．农民权利配置与收入增长关系研究［J］．经济理论与经济管理，2014，34（11）：82-100.

［376］赵仁伟．德州开发区完善机制探索失地农民安置新路［EB/OL］．http：//www.360doc.com/content/11/0719/22/1840385_1345859C4.shtml

［377］赵尚朴．城市土地使用制度研究——欧美亚各国城市土地使用制度探索［M］．北京：中国城市出版社，1996：35-36.

［378］赵卫华．高校收入分配影响因素分析——基于北京18所高校的调研数据考察［J］．复旦教育论坛，2013，11（2）：61-67.

［379］赵献恩．农村需要尽快建立人口土地调节基金制度［J］．山东农业（农村经济版），2002（7）：39.

［380］甄华英．美国土地征用补偿制度及其对我国的启示［J］．辽宁行政学院学报，2008（12）：13-14.

［381］郑和园，张琳琳．我国宅基地使用权资本化运行机制的法学分析［J］．辽宁工业大学学报（社会科学版），2015（17）：21.

［382］郑建华．农地确权与农地流转互动机制初探［J］．农村经济，2009（8）：23-26.

［383］郑鹏程，于升．对解决农村土地征收补偿收益分配纠纷的法律思考［J］．重庆大学学报（社会科学版），2010（3）：97-103.

［384］郑振源．征用农地应秉持"涨价归农"原则［J］．中国地产市场，2006（8）：72-75.

［385］中共中央办公厅和国务院办公厅．关于完善农村土地所有权承包权经营权分置办法的意见［EB/OL］．http：//www.gov.cn/xinwen/2016-10/30/content_51262htm.

［386］中华人民共和国最高人民法院民事判决书（2013）民提字第210号.

何福云、王喜东、王喜胜与王淑荣、吉林省白城市洮北区东风乡三跃村村民委员会农村土地承包合同纠纷再审民事判决书［EB/OL］.http：//courtapp.chinacourt.org/wenshu/xiangqing-2348.html，2013-12-18.

［387］中华人民共和国最高人民法院行政裁定书（2017）最高法行申349号行政裁定.最高法院判例：集体土地征收补偿款的分配行为的性质［EB/OL］.http：//gtj.weinan.gov.cn/info/show_4936.html，2018-05-23.

［388］钟成林，胡雪萍.土地收益分配制度对城市建设用地利用效率的影响研究——基于门限回归模型的实证分析［J］.中央财经大学学报，2016（2）：22-35.

［389］钟头朱.韩国土地征收补偿制度及其启示［J］.改革与战略，2011，27（9）：189-191.

［390］周诚.农地征收宜秉持"全面开发权"论——关于农地征收"涨价归公"论、"涨价归私"论与"私公兼顾"论的辨析［J］.复印报刊资料：农业经济导刊，2006（9）：3-4.

［391］周诚.农地转非自然增值分配应公私兼顾［N］.中国经济时报，2011-07-27.

［392］周诚.农地转非自然增值公平分配论——兼评"涨价归私"论和"涨价归公"论［J］.经济学动态，2006（11）：47-51.

［393］周华蓉，贺胜兵.中外土地征收补偿标准比较研究［J］.黄冈师范学院学报，2007，27（1）：118-121.

［394］周怀龙，陈玉杰.创新制度 唤醒存量——浙江省德清县农村集体经营性建设用地入市调查（下）［N］.中国国土资源报，2016-08-18.

［395］周俭，姚改改.政策护航，妇女平等分享农地入市收益——浙江德清县试行农村集体经营性建设用地入市调查［N］.中国妇女报，2016-12-18.

［396］周婧扬.同地、同权、同价的实现条件及路径研究［D］.浙江大学硕士学位论文，2017.

［397］周其仁.放弃农地的代价［N］.21世纪经济报道，2001-08-31.

［398］周腾利一，车凤善.日本土地开发利益返还制度概况［J］.国土资源情报，2005（2）.

［399］周天勇.维护农民土地权益的几个问题［J］.理论视野，2006（4）：16-17.

［400］周天勇.现代化要对得起为发展做出巨大贡献的农民［N］.中国经

济时报，2007-07-12.

[401] 朱从谋．基于土地发展权与功能损失的农村宅基地退出补偿研究
[D]．浙江工商大学硕士学位论文，2018.

[402] 朱从谋，苑韶峰，李胜男等．基于发展权与功能损失的农村宅基地流
转增值收益分配研究——以义乌市"集地券"为例 [J]．中国土地科学，2017
(7)：37-44.

[403] 朱代军等．宋官屯街道办发挥地缘优势突破集体经济 [EB/OL].
http：//www. dztv. tv/col/1317105742140/2012/11/29/1354155910324. html.

[404] 朱道林，高帆，黄祖辉等．"三权分置"与"长久不变"的关联
[J]．改革，2017 (10)：114-119.

[405] 朱广新．土地承包权与经营权分离的政策意蕴与法制完善 [J]．法
学，2015 (11)：88-100.

[406] 朱湖根，万伦来，金炎．中国财政支持农业产业化经营项目对农民收
入增长影响的实证分析 [J]．中国农村经济，2007 (12)：28-34.

[407] 朱靖娟，李放．土地出让金收益分配原则建构——源自分配正义理论
的启示 [J]．新疆大学学报（哲学・人文社会科学版），2013 (2)：22-25.

[408] 朱玲．农地分配中的性别平等问题 [J]．经济研究，2000 (9)：34-42.

[409] 朱明芬，黄鹏进．关于全面推进农村土地改革的几点思考 [J]．中共
浙江省委党校学报，2015 (1)：105-112.

[410] 朱宁宁．土地流转确权前应重新调整分配制度 [EB/OL]. http：//
legal. people. com. cn/n/2015/0203/c188502-26495941.

[411] 朱启臻，窦敬丽．新农村建设与失地农民补偿——农地发展权视角下
的失地农民补偿问题 [J]．中国土地，2006 (4)：19-20.

[412] 朱涛，于红雨．土地流转过程中地方政府、企业和农户之间利益的博
弈分析 [J]．中州大学学报，2015 (4)：15-18.

[413] 朱新方，贾开芳．对日本、韩国、俄罗斯农用土地制度改革的点评与
思考 [J]．调研世界，2005 (1)：36-38，41.

[414] 朱一中，曹裕．农地非农化过程中的土地增值收益分配研究——基于
土地发展权的视角 [J]．经济地理，2012 (10)：133-138.

[415] 诸培新，曲福田．农地非农化配置中的土地收益分配研究——以江苏
省 N 市为例 [J]．南京农业大学学报（社会科学版），2006 (3)：6-11.

[416] 庄晋财．农村可以通过资源拼凑来缓解要素不足吗？ [EB/OL].

http：//www. sohu. com/a/237320595_655006，2018-06-22.

[417] 邹伟，白阳. 一项助圆亿万人市民梦的重大改革——公安部副部长黄明就国务院《关于进一步推进户籍制度改革的意见》答记者问 [J]. 农村工作通讯，2014 (15)：9-11.

[418] 左小兵，冯长春. 集体建设用地流转中的农民权益保障 [J]. 中国土地，2010 (5)：41-43.

[419] Anderson, J. E. Land Development, Externalities, and Pigouvian Taxes [J]. Journal of Urban Economics, 2005, 33 (1)：1-9.

[420] Blewett, R. A., Lane, J. I. Development Rights and the Differential Assessment of Agricultural Land：Fractional Valuation of Farmland is Ineffective for Preserving Open Space and Subsidizes Speculation [J]. American Journal of Economics & Sociology, 1988, 47 (2)：195-205.

[421] Schiller, B. The Micro Economy Today [M]. Published by McGraw-Hill, Inc., New York, 1991：343-347.

[422] Capozza, D. R. and Helsley, R. W. The Fundamentals of Land Prices and Urban Growth [J]. Journal of Urban Economics, 1989, 26 (3)：295-306.

[423] Chamberlin, J., Ricker-Gilbert, J. Participation in Rural Land Rental Markets in Sub-saharan Africa：Who Benefits and by How Much? Evidence from Malawi and Zambia [J]. American Journal of Agricultural Economics, 2016.

[424] Dana, D. A., Merrill, T. Property：Takings [M]. Foundation Press, 2002：171.

[425] Deininger, K., Jin. S., Nagarajan, H. K. Efficiency and Equity Impacts of Rural Land Rental Restrictions：Evidence from India [J]. European Economic Review, 2008, 52 (5)：892-918.

[426] Hui, E. C. M., Bao, H. J., Zhang, X. L. The Policy and Praxis of Compensation for Land Expropriations in China：An Appraisal from the Perspective of Social Exclusion [J]. Land Use Policy, 2013, 32 (3)：309-316.

[427] Epstein, R. A. Takings：Private Property and the Power of Eminent Domain [J]. Ethics, 1987, 102 (3)：19-26.

[428] Fan, S., Gulati, A., Thorat, S. Investment, Subsidies, and Pro-poor Growth in Rural India [J]. Agricultural Economics, 2008, 39 (2)：163-170.

[429] Feder, G., Lau, L. J., Luo, L. X. The Determinants of Farm Invest-

ment and Residential Construction in Post-Reform China [J]. Economic Development and Cultural Change, 1992, 41 (1): 1-26.

[430] Van Kooten, G. C. Land Resources Economics and Sustainable Development [J]. American Journal of Agricultwral Economizs, 1993, 76 (2): 337.

[431] Galiani, S., Schargrodsky, E. Property Rights for the Poor: Effects of Land Titling [J]. Journal of Public Economics, 2010, 94 (9-10).

[432] Giammarino, R., Nosal, E. Loggers vs Campers: Compensation for the Taking of Property Rights [J]. Social Science Electronic Publishing, 2005, 21 (1): 136-152.

[433] Goodwin, B. K., Mishra, A. K. Are "Decoupled" Farm Program Payments Really Decoupled? An Empirical Evaluation [J]. American Journal of Agricultural Economics, 2006, 88 (1): 73-89.

[434] Gorton, M. Agricultural Land Reform in Moldova [J]. Land Use Policy, 2001, 18 (3): 269-279.

[435] Guangdong Li, Chuanglin Fang, Daochi Qiu, et al. Impact of Farmer Households' Livelihood Assets on Their Options of Economic Compensation Patterns for Cultivated Land Protection [J]. Journal of Geographical Sciences, 2014, 24 (2): 331-348.

[436] Hermalin, B. E. An Economic Analysis of Takings [J]. Journal of Law Economics & Organization, 1995, 11 (1): 64-86.

[437] Gordon, I. M., Knetsch, J. L. Consumer's Surplus Measures and the Evaluation of Resources [J]. Land Economics, 1979, 55 (1): 1-10.

[438] Iwasaki, E. Income Distribution in Rural Egypt—A Three-village Case [J]. 2015.

[439] Jacoby, H. G., Li, G., Rozelle, S. Hazards of Expropriation: Tenure Insecurity and Investment in Rural China [J]. American Economic Review, 2002, 92 (5): 1420-1447.

[440] Jayne, T. S., Yamano, T., Weber, M. T., et al. Smallholder Income and Land Distribution in Africa: Implications for Poverty Reduction Strategies [J]. Food Security International Development Policy Syntheses, 2002, 28 (3): 253-275.

[441] Kahneman, D., Knetsch, J. L., Thaler, R. H. Experimental Tests of the Endowment Effect and the Coase Theorem [J]. Journal of Political Economy,

1990, 98 (6): 1325-1348.

[442] James, K. K. Equal Entitlement versus Tenure Security under a Regime of Collective Property Rights: Peasants' Preference for Institutions in Post-reform Chinese Agriculture [J]. Journal of Comparative Economics, 1995, 21 (1): 82-111.

[443] Lan Zhang, Shuyi Feng, Nico Heerink, et al. How do Land Rental Markets Affect Household Income? Evidence from Rural Jiangsu, P. R. China [J]. Land Use Policy, 2018 (74): 151-165.

[444] Li, G., Rozelle, S., Brandt, L. Tenure, Land Rights, and Farmer Investment Incentives in China [J]. Agricultural Economics, 1998, 19 (1-2): 63-71.

[445] Brandt, L., Sands, B. Beyond Malthus and Ricardo: Economic Growth, Land Concentration, and Income Distribution in Early Twentieth-Century Rural China [J]. The Journal of Economic History, 1990, 50 (4): 807-827.

[446] Miceli, T. J., Segerson, K. Regulatory Takings: When Should Compensation Be Paid? [J]. The Journal of Legal Studies, 1994, 23 (2): 749-776.

[447] Mills, D. E. Transferable Development Rights Markets [J]. Journal of Urban Economics, 1980, 7 (1): 63-74.

[448] Moene, K. O. Poverty and Landownership [J]. American Economic Review, 1990, 82 (1): 52-64.

[449] Nosal, E. The Taking of Land: Market Value Compensation Should be Paid [J]. Journal of Public Economics, 2001, 82 (3): 431-443.

[450] Hall, P. Urban and Regional Planning [M]. Penguin Books, 1975.

[451] Kelly, F. P. Urbanization and the Politics of Land in the Manila Region [J]. The Annals of the American Academy of Political and Social Science, 2003, 590 (1): 170-187.

[452] Epstein, R. A. Takings, Private Property and the Power of Eminent Domain [M]. Harvard University Press, 1985.

[453] Tan, R., Wang, R., Heerink N., et al. Liberalizing Rural-to-urban Construction Land Transfers in China: Distribution Effects [J]. China Economic Review, 2018.

[454] Song Qu, Nico Heerink, Ying Xia, et al. Farmers' Satisfaction with Compensations for Farmland Expropriation in China [J]. China Agricultural Economic Review, 2018, 10 (4): 572-588.

［455］ Salant, S. W. , Yu, X. Forest Loss, Monetary Compensation, and De-layed Re-planting: The Effects of Unpredictable Land Tenure in China ［J］. Journal of Environmental Economics and Management, 2016 (78): 49-66

［456］ Shavell, S. Eminent Domain versus Government Purchase of Land Given Imperfect Information about Owners' Valuations ［J］. Journal of Law and Economic, 2010, 53 (1): 1-27.

［457］ Teklu, T. , Lemi, A. Factors Affecting Entry and Intensity in Informal Rental Land Markets in Southern Ethiopian highlands ［J］. Agricultural Economics, 2004, 30 (2): 117-128.

［458］ Xia, J. Contradiction between the Modernization of Agriculture and the Protection of the Interests of Farmers ［J］. Asian Agricultural Research, 2010, 2 (4): 8-12.

［459］ Yao, Y. Arrangements, Tenure Insecurity and Agricultural Productivity in Post Reform Rural China ［J］. Working Paper, Department of Agricultural Economics, University of Wisconsin, Madison, 1995.

［460］ Zhong, T. , Zhang, X. , Huang, X. , and Liu, F. Blessing or Curse? Impact of Land Finance on Rural Public InfrastruCture development ［J］. Land Use Pol-icy, 2019 (85): 130-141.

附录1 农村土地确权登记
颁证工作调查问卷

您好!

我们是来自聊城大学的调研团队,正在开展农村土地确权登记颁证工作方面的项目研究,需要向您了解一些问题。这些问题的回答没有对错之分,您只需要根据实际情况选择或回答即可。调查资料仅用于整体性统计分析,个人信息将依法严格保密。请放心填答问卷。

非常感谢您的支持!

聊城大学商学院《农村土地确权登记颁证工作状况》课题组

2016 年 9 月

调研时间:_____

调研对象:山东省各地农村参与土地确权工作的村干部、纳入确权范围的土地承包户。

调研目的:了解土地确权工作的进展情况;摸清土地确权过程中存在的各种问题和矛盾;征集村干部和村民对于确权工作的看法和建议。

调研地点_____

受访人_____   联系方式_____

一、基本问题

(一)您家里有_____口人,年龄分别为_____岁。

(二)您家人中主要从事农业劳动的有____人,年龄分别为_____岁。

(三)您所在的村实行承包经营责任制以来共调整( )次承包地?最后一次调整承包地是( )年?

（四）您家庭收入与土地收益的关系是？

1. 完全依赖土地收益　　　　　　　　2. 大部分依赖土地收益

3. 基本不依赖土地收益　　　　　　　4. 完全不依赖土地收益

（五）您认为在土地确权过程中土地集体所有的"集体"界定为哪一个主体较为合理？

1. 乡（镇）政府　　　　　2. 村委会　　　　　　　3. 村民小组

（六）您所在的村在以往的土地调整工作等与土地有关的相关活动中主要以哪一级集体为单位组织实施？

1. 乡镇　　　　　　　　　2. 村　　　　　　　　　3. 村民小组

二、土地确权问题

（一）您所在的村开展土地确权工作了吗？

1. 已经完毕　　　　2. 正在进行　　　　3. 准备启动　　　　4. 尚未进行

（二）您是否已经拿到土地承包合同和经营权证书？

1. 仅有土地承包合同　　　　　　　　2. 仅有经营权证书

3. 土地承包合同和经营权证书均有　　4. 土地承包合同和经营权证书都没有

（三）如果您签订了土地承包合同或拿到了经营权证书，时间期限分别到（　　）年和（　　）年？

（四）您了解土地确权工作吗？

1. 非常清楚　　　　2. 了解　　　　　3. 不太了解　　　　4. 完全不了解

（五）您如何评价土地确权工作？

1. 非常支持　　　2. 是否确权无所谓　　　3. 不太支持　　　4. 坚决反对

（六）您认为土地确权带来的好处是：

1. 权利清楚，稳定农民积极性　　　　2. 土地可以流转，增加收益

3. 可以抵押贷款　　　　　　　　　　4. 其他（　　　　）

（七）您认为土地确权带来的不好影响是：

1. 没有变化，缺乏实际价值　　　　　2. 土地价值上升，对土地的争夺激烈

3. 对无地农民不公平　　　　　　　　4. 其他不良影响（　　　　）

（八）您在土地确权过程中遇到什么矛盾和问题？

1. 土地面积不准确　　　　　　　　　2. 土地承包关系有争议

3. 乱收费　　　　　　　　　　　　　4. 其他问题

（九）当出现土地纠纷时，您往往采用什么途径解决？

1. 私下协调解决　　　　　　　　2. 法律途径解决

3. 村委出面解决　　　　　　　　4. 其他途径解决

（十）您所在村以前是如何处理土地问题的？

1. 按国家法律处理　　2. 按本村惯例处理　　3. 结合法律和本村实际处理

（十一）您认为本村的土地确权工作应如何进行？

1. 按照相关法律办理　　　　　　2. 按照本村惯例办理

3. 结合法律规定和本村情况办理　　4. 听从村委安排

（十二）您对此次土地确权有什么建议？

_____

_____

_____

三、土地承包问题

（一）您家中共承包土地_____亩。

（二）您家里有地人口有_____人，无地人口有_____人。

（三）您家中有无老人去世承包地仍在耕种的情况，如有，_____位老人去世，尚有在耕地_____亩。

（四）您家中有无儿媳嫁入（女婿入赘），承包地没有增加的情况，如有，人口增加_____人，无地者_____人。

（五）您家中有无新生儿出生，承包地没有增加的情况，如有，人口增加_____人，无地者_____人。

（六）您家中有无女儿嫁出，承包地减少的情况，如有，女儿嫁出_____人，承包地减少_____亩。

（七）您家中有无女儿嫁出，承包地没有减少的情况，如有，女儿嫁出_____人，尚有承包地_____亩。

（八）您家中有儿女升学或已正式就业，承包地减少的情况，如有，儿女升学就业_____人，承包地减少_____亩。

（九）您家中有无儿女升学或已正式就业，承包地没有减少的情况，如有，升学就业_____人，尚有承包地_____亩。

（十）您的妻子（丈夫）和子女是否有应该得到承包地但没有得到的情况？

如有这种情况，您会如何处理？

　　A. 积极争取，如积极争取，您会采取什么形式？

　　1. 自己与村委会交涉，坚决要求得到承包地　　　2. 到乡镇等机构上访

　　3. 联合其他村民争取　　　　　　　　　　　　　4. 直接向应出地农户争取

　　B. 不积极争取，您不与村委会或其他农户争执的原因是什么？（可多选）

　　1. 其他人没有争执，不愿带头

　　2. 地不值钱，有地无地无所谓

　　3. 乡里乡亲，碍于情面

　　4. 土地承包分配是本地习惯和惯例，不用争

　　C. 如果要您将不积极争取土地的原因按照重要性依次降低顺序排序，您的排序是：

　　其他人没有争执，不愿带头（　　　　）

　　地不值钱，有地无地无所谓（　　　　）

　　乡里乡亲，碍于情面（　　　　）

　　土地承包分配是本地习惯和惯例，不用争（　　　　）

四、宅基地问题

　　（一）您家中有宅基地_____处，共约_____亩。

　　（二）您所有宅基地中，没有使用处于闲置状态的有_____处，共约_____亩？

　　（三）您所有宅基地中，已经使用的有_____处，共约_____亩？

　　（四）您的宅基地是否曾经卖给他人？如有，面积约为_____亩？

　　（五）您的宅基地是否从他人处购买？如是，面积约为_____亩？

　　（六）您已经使用的宅基地中，有无耕地转用的，如有，面积约为_____亩？

五、农村人口留守问题

　　（一）您及您的家人是否曾外出务工？如是，目的是什么？

　　1. 增加收入　　　2. 增长见识　　3. 家中无事　　　4. 其他原因

　　（二）您家中有无年轻父母外出打工，孩子由老人照看的情况？如有，有

_____名孩子？

（三）您家中有无子女外出打工，家中由老人留守的情况？如有，有_____名老人？

六、农业生产问题

（一）您在农业生产中施肥时各种肥料的使用比例是：

1. 自制灰土肥（有机肥）（   %）

2. 化学肥料   （   %）

（二）近年来，您在生产中农药化肥使用的数量是增长还是下降了？如增长，农药约增长____成，化肥约增长_____成？

（三）在土地调整的情况下，如果您的承包地明年要被调出，您在今年会减少肥料投入吗？

1. 会   2. 不会

您对当前土地确权工作的建议是_____

_____

_____

_____

_____

附录2　土地收益分配现状调查问卷

您好！

我们是来自聊城大学的调研团队，正在开展农村土地收益分配方面的项目研究，需要向您了解一些问题。这些问题的回答没有对错之分，您只需要根据实际情况选择或回答即可。调查资料仅用于整体性统计分析，个人信息将依法严格保密。请放心填答问卷。

非常感谢您的支持！

聊城大学商学院《土地收益分配现状调查》课题组

2018 年 3 月

一、受访者基本信息

1. 您的性别是［单选题］*

○男　　　　　　　○女

2. 您的年龄是［单选题］*

○20～30 岁　　　○31～40 岁　　　○41～50 岁　　　○50 岁以上

3. 您的学历水平是［单选题］*

○初中以下　　　○高中（中专）　　　○大专以上

4. 您的家庭居住地是［单选题］*

○农村　　　　　○乡镇（社区）　　　○城乡接合部

5. 您的家庭人口数量是［单选题］*

○2 人及以下　　○3～4 人　　　　○5 人及以上

6. 您的家庭年收入水平是［单选题］*

○3 万元以下　　○3 万～5 万元　　　○5 万～8 万元　　　○8 万元以上

7. 您的家庭主要收入来源是［单选题］*

○种养殖　　○务工　　○经商　　○半工半耕　　○其他

二、农村承包地利益分配状况

8. 您的家庭人口有多少人有承包地？［单选题］ *
○全部有承包地   ○1 人以上无承包地   ○均无承包地

9. 您家是否存在老人去世耕地仍在耕种情况？［单选题］ *
○有   ○无

10. 您家是否存在儿媳嫁入没有获得承包地的情况？［单选题］ *
○有   ○无

11. 您家是否存在婴儿出生未获得承包地的情况？［单选题］ *
○有   ○无

12. 您家是否存在女儿嫁出承包地仍然耕种的情况？［单选题］ *
○有   ○无

13. 您家是否有子女升入大学承包地仍然耕种的情况？［单选题］ *
○有   ○无

三、农村建设用地利益分配状况

14. 您家庭使用的宅基地有几处？［单选题］ *
○1 处   ○2 处以上   ○面积是____亩？ _____ *

15. 您所在的村（社区）集体公益性建设用地有多少处？面积是____亩？
［填空题］ *

_____

16. 您对您所在村（社区）的公共品供给满意吗？［单选题］ *
○非常满意   ○基本满意   ○不满意

17. 您所在村(社区)有厂房、门面房等集体经营性建设用地吗？［单选题］ *
○有   ○面积是多少亩？ _____   ○无

四、土地征用流转利益分配问题

18. 您家是否存在承包地、宅基地被征用的情况？［单选题］ *
○有   ○如果有，面积是____亩？ _____   ○无

19. 您是否了解土地被征用应获得哪些补偿？［单选题］ *
○非常了解　　　○基本了解　　　○不了解

20. 您家是否存在土地流转的情况？［单选题］ *
○有　　　○如果有，面积是____亩？流转价格____元每亩？_____
○无

21. 您在生活中处理土地纠纷的渠道是［单选题］ *
○按法律规定　　○按本村惯例　　○结合法律与惯例　　○村委协调解决

五、集体经济相关问题

22. 您所在村（社区）的集体年经济收入状况是［单选题］ *
○10000 元以下　　　○10001~30000 元　　　○30001~50000 元
○50001~100000 元　　○100000 元以上

23. 您所在村（社区）有集体土地收益分红吗？［单选题］ *
○有　　　○如果有，分红额度为人均　　　○1000 元以下
○1001~3000 元　　　○3001~5000 元　　　○5001~10000 元
○10000 元以上　　　○无

调研时间：_____

调研地点：_____

调研人：_____

受访人：_____

联系方式：_____

附录3　农村土地收益分配状况调查问卷

您好!

我们是来自聊城大学的调研团队,正在开展农村土地收益分配方面的项目研究,需要向您了解一些问题。这些问题的回答没有对错之分,您只需要根据实际情况选择或回答即可。调查资料仅用于整体性统计分析,个人信息将依法严格保密。请放心填答问卷。

非常感谢您的支持!

聊城大学商学院《农村土地收益分配状况》课题组

2019 年 9 月

一、个人及家庭状况

1. 性别:① 男　　　　　　② 女
2. 年龄:① 20 岁以下　　② 20~30 岁　　③ 31~40 岁　　④ 41~50 岁
　　　　⑤ 51~60 岁　　⑥ 61~70 岁　　⑦ 70 岁以上
3. 学历:① 小学及以下　② 初中　　　　③ 高中(中专)④ 大专以上
4. 户口:① 农村居民　　② 城镇居民　　③ 其他
5. 职业:① 农民　　　　② 工人　　　　③ 个体经营　　④ 其他
6. 家庭住址:① 农村　　② 乡镇　　　　③ 城乡接合部　④ 城市
7. 家庭人口:共(　　　)人,其中(　　　)人有劳动收入。
8. 家庭收入:全家年收入共(　　　)万元,其中农业收入(　　　)万元。
9. 家庭主要收入来源:① 种养殖　　② 半工半耕　　③ 务工　　④ 经商

二、家庭土地状况

1. 家庭有宅基地（　　　）处，面积共（　　　）亩。
2. 家庭承包农业用地（　　　）处，面积共（　　　）亩。
3. 有其他非农经营用地吗？　　　　　① 没有　　　　　② 有
4. 您家承包的耕地确权登记颁证了吗？①没有　　　　②已经确权
5. 如果您的耕地已确权，您认为耕地确权对您的作用是（　　　　）
①减少了土地纠纷　　　　②可以促进土地流转　　　　③可以抵押贷款了

三、家庭土地收益及其分配情况

1. 您家有没有过耕地被征收或占用的情况？
① 没有【跳过】　　　　②被征收　　　　　　　③被占用
2. 如果您家土地被征收或者占用，征收或占用面积有（　　　）亩。
3. 您家土地征收或占用的补偿方式是：
①一次性现金补偿；补偿款共（　　　）万元
②支付租金；折合每亩年租金（　　　）元
③其他补偿方式：（　　　）
4. 您家有没有过宅基地被征收或占用的情况？
①没有【跳过】　　　　②被征收　　　　　　　③被占用
5. 如果您家宅基地被征收或占用，征收或占用面积有（　　　）亩。
6. 您家宅基地征收占用的补偿方式是：
①一次性现金补偿，补偿款共（　　　）万元
②支付租金，折合每亩年租金（　　　）元
③其他补偿方式：（　　　）
7. 您家有没有土地流转情况？
①没有【跳过】　　　　②有
8. 如果您家有土地流转，①转出（　　　）亩　②转入（　　　）亩
9. 如果您家有土地流转，土地流转价格是（　　　）元/亩。
10. 如果您家有土地流转，土地流转对方是：
①亲戚朋友　　　　②同村居民　　　　　　③其他

四、家庭所在集体基本情况

1. 您家所在的社区或村集体经济组织情况如何？

①集体组织坚强有力 ②集体组织软弱涣散 ③没有集体组织

2. 您家所在的社区或村集体经济实力如何？

①空壳村 ②集体年收入低于10万元 ③集体年收入10万元至50万元

④集体年收入50万元以上至100万元

⑤集体年收入100万元以上

3. 您认为因为土地引发的矛盾应该由谁来解决？

①村集体内部解决 ②法律途径解决 ③政府出面解决

五、农村土地收益分配满意度评价

1. 您对您所在的村承包地的分配情况满意吗？

①不满意，自己家里应该多分些地 ②一般 ③满意，比较合理

2. 您如何评价承包地分配"增人不增地、减人不减地"的政策？

①不合理，容易引发矛盾 ②合理，有利于承包关系稳定

3. 您对土地确权政策的评价是？

①很重要 ②无所谓 ③不好

4. 如果您的耕地被征收或占用，征用占用前后，您感觉您的生活水平：

①提高了 ②下降了 ③没有变化

5. 如果您的宅基地被征收或占用，征用占用前后，您感觉您的生活水平：

①提高了 ②下降了 ③没有变化

6. 如果您的土地流转了，土地流转后，您感觉您的生活水平：

①提高了 ②下降了 ③没有变化

7. 您家所在的社区或村集体对您家庭收入的影响是？

①收取费用，减少了家庭收入 ②发放资金，增加了家庭收入

③没有什么影响

8. 如果您的承包地或者宅基地被征收或占用，您认为村集体发挥的作用是？

①截留补偿金，减少了家庭收入 ②帮助争取补偿金，增加了家庭收入

③没有发挥任何作用

9. 您所在的社区或村近年来因为土地引发的矛盾增加还是减少了？
①增加较多　　　②有所增加　　　③有所减少　　　④很少

问卷编码：

访问时间：_____月_____日_____时_____分至_____时_____分

访问地点：_____县（市）_____乡（镇）_____村

访问对象姓名：_____

联系电话：_____

后 记——

AFTERWORD

　　这部著作的出版是要给我最近几年学习和工作的经历一个交待，给我近年来围绕农村土地问题进行的学术研究一个阶段性小结，给关心我的朋友们一个工作汇报，给我的家人们一份礼物，最重要的是给自己几年来的学术思索一个回顾和归纳。

　　世界上最快的便是时间，比光的速度要快上数倍，这恐怕是多数三四十岁青年人的感触。感觉没做什么重要的事情便在忙忙碌碌中不知不觉又过去了一年。尚在感慨邻居家的女儿印象中仍在读中学却惊闻已经大学毕业了，自己偶尔在早晨帮女儿梳头时也发现身高不够了，终于明白，是时间太快了。

　　本书便是在这一晃而过的时光里历经了几年而成的结果。从开始构思，间断地写一些阶段性成果，到系统搭建框架，丰富内容，形成初稿，再到结合我主持的国家社会科学基金项目重新谋篇布局，形成一个全新的框架，并增加相关内容、不断充实文本，最终截稿付梓，五载有余矣。

　　这期间，一些师长和朋友们给了我很多学术方面的点拨。向黄少安教授表达最诚挚的谢意。于我而言，在繁忙中再挤出一些时间开始一段新学习的初衷是希望以此促进自己进一步地深入学术研究的妙境，倒逼自己遏制住工作以后不断增加的慵懒，虽说不敢奢望取得多么辉煌的学术成就，但通过更为系统专注地研究积累一些学术成果应在情理之中。虽然不是经常能够当面向老师请教，但在农村土地制度、房产税等问题方面，都聆听了他鲜明的观点，同时在我申报其他的科研项目时，黄老师都给了我宝贵的指导。老师做人做事的严谨以及关心鼓励年轻人进步成长的长者情怀给我的感触最深。

　　以韦倩、孙涛、石莹为代表的亦师亦友的朋友们给了我非常多的支持，我们常常探讨一些共同关心的问题，他们工作的敬业和学术上的专业激励着我，这种共同的志趣也使我们的友谊愈发坚实。感谢我们真挚的友谊。

　　女儿Mickey和儿子多多的健康长大最令我宽心，他们成长的点点滴滴与我作为父亲的成长是同步的，虽然他们叫作长大，而我可能得叫作变老。他们熨平了我很多思想与情感的波动，这种与孩子相处的乐趣缤纷了我的学术生活。妻子臧玮仍然奋战在火热的基层，她最真实的工作体会给了我很多学术研究的素材；在生活中，她仍然像我们初识时那样，关心我比我自己还要多一点。感谢我幸福的家庭。

聊城大学人文社会科学处以张兆林副处长和张超科长为代表的同事们给了我很多帮助，不仅仅是工作上的指导，更多的是带有感情温度的一些热心鼓励和帮助工作落地的具体支持。

我的学生李宏盼、乔允和丁佳琳帮助我进行了数据整理和文献搜集方面的一些工作，她们对待学术的认真态度令我欣慰。

经济管理出版社的编辑为本书出版提供了专业的指导和热情的帮助，不厌其烦地答复我提出的许多问题，对她的严谨和热情表示感谢。